财政视角下的教育多元化研究

郝如玉　吴素芳　等编著

中国财政经济出版社

图书在版编目（CIP）数据

财政视角下的教育多元化研究/郝如玉等编著．—北京：中国财政经济出版社，2009.6

ISBN 978－7－5095－1556－3

Ⅰ．财…　Ⅱ．郝…　Ⅲ．①教育经费－研究－中国②教育改革－研究－中国
Ⅳ．G526.72　G521

中国版本图书馆 CIP 数据核字（2009）第 058311 号

责任编辑：肖　蕾　张冬梅　　责任校对：张全录
封面设计：耕　者　　版式设计：兰　波

中国财政经济出版社出版

URL：http：//www.cfeph.cn

E－mail：cfeph @ cfeph.cn

社址：北京市海淀区阜成路甲 28 号　邮政编码：100142

发行处电话：88190406　财经书店电话：64033436

涿州市新华印刷有限公司印刷　各地新华书店经销

787×960 毫米　16 开　15.25 印张　240 000 字

2009 年 6 月第 1 版　2009 年 6 月涿州第 1 次印刷

定价：32.00 元

ISBN 978－7－5095－1556－3/F·1349

（图书出现印装问题，本社负责调换）

本社质量投诉电话：010－88190744

办人民满意的教育
——义务教育要均衡、多种需求要满足
（自　序）

教育是近些年来受益最大的领域。尽管如此，目前我国民众对教育管理状况仍有较大意见，其根本原因在于教育主管部门对教育这种混合产品的性质认识不到位。从公共财政角度看，这些问题是政府在教育供给中的“越位”与“缺位”现象并存的必然结果。

一、公共财政的教育供给责任与“办人民满意的教育”

从财政学角度看，教育是一种典型的“混合产品”。根据财政学理论，社会产品大致可以分为如下几类：一类是私人产品，其消费具有竞争性与排他性，受益者主要是消费者本人；另一类是公共产品，其消费具有非竞争性与非排他性，受益范围超出了消费者本人甚至遍及整个社会。现实中，私人产品的例子比比皆是，而“纯公共产品”却少之又少，更多的是既包含私人产品内容、又包括公共产品领域，从而兼具两者特征的混合产品——教育便是典型的例子。一方面，一些教育服务带有明显的公益性——典型的如小学教育和初中教育。这些教育服务不仅使受教育者本人获益，更为重要的是，其对于公共管理、社会环境及其他社会成员具有明显的正外部性——这些教育服务会极大地提升国民素质，因而对于社会经济的发展意义至关重大。在许多国家，这些教育服务对于经济社会的发展都发挥着基础性作用。另一方面，有些教育服务——如高等教育——又具有强烈的私人产品特征：受教育程度较高者更容易在劳动力市场上找到条件更优越的工作，在经济不景气、失业率上升时这一收益表现更明显；随着新技术对劳动者掌握新知识和新技能的要求越来越高，接受

较多教育的劳动力一般更易于适应环境变化，并在技术变革中获利，因而可以减少因技术变迁带来的职业风险；教育程度的提高常会带来福利收益的增加和工作条件的改善等。

社会产品性质的不同决定了其供给主体的不同。根据公共财政理论，私人产品应主要由市场来提供，而公共产品的供给则主要由财政负担。这不仅是弥补市场在公共产品领域的失灵、提高资源配置效率的必然选择，更是满足民众需求、推动社会进步的必由之路。而对于混合产品来说，其供给责任应由政府、社会和个人共同承担：对于其中具有强烈公益性的部分，应由政府财政负担；对于其中私人特征鲜明的部分，则应推向市场，由社会和个人提供。就教育这种典型的混合产品而言，其不同教育层次的公益性特征各有不同：其中公益性特征强烈的教育层次（如小学教育和初中教育）应由财政负担，而私人特征明显的教育层次（如高等教育）则应主要由市场来提供。

进一步而言，在混合品的供给中，公共财政承担责任的是有一定深度和广度的，但是这个度并不是一成不变的，而是一个动态的过程——对于特定时期内教育服务的供给而言，政府应该"管"什么、"管"到什么程度更多地取决于其特定的经济环境、社会环境和政治环境，取决于政府的财力状况、政策目标、法律规定和人民的需求以及提高教育质量对竞争的需求。特别要指出的是，公共财政不是一个取之不尽、用之不竭的"筐"，不能什么都往里面装。

从我国当前的经济、政治和社会情况看，公共财政在教育的供给中只应承担基本的、有限的责任：一视同仁地为全体社会成员提供一般性的、均衡性的、"白菜炒肉"式的教育服务，满足大众的基本教育需求。这些服务主要包括：全面落实九年制义务教育、构建行之有效的贫困生资助体系——这些教育服务正是按照我国现行法律规定属于公共财政职责范围的内容。市场同样应在教育供给中发挥重要的作用——提供特殊性的、"燕窝鲍鱼"式的教育服务，尤其是那些私人受益性强、受益程度较易测量的特殊教育服务更宜由市场来提供。这既符合"谁受益，谁付费"的受益原则，更是满足民众日益多元化的教育需求、提高教育资源配置效率的必然要求。

但是，从我国教育发展现状来看，不仅义务教育的发展不均衡——城乡之间、地区之间、教学设施、教师待遇等差距不减反增，而且民众的教育需求并未得到充分满足因而对教育的意见依然很大。在当前我国着力改善民生、构建和谐社会的大背景下，这些问题成为教育事业健康快速发展、办人民满意教育的严重桎梏。针对这些问题，我国必须根据教育的混合品性质以及当前的政治经济社会发展状况，理清教育发展的思路，理顺教育主管部门及相关部门职责，进一步深化教育领域的改革。从当前来看，“办人民满意的教育”需要着力做好以下两方面的工作：一是大力促进义务教育的均衡发展，二是尽力满足民众的教育需求。

需要说明的是，目前社会上对于公共财政在教育领域内的责任拓展议论很多。有人认为应该将义务教育的范围延伸到高中教育，还有人认为义务教育应该涵盖学前教育。如果按照当前九年制义务教育落实还很不够的情况看，公共财政在教育领域内的责任拓展完全是不应该的。但是，要探讨今后我国公共财政在教育领域责任范围扩大顺序的话，应将义务教育的范围向以下两个方向延伸：一是职业教育，一是学前教育。职业教育是人们从学校走向工作岗位进行知识储备，掌握必备劳动技能的必要阶段，是人们获取谋生手段的必由之路。从社会稳定、经济增长和改善人民生活的大局来看，职业教育具有较强的正外部性，应该成为我国义务教育拓展的方向；学前教育也是如此：它不仅关系到其个人未来的成长与发展，而且关系到国民素质的提升和经济社会的进步，因而具有较强的外部性。

二、大力促进义务教育的均衡发展

一视同仁地为民众提供一般性的、均衡的义务教育服务是我国政府当前义不容辞的职责。胡锦涛总书记在党的十七大报告中提出，要“优化教育结构，促进义务教育均衡发展”，并将“优先发展教育，建设人力资源强国”作为加快推进以改善民生为重点的社会建设的六大任务之一。但是，我国义务教育的现实状况却表明，政府在为民众提供均衡的义务教育方面的工作还不到位，我国的义务教育发展还很不均衡。这种不均衡主要体现在两个方面：一是城市义务教育与农村义务教育发展的强烈反差；二是义务教育阶段不同地区、不同类别学校发展的不均衡。从城乡差距看，近几年来虽然财政不断加大对农村义务教育的投入，但城乡之间义务教育投入仍存在一定的差距，教育经费短缺仍然是部分欠发达地区农村中小学基础建设十分欠缺的主要原因。目前，农村义务教育学校在办学条件、教师待遇等方面仍落后于城镇学校就是公共财政在义务教育领域“缺位”的重要表现。从不同学校的发展来看，虽然总体上来说，财政对义务教育阶段各地、各类中小学的投入都在增加，但由于种种原因，这些学校的发展并不均衡，这在地区间、城市中表现尤为突出。在发达地区的一些

“重点学校”，游泳池、科技馆甚至天文馆等近乎“奢侈”的办学条件显示出其充裕的财力，而在欠发达地区和一些非重点学校，简陋的办学条件、仅够维持生计的教师待遇使其发展步履维艰，二者形成了鲜明的对比和巨大的反差。义务教育发展的不均衡显示出教育主管部门工作的缺陷和进一步改革的方向。

为此，要致力于“办人民满意的教育”，首先要做的就是必须全面、彻底地贯彻落实九年制义务教育政策，促进义务教育的均衡发展。为此，必须在完善农村义务教育财政制度的基础上，着力改善农村学校的办学条件和农村教师的生活工作环境，确保教师的薪资、福利与公务员处于同一水平，尽快缩小义务教育阶段的学校差距——在较短的时间内（比如3－5年）使全国农村中小学的办学水平达到乡镇水平，在此基础上，逐步达到县城甚至城市的办学水平。

三、满足民众日益增长的教育需求

公共财政在教育供给中的职责明确了教育财政支出的方向和重点，但是，将有限的教育财政资金用于恰当教育领域的“财权”实施只是教育主管部门的众多职责之一。作为政府的组成机构，教育主管部门不只是一个负责“花钱”的机构——在负责教育财政支出的同时，还承担着教育事业发展规划、标准、规则的制订以及管理、监督等多重“事权”，也担负着发展民办教育的任务。从我国教育主管部门目前的履职情况看，无论是财权的实施，还是事权的执行，都存在着一些问题。从财权的实施来看，根据我国政府目前在教育领域应承担的责任，教育主管部门应着重于提供“基本的教育服务”，即将教育支出的重点放在全面落实九年制义务教育和构建行之有效的贫困生资助体系上。但是，我国目前有限的教育财力却像“撒芝麻盐”一样被配置在其他方面、甚至本末倒置地将支出重点放在高等教育等非优先、非重点层次上，其结果必然与政府的目标南辕北辙，不仅大大降低了教育资源配置的效率，而且在事实上形成了对教育资源的垄断。从“事权”的执行看，满足民众的教育需求、切实解决民众的教育民生问题是我国教育主管部门当前最为重要的职责之一。但是，现实中，教育主管部门“财权”实施中的舍本逐末现象以及与之相伴的“大包大揽”式的教育体制，既没有把义务教育办均衡，也没有使民众日益多样性的需求得到满足——其中一个突出的表现就是优质教育资源的缺乏导致的“挤破头皮进重点学校”现象。

显然，“挤破头皮进重点学校”现象反映了人民对优质教育资源的强烈需求。面对这一现象，教育主管部门总是在批判择校，甚至有人提出取消择校的观点——这不仅不能使人民的需求得到满足，反而在事实上形成了对这种需求的抨击和打压，结果只会更为糟糕——批判择校实际上是在批判民众对优质教育资源的需求和渴望。对于民众对强烈的优质教育资源需求，作为政府机构的教育主管部门不仅不能打压，反而应该尽力满足——这是教育主管部门的“事权”之一。从性质看，优质教育资源的私人品特征非常明显，其并不属于公共财政的供给职责范围；从我国当前的经济社会发展状况看，政府也没有足够的财力为全体社会成员一视同仁地提供优质教育资源。因此，对于人民不断增大的优质教育资源需求，政府既没有必要也没有能力为其“买单”，而最宜由市场承担——这既是人民的教育需求得以满足的必然要求，也是优化教育资源配置、提升教育质量的必要途径。但是，我国教育主管部门目前对教育“大包大揽”式的管理体制却对优质教育资源形成了绝对的垄断：教育财政支出仍然“偏爱”重点学校；政策上严把重点学校“入口关”。作为垄断的结果，校际差距越拉越大，“挤破头皮进重点学校”的现象愈演愈烈，人民对现实的教育状况也越来越不满意。

要解决这一问题，教育主管部门必须切实转变观念，将工作重点转移到“满足人民对教育的多种需求”上来。在我国教育领域中，人民需求的多样性特点也十分明显。这些多样性的需求不属于公共财政的供给范围，在传统“大包大揽”式的教育体制下很难得到满足，而应主要由市场提供。而只有在市场机制的作用下，民众多样性的教育需求才能得到最大程度的满足，资源的配置效率才能达到最佳。因此，必须加快民办教育的发展，在当前我国非义务教育阶段收费制度改革的基础上，应不断加大市场化改革力度，这才是促进我国教育资源的优化配置、实现我国教育事业健康快速发展的必由之路。

此外，在当前的我国，要致力于办人民满意的教育，还需要做的一项工作就是教育主管部门和广大民众要渗透终身教育的理念。在我国民众的传统观念里，教育一直备受重视，这种观念发展到现在却出现了严重的变形：在许多人的眼里，“抢占”优质教育资源、接受从小学到大学甚至研究生教育成为获取丰厚收入与较高社会地位的必经之路——却全然未考虑到自身的经济状况。显然，这是导致我国民众“挤破头皮进重点学校”现象以及“千军万马过独木桥考大学”现象的重要根源之一，也是我国“办人民满意教育”的瓶颈和心理根源。实际上，对个人而言，教育并不只是几年或者十几年的事，而是一个人毕生的事业。如果经济条件允许，自己承担相应的费用进入大学接受高等教育无可厚非；如果不具备相应的经济条件，则完全没必要去挤考大学这座“独木桥”，而可以通过职业教育掌握一技之长之后直接就业挣钱，在以后经济条件具备时再去接受高等教育，绝对不能提倡父母卖房卖地甚至卖血供孩子上大学的现象。目前，在许多发达国家终身教育的观念已经深入人心。在我国，要致力于办人民满意的教育，在教育主管部门和民众中渗透终身教育理念、转变传统的教育观念是至关重要的一环。

（郝如玉：第十一届全国人大常委、全国人大财经委副主任、中国注册税务师协会副会长、首都经济贸易大学副校长、博士生导师）

前　言

改革开放以来，随着财政对教育的投入规模不断加大，我国的教育事业取得了长足的发展：义务教育的全面和高质量普及、高等教育从精英教育到大众教育的转变等举世瞩目。应该说，教育是近些年来受益最大的领域。尽管如此，目前我国教育领域仍然存在诸多问题，民众对教育管理状况仍有较大意见。这些问题和意见反映出我国民众多元化的教育需求与教育的单一化供给之间存在的较大矛盾。其根本原因在于教育主管部门对教育这种混合产品的性质认识不准确，导致了政府在教育供给中的“越位”与“缺位”现象并存、教育领域的供求矛盾愈加尖锐等一系列后果。

一、财政在教育领域内的“缺位”

财政在教育领域“缺位”的一个重要表现就是我国义务教育发展的不均衡。这种不均衡主要体现在两个方面：第一是城市义务教育与农村义务教育发展的强烈反差；第二是义务教育阶段不同学校教育质量的不均衡。

——从城乡差距看，近几年来，虽然财政不断加大对农村义务教育的投入，但城乡之间义务教育投入仍存在一定的差距。以 2004 年为例，全国小学、初中生均预算内教育经费的城乡之比为 1.2:1；全国小学生均预算内公用经费城乡之比 1.4:1，初中生均预算内公用经费城乡之比 1.3:1。教育经费的短缺导致了部分欠发达地区的农村中小学基础建设投入仍然十分欠缺。全国人大义务教育法实施检查组在江西执法检查时发现：该省 66 人以上学生的大班有 1.38 万个，有的甚至 100 多人挤在一个班上课。在一些高寒、缺水地区，冬季取暖和安全饮用水的开支较大，有的学校仅采暖费一项，就要用去公用经费的一半以上。教育经费的短缺同样导致了义务教育办学条件的城乡差异。目前，城乡办学条件的差距突出地表现在城乡生均教学仪器设备值方面。全国 1/3 以上地区的中小学生均教学仪器设备值的城乡差距继续扩大，小学生均教学仪器设备值城乡之比为 2.9∶1，全国初中生均教学仪器设备值的城乡比平均为 1.4∶1。不仅如此，在教师水平及待遇方面，城乡差距更是明显。由于教学条件艰苦、待遇低下等原因，教学经验比较丰富的高职称教师等优质教育资源向城市和县镇集中，农村高职称教师比重与城市和县镇相比仍有较大差距。例如，有些教学点派不进足够数量的公办教师，有些地方只能低薪聘请代课教师，很多地方代课教师的工资不到公办教师工资的 1/3。在师生比方面，农村高于城市。按照现行教师编制标准，农村初中、小学的教师每人负担学生数分别为 18 人、23 人，城市初中、小学为 13.5 人、19 人。①

——从不同学校的教育质量来看，虽然总体上来说财政对义务教育阶段各类中小学的投入都在增加，但各类学校的教育质量发展并不均衡，“重点学校”、“名牌学校”等优质教育资源总体上处于严重短缺状态，且分布并不均衡——这在城市表现尤为突出。近些年来，随着收入的逐渐增加，人们对优质教育资源的需求日益强烈，到“重点学校”、“名牌学校”接受教育成为越来越多人的追求，这使得“千军万马挤独木桥”的现象不仅出现在高等教育层次，即使在义务教育层次，这种现象也屡见不鲜——毕竟，重点学校只是少数。为解决优质教育资源的供求矛盾，实现义务教育阶段的教育公平，教育部作出了如下规定：坚持义务教育阶段公办学校免试就近入学，不得举办或变相举办重点学校；要采取有效措施遏制义务教育阶段择校之风。但是，由于同一座城市内重点学校的分布并不均衡，这种力图实现公平的措施却造成了事实上的不公平：区内没有重点学校的居民只能到普通学校就读。这正是择校风产生的根源之一，更体现了我国义务教育发展的非均衡性。

无论是城乡之间的不均衡，还是城市内不同学校教育质量发展的不均衡，都是财政“缺位”的重要体现。政府应该一视同仁地为民众提供一般性的、均衡的义务教育服务，而现实的状况显然表明，政府在为民众提供均衡的义务教育方面的工作还不到位，民众的教育需求仍未得到满足。

---

① 中国（海南）改革发展研究院：《百姓·民生：共享基本公共服务 100 题》，中国经济出版社 2008 年版。

二、财政在教育领域内的“越位”

财政在教育领域的“越位”主要体现在教育供给主体的相对单一上。尽管近些年来我国的教育收费改革如火如荼，但教育供给主体相对单一仍是遏制教育市场发展、民众教育需求不能得到满足的主要原因。

在我国，教育领域存在着巨大的市场。中国人历来重视教育，舍得为教育花钱，即使在危机的影响下，民众的教育消费热情依然不减。2008 年 10 月，当国际金融危机蔓延势头正猛时，北京中国国际教育交流展览会的出国留学却仍然火爆。我们可以从中看到中国教育市场的潜力。但是，教育这一极富潜力的市场却远未得到开拓。其原因就在于我国目前的教育供给总体上来看仍是政府主导，社会资本、民间力量的作用非常有限。

在这种相对单一的教育供给体制下，民众迅猛增加的、不断多元化的教育需求也很难得到满足。这在现实生活中的一个典型表现就是“择校”问题。例如，许多重点中学在中考招生都设立了两个录取分数线：一个是“统招录取分数线”，一个是“择校录取分数线”；达到“择校录取分数线”而未达到“统招录取分数线”的考生需要根据自己距“统招录取分数线”的差额缴纳择校费，才能就读自己理想的高中。即使在这种情况下，有许多学生仍难以进入理想的学校。显然，“择校”问题反映了我国民众对于教育尤其是优质教育的强烈需求以及这种需求难以得到满足的状况。不仅如此，民众教育需求的日益强烈也成为“教育乱收费”问题产生的重要根源之一。在一些重点学校，巧立名目收费的现象屡有发生，如收取增加知识的补课费、强化练习的试卷费、兴趣活动的劳务费、校中校的重点培育费、暑期夏令营的辅导费、改善学校基础设施的捐助费等；有的学校擅自提高学生的学习资料费、作业本费、教学费、寄宿费、搭膳费以及班费标准等。教育收费改革中的这些问题直观地体现了我国民众的教育需求难以得到满足的状况，加之我国教育收费改革初期配套措施（教育扶贫体系）尚不完善的状况，使得教育领域的矛盾更加突出。这在高等教育中的表现也非常明显。2004 年国家指定中国银行办理助学贷款之前，超过半数的申请助学贷款的贫困学生未能按时得到贷款资助。尽管近来情况有所改善，但从全国范围看，助学贷款工作进展并不平衡，一些地方高校的学生申请贷款仍很困难。

由于财政的“越位”与“缺位”，尽管政府对教育的投入连年大幅增加，却并未换回人民满意的结果，迄今，教育仍是民众最不满意的领域之一。对于教育改革中的种种问题，社会舆论总是将其本身作为其产生的根源，这种观点暗示着国家教育改革不成功的方面。实际上，这种说法是不全面的。在我国教育领域存在问题的背后，还隐藏着更为重要而深刻的原因：社会对教育日益多元化的需求与教育资源相对短缺之间的矛盾。

三、日益尖锐的教育供求矛盾

教育需求的多元化是当今世界各国的普遍趋势。一方面，知识经济的发展对个人素质的要求越来越高，社会的进步、个人的发展无不依赖于知识的积累；另一方面，随着经济的不断发展，人们的教育观念也在逐步发生变化。如今，终身教育的理念已经为大多数人所接受。在这样的背景下，社会的教育需求呈现出如下特点：一是需求规模迅速扩大，越来越多的人将教育作为知识积累的主要途径；二是教育需求日益呈现多样化趋势，除传统的主流教育形式外，人们的教育消费也越来越多地向职业教育、网络教育方式延伸；三是对教育质量的要求越来越高。

社会对教育的多元化需求要求教育供给的多元化，但是，从目前整体状况来看，相对于不断增长的教育需求而言，教育——尤其是优质教育——仍然是一种稀缺资源。在我国，教育资源的稀缺性表现尤其明显。我国目前的教育现状是“穷国办大教育”。初等阶段的教育由国家负责，而由于受我国的经济发展水平限制，国家对教育的投入远远低于发达国家，甚至低于很多发展中国家。这就必然导致了我国的人均教育资源相对于我国众多的人口及迅速增长的教育需求来说是远远不足的。实际上，我国教育界目前头疼不已的诸多老大难问题如学校乱收费、高考分数线地域差异大、应试教育等问题都是教育资源稀缺性的表现或结果。教育资源的相对短缺还成为教育质量下降、教育公平丧失的重要诱因。以我国的高等教育为例，由于教育资源的供求矛盾，我国的高等教育资源在不同地区、不同学校之间的分布是不均匀的，普通大学与重点大学之间差距非常明显。国家重点支持、扶持某些大学，导致这些大学的教育资源远远优于其他大学。这种教育资源分配的差距虽然有国家宏观的因素，但同时也严重违背了教育公平的原则；同时，高校扩招后，某些高校教育质量的下降也是不争的事实。

教育资源多寡的根源在于经济发展水平，但在许多国家教育供给主体的单一成为教育资源供给不足的直接原因。如今，许多国家教育资源的供给主体是政府，但是，仅凭政府的财力仍不足以满足日益增长的教育需求——即便是经济发达的国家也是如此。同时，由于各类教育存在巨大的差异性，政府也没有必要为所有的教育需求“买单”。从全社会来看，教育是一种资源；但对于教育的投资者来说，教育也是一种产品。因此，如何在各层次教育中建立起行之有效的教育分担机制、发动社会各方面力量以实现教育供给的多元化，从而保证教育资源的有效供给成为各国政府面临的一项重大课题。

实际上，从教育的混合品性质来看，政府在教育服务供给中的责任不应是“大包大揽”，而应根据不同层次教育的性质分别确定：对于具有很强公益性、几乎可以看作是纯公共物品的义务教育来说，政府应当一视同仁地（均衡地）为全体社会成员提供一般性的、基本的教育服务；对于非义务教育，应当建立起包括政府、社会、个人等多方力量在内的多元化的教育投入体制，政府只应在其中承担有限的责任——这既是满足民众多元化教育需求的必然途径，更是促进教育质量提升的必经之路。此外，出于社会稳定、经济发展以及技术进步的大局考虑，政府还应在各层次教育中构建起科学、完善的贫困生扶助体系，真正做到“不让一个孩子因贫困而失学”。只有纠正认识上的偏差、准确界定政府在教育供给中的责任、发展多元化的教育体系，才能逐步消除财政在教育中的“缺位”与“越位”现象，真正缓解教育领域供求矛盾——这是促进我国教育事业健康快速发展、办人民满意教育的必由之路。

本书是在首都经济贸易大学郝如玉教授主持的北京市财政局研究课题“财政视角下的教育多元化研究”基础上完成的。

课题组组长：郝如玉、吴素芳

副组长：曹静韬、韩杰

成员：中央财经大学博士生于子洋、硕士生李岚，首都经济贸易大学博士生余远方、郎大鹏、吴凡、硕士生张淑静、鞠帅平、郭晓丹。

目　录

第一章　公共财政与我国的教育改革

作为社会产品的一种，教育一直是各国民众和政府极为关注的领域。尤其是随着知识经济时代的到来，教育的作用更深刻地为几乎所有国家政府和人民所认识，人们对教育的需求和关注程度也日益增长、加深。对居民个人来说，教育直接影响其收入的丰寡、素质的高低、事业的发展乃至家庭的幸福与自我的实现；而对于政府来说，民众的受教育程度则关乎国民素质和社会福祉的提升，关乎经济社会的发展。正是由于在当今社会发展中的重要作用，教育备受政府及个人的重视，因而一直是政府施政、民众消费支出的重要领域。在中国从计划经济走向社会主义市场经济的转型过程中，政府的教育投入大规模增加，教育的改革也在如火如荼地进行，尤其是自 20 世纪 90 年代至今将近 20 年的时间里，中国教育改革的步伐迈得更快。财政支持力度的不断增加和一系列改革措施的出台促进了中国教育事业的迅猛发展，学生规模、师资、设备等各类教育指标在这些年中都有历史性的突破，但是，与此同时，中国教育改革中的一些问题也逐渐浮现出来，成为民众热议的话题和研究者们极为关注的主题。公共财政作为教育服务的供给载体，与教育事业的发展有着密不可分的联系。从财政学角度审视我国教育改革中的问题，对于进一步深化我国教育体制的改革，有着极为重要的意义。

一、从公共财政角度看教育

从财政学角度看，社会产品供给主体的确定取决于其属性：一般而言，私人产品应由市场提供，而公共产品则属于市场失灵的范畴，应由政府来提供。但是，现实中，完全由政府承担供给责任的“纯公共物品”少之又少，社会产品中更多是兼具公共品与私人品特征的混合物品，如教育、文化、社保、医疗等。而且，在一种混合品内部的不同层次或项目中，其公共品特征与私人品特征也各有不同。总体而言，混合物品的供给应由政府、社会、受益者个人共同承担，如果政府包揽了这些混合物品的供给，效率的损失与公平的丧失便不可避免地产生了。其在现实中的重要表现之一就是民众的需求得不到满足。

现实中，政府在某种混合产品供给中承担的责任并不是一成不变的，而是一个动态的过程。对于特定时期内某种混合产品而言，政府承担何种责任、“管”到什么程度更取决于其经济社会发展阶段，取决于其财力状况和政策目标。从财力状况看，在经济发展初期，政府寡薄的财力不允许其承担过多的混合产品供给责任，而在经济实力雄厚的状况下，政府则可以在混合产品供给中承担更多的责任。从政策目标来看，政府针对社会主要矛盾所制定的大政方针也是政府承担混合品供给责任多少的一个指南，这是因为除提供公共物品、优化资源配置外，财政还承担着经济稳定、公平分配等职能。如果在某一阶段，政府的主要政策目标是稳定经济，其将大部分财政资源致力于这一目标的实现，在混合品的供给中承担的责任必然较少——政府的财力毕竟是有限的。比如，目前，应对危机影响、实现经济平稳快速增长成为我国的当务之急，在减税使得财政收入减少、而增支导致财政支出压力加大的情况下，适当缩窄政府在混合品供给中的职能范围是十分必要的。

从财政学角度看，教育是一种典型的混合产品：一方面，教育是一种带有明显公益性的社会产品（对于公共管理、社会环境及其他社会成员具有明显的正外部性），另一方面，教育又具有强烈的私人产品特征（其直接受益者是受教育者本人）。因此，政府只应该在教育的供给中承担有限的责任：一视同仁地为全体社会成员提供基本的、一般性的教育“服务”；社会力量同样应在多样性的教育体系中发挥重要的作用：为满足民众不断增长的、多样性的教育需求，提供部分人需要的、特殊的教育服务。而在我国目前的教育体制下，政府不仅承担了九年义务教育的全部供给责任，而且承担了大部分职业教育、高中教育、高等教育的供给责任，民办教育的发展非常虚弱——教育领域的这种公共财政泛化现象如今有愈演愈烈的趋势。这不仅无益于教育体制和财政体制的进一步完善，而且无益于教育质量的提高。更重要的是，这引发了教育领域内的一系列问题，使得我国改革开放 30 年来教育领域一系列意义深远的改革举措效果大打折扣：尽管大量的财政资金投入到教育领域，但人民仍然不满意。

二、改革开放以来我国的教育改革历程

改革开放之初，随着经济社会转型的逐步启动，我国的教育以恢复高考为开端，拉开了改革的大幕。近 30 年的时间里，面对着世界经济和科技竞争的形势，面对着我国经济实力薄弱、资源不足、人口众多而且发展很不平衡的基本国情，我国政府确立了教育优先发展的战略地位，开始实施科教兴国战略，不仅把教育方针、地位和作用等列入了《中华人民共和国宪法》(1982)，而且相继颁布或出台了《义务教育法》(1986)、《教师法》(1993)、《教育法》(1995)、《职业教育法》(1996) 等一系列相关法律法规。这些改革举措涉及面广、内容深刻，与我国的经济社会转型相适应，从而极大地促进了我国教育事业的发展。在这些改革举措的推动下，我国各级各类教育均有了较大程度的发展。

(一) 基础教育

我国基础教育包括幼儿教育、小学教育、普通中等教育。改革开放以来，我国的基础教育政策逐步向着公益性、公平性及规范化的方向迈进，取得了显著的成绩。1985 年，中共中央发布了《关于教育体制改革的决定》，提出了“实行基础教育由地方负责，分级管理的原则”，极大地调动了地方各级政府，尤其是县、乡两级政府办学的积极性。1986 年，全国人民代表大会颁布《中华人民共和国义务教育法》，使中国的基础教育走上了法制的轨道。1993 年，中共中央、国务院发布《中国教育改革和发展纲要》，明确了到 20 世纪末中国基础教育的发展方向和基本方针。1999 年初，国务院批转了教育部制定的

《面向21世纪教育振兴行动计划》，这一计划是教育战线落实“科教兴国”伟大战略的具体举措，是在落实《中华人民共和国教育法》及《中国教育改革和发展纲要》基础上提出的跨世纪教育改革和发展的蓝图。同年6月，中共中央、国务院发布了《关于深化教育改革，全面推进素质教育的决定》，为构建21世纪充满生机活力的具有中国特色的社会主义教育体系指明了方向。2001年，党中央、国务院发布了《关于基础教育改革与发展的决定》，进一步推动了基础教育的改革和健康发展。之后，又有一系列旨在促进我国基础教育健康、快速发展的政策措施出台。这些法律法规和政策文件的颁布和实施不仅使我国的基础教育管理体制逐渐趋于规范，而且涵盖了更多的受众，促进了教育质量的提升——我国的基础教育正以空前的速度向前发展。

1. 管理体制。目前，我国的基础教育实行在国家宏观指导下主要由地方负责、分级管理的体制。国家教育部负责制定有关基础教育的法规、方针、政策及总体发展规划和基本学制；设立用于补助贫困地区、民族地区、师范教育的专项基金；对地方教育部门工作进行监督指导等。省级政府负责本地区基础教育的实施工作，包括制定本地区基础教育发展规划和中小学教学计划，组织对本地区义务教育的评估和验收；建立用于补助贫困地区、少数民族地区的专项基金，对县级财政教育事业费有困难的地区给予补助等。县（市、区）级政府在组织义务教育的实施方面负有主要责任，包括统筹管理教育经费，调配和管理中小学校长、教师，指导中小学教育教学工作等。乡级政府负责本辖区义务教育的落实工作。这种行政管理体制不仅调动了各级政府兴办基础教育的积极性，更由于其顾及到了地方对基础教育的“偏好”而更具效率。

同时，国家鼓励社会各界共同参与中小学（幼儿园）的办学及管理，逐步形成以政府办学为主体、社会各界共同参与、公办学校和民办学校共同发展的办学体制。倡导中小学校（幼儿园）同附近的企事业单位、街道或村民委员会建立社区教育组织，吸引社会各界关心，支持学校建设。这就形成了教育多样化的办学形式和多元化的资金来源，极大地拓宽了基础教育的发展空间。

2. 义务教育。自1986年《中华人民共和国义务教育法》颁布以来，我国各级政府依法实施九年义务教育，取得了显著的成绩。到2005年，全国普及九年义务教育的人口地区覆盖率超过95%，小学学龄儿童入学率达99.15%，初中阶段毛入学率超过95%，比2000年均有所提高。全国共扫除文盲971.73万人，青壮年文盲率控制在4%左右，劳动力平均受教育水平由小学毕业提高到初中毕业。[1]

由于农村在经济社会发展方面的落后状况，我国政府非常重视农村、贫困地区、民族地区义务教育的普及工作。1987年，原国家教委和财政部颁发了《关于农村基础教育管理体制改革的若干问题的意见》，开始在我国农村普遍推行“县、乡、村三级办学，县、乡两级管理，以县为主”的体制，把发展教育，提高劳动者素质同发展地区经济，加强精神文明建设，提高人民生活水平结合起来，促进了农村教育和当地经济的发展。1995年到2000年，教育部、财政部实施了“国家贫困地区义务教育工程”，其中中央拨专款39亿元，加上地方政府配套资金共100亿元，用于改善贫困地区义务教育办学条件。从2006年3月起，国家率先在西部地区和中部部分试点地区实施农村义务教育经费保障机制，2007年在全国农村推开，从而把发展农村义务教育所需经费全面纳入公共财政保障范围，给农村义务教育发展带来了新的历史机遇，堪称中国教育发展史上又一个重要里程碑。

《中华人民共和国义务教育法》的实施与一系列政策措施的强化促进了我国义务教育的快速发展。如今，我国已经实现了最大范围的教育普及，基本普及九年义务教育，基本扫除青壮年文盲——“两基”目标得以实现。尤其是学杂费的免除更为农村、贫困地区、民族地区的学生带来了接受公平教育的机会。到2006年，我国的学龄儿童净入学率高达99.3%，小学升初中比率为100%，初中升入高级中学的比率为75.7%（如表1－1所示）。我国的义务教育可谓硕果累累。

表1－1　　我国学龄儿童入学率和各级普通学校毕业生升学率

年份	学龄儿童净入学率（%）	小学升初中（%）	初中升高级中学（%）
1990	97.80	74.60	40.60
1991	97.80	77.70	42.60
1992	97.20	79.70	43.60
1993	97.70	81.80	44.10
1994	98.40	86.60	47.80
1995	98.50	90.80	50.30
1996	98.80	92.60	49.80
1997	98.90	93.70	51.50

① 周济：“‘十五’中国教育改革卓有成效”，《中国农村教育》，2006年第3期。

续表

年份	学龄儿童净入学率（%）	小学升初中（%）	初中升高级中学（%）
1998	98.90	94.30	50.70
1999	99.10	94.40	50.00
2000	99.10	94.90	51.20
2001	99.10	95.45	52.95
2002	98.60	97.00	58.30
2003	98.70	97.90	59.60
2004	98.90	98.11	62.91
2005	99.15	98.40	69.70
2006	99.30	100.00	75.70

资料来源：中经网统计数据库，http：//db.cei.gov.cn/.

3.高中教育。高中教育作为基础教育的高级阶段，是基础教育与高等教育的衔接口，在整个教育体系中起着承上启下的作用。在我国，高中教育尤其是普通高中教育虽未纳入义务教育的范围，但是，其仍是我国财政用于教育支出的一个重要领域。从表1-2可以看到，我国高中教育事业费拨款收入逐年增加，且在高中教育经费收入中的比重一直在90%以上。在不断加大政府投入的同时，近几年来，我国各级政府还积极探索吸引社会广泛参与、扩大教育资源的新途径，尤其鼓励各社会团体、企业事业单位和私人举办高中教育，走出了一条政府和社会力量共同办学的新路子，极大地满足了民众接受高中教育的需求。如图1-1所示，从1990年到2004年，我国普通高中历年招生人数和在校生人数不断攀升，表明我国高中教育不断发展的强劲势头。

表1-2　　我国高中教育经费情况

年份	高级中学预算内教育经费收入（千元）	高级中学教育事业费拨款收入（千元）	拨款收入/预算内经费收入（%）
2000	7392256	6758345	91.42
2001	9936300	9113535	91.72
2002	12544763	11564884	92.19
2003	15496149	14173053	91.46
2004	19341114	17789273	91.98
2005	25733819	23696086	92.08

资料来源：中经网统计数据库，http：//db.cei.gov.cn/.

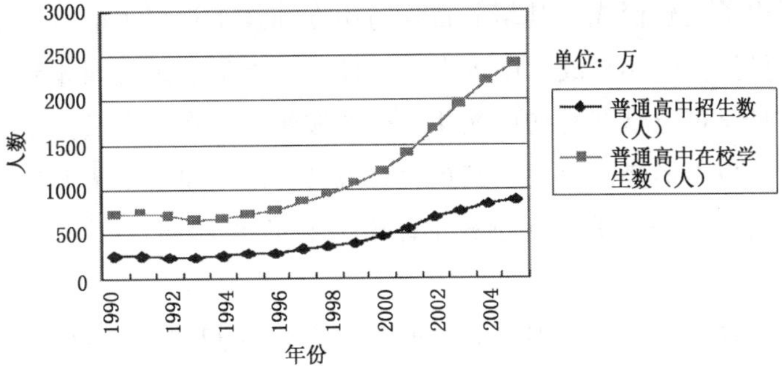

图 1－1　我国普通高中历年招生人数和在校生人数①

4. 幼儿教育。幼儿教育也是我国基础教育事业的重要组成部分，其形式在城市以幼儿园为主，有三年制的，也有一年或两年制的；有全日制的，也有半日制、寄宿制、计时制的。在农村则以学前幼儿班为主要形式，另外还有季节性幼儿园。在老、少、边、穷地区，除正规教育外，还有幼儿活动站、游戏小组、巡回辅导站、“大篷车”服务等灵活多样的非正规教育形式。我国的幼儿教育按照国家、集体、公民、个人一起办，多渠道、多形式发展的方针，极大地促进了幼儿教育事业的发展。为加强对幼儿园的领导和管理，我国先后颁发了《幼儿园管理条例》和《幼儿园工作规程》等一系列法规文件，使幼儿园的管理工作逐步走上科学化、制度化的轨道。此外，国家还规定了幼儿教师的任职资格和考核制度。目前，全国的幼儿师范学校、职业高中的幼教专业也得到很大发展，已形成了一定规模的幼儿师资的培养培训体系。

（二）中等职业教育

中等职业教育是在高中教育阶段进行的职业教育，也包括一部分高中后职业培训，其定位就是在九年义务教育的基础上培养数以亿计的技能型人才和高素质劳动者。中等职业教育是目前我国职业教育的主体，主要由中等职业学校实施。目前，我国中等职业学校共有四类：(1) 中等专业学校。这类学校以招初中毕业生为主，传统的培养目标主要是中级技术人员、管理人员和小学教师。改革开放以来，特别是近年来，培养目标已扩大到各类技能型人才。(2) 技工学校。这类学校主要招收初中毕业生，培养目标是中、初级技术工人。(3) 职业高级中学。这类学校是在改革教育结构的基础上发展起来的，大

① 根据中经网数据库相关数据绘制。

部分由普通中学改建而成。其培养目标与中专和技工学校类似，以生产服务一线的操作人员为主。(4) 成人中等专业学校。这类学校是我国改革开放以后发展起来的，最早定位是把有初中文化程度的成年人（在职人员为主）培养成中等技术人员。由于形势的变化，其招生对象已经以应届初中毕业生为主。进入21世纪，传统的四类中等职业学校的培养目标逐步趋同，办学形式也日益接近。

改革开放以来，我国各类职业学校为社会培养和输送了4000多万毕业生以及数以亿计的接受过不同形式职业教育和培训的城乡劳动者，成为各行各业的骨干力量。1996年5月，我国颁布了《中华人民共和国职业教育法》，指出："国家发展职业教育，推进职业教育改革，提高职业教育质量，建立、健全适应社会主义市场经济和社会进步需要的职业教育制度。"自此，我国的中等职业教育进入稳步发展阶段。2005年，我国中等职业学校实现扩招114万人，超额完成了扩大招生100万人的目标。进入"十一五"，职业教育更作为我国教育工作的战略重点被摆在了突出的位置；加快中等职业教育发展，扩大招生规模成为教育工作落实科学发展观的重要体现。在这些政策措施的激励下，近年来，我国的中等职业教育机构、招生人数和在校学生人数均有一定程度的发展（如表1-3所示）。

表1-3　　我国中等职业教育学校数、招生人数和在校学生人数

年份	中等职业教育学校数（所）	中等职业教育招生数（人）	中等职业教育在校学生数（人）
2003	14787	5095300	12546000
2004	14454	5662000	14092000
2005	14466	6556600	16000000

资料来源：中经网统计数据库，http://db.cei.gov.cn/.

（三）高等教育

高等教育是近30年来我国教育改革幅度最大、影响程度最深的领域。党的十一届三中全会以来，伴随着我国经济体制、科技体制改革的日益深化，我国高等教育体制改革也取得了历史性的进展。

1985年，中共中央做出了《关于教育体制改革的决定》，明确提出要"改革管理体制，在加强宏观管理的同时，坚决实行简政放权，扩大学校的办学自主权”。在这一决定的指引下，从1985年到1991年，我国开始了全面的高等教育体制改革。

——高等教育办学体制改革：中心城市开始举办的“市属高校”，突破了以往仅有中央和省两级政府办学的体制；民办高等教育逐渐兴起，进一步突破了单一政府办学的体制；实施“一校两制”、“一校多制”改革，高校隶属关系由单一化变成多样化，实现了“多方投资，共同管理”，在公办大学中融入民办大学的成分，开辟了我国高教办学体制改革的新局面。

——高等教育管理体制改革：扩大了高校办学自主权，明确赋予高校在计划外接受委托培养和招收自费生、调整专业的服务方向等6个方面的自主权，促使高校主动以经济建设为导向，挖掘潜力，扩大规模，调整专业，适应需要；促进了政府职能的转变，使其放掉了一些本来不应管的事而专注于份内职责；扩大了地方管理高校的权力和责任，加大了地方对高校的投入，不仅充分调动了省级政府管大学的积极性和责任感，而且促进了地方经济、社会发展与高等教育之间的联系。

——高等教育投资体制改革：由少量“自费”试点到“双轨并存”（既有自费、又有公费），再到“收费制”基本确立，开辟了国家投资以外的一个新渠道——“家庭和个人投资渠道”；兴办校办产业，开展广泛的科技服务，扩大了高教投资来源；在政府政策的支持下开征专项用于高等教育的附加（如高消费品教育费附加、广告费教育费附加等），拓宽了高教投资的渠道；接受捐赠，允许私人依法办学。

——高等学校招生、收费和毕业生就业制度的改革：突破单一的指令性招生计划，试行“指令性计划”和“调节性计划”相结合的新的招生计划制度，并逐步扩大“调节性计划”，使学校能够在保证国家计划完成的前提下根据自身培养能力及国家规定的比例发挥潜力扩大招生计划；试行“双向选择”的毕业生就业制度。

——高等学校内部管理体制改革：促进高校内部运行机制的转换。进一步突破了原有体制的束缚，逐步形成了“公平竞争、择优上岗、多劳多得、合理流动”的新运行机制；加强高校的民主化、法治化管理，促进了高校办学效益和质量的全面提高。

1993年，中共中央、国务院联合颁发了《中国教育改革和发展纲要》，确定了跨世纪高等教育改革的方向、目标和战略。由此开始了我国高等教育改革的进一步深化：在办学体制上，进一步打破了国家包揽办学的旧格局，形成了以公办高校为主，民办高校、民办公助、与境外合作办学等多种形式并存的高校办学新格局；在投资体制上，通过征收用于高等教育的税费、收取学生的学杂费、校办产业收入、社会招资集资和设立教育基金，进一步改变了单一依靠国家拨款的状况；在招生、收费和毕业生就业制度上，进一步促进了新的招生宏观调控机制的建立，并确立了大学生"缴费上学制度"，建立了面向人才市场、自主择业的新就业制度；在高校内部管理体制上，进一步推进了高校人事制度和分配制度的改革，增强了高校主动适应社会需要的能力，促进了高校"自我发展、自我约束"机制的形成。为推动我国高教管理体制改革的深化，国务院办公厅1995年转发了《关于深化高等教育体制改革的若干意见》，以共建、划转、合并、合作办学和参与办学为主要途径，实现了改革的重点突破。①

近30年来的体制改革促进了我国高等教育事业的快速发展。1990年我国普通本、专科学校招生数仅为60.89万人，到2005年，这一数字已攀升到504.56万人，是1990年8倍多；而我国1990年普通本、专科学校在校学生数为206.27万人，2005年增加到1561.78万人，是1990年7倍多（如图1－2所示）。② 这些数据显示出，我国的高等教育正在不断满足着人们日益增长的高等教育需求，高等教育由精英教育逐渐转变为大众教育；同时，我国的高等教育正为我国的社会主义市场经济发展输送着大量的高素质人才——这些高素质人才成为推动我国经济社会快速发展的生力军。

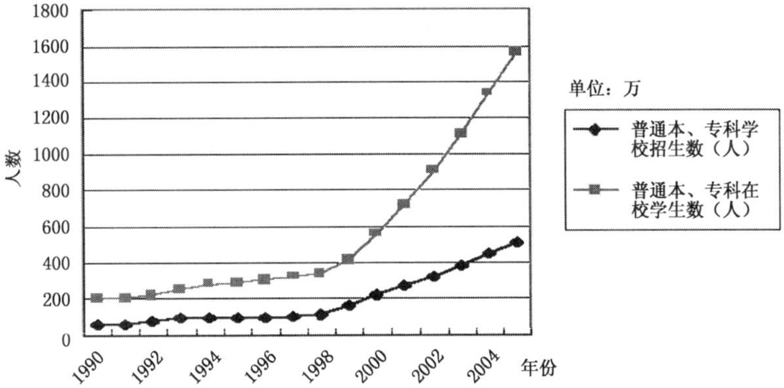

图1－2　我国普通本专科学校历年招生人数和在校生人数③

① 邓晓春："中国高等教育体制改革的回顾与展望"，《辽宁高等教育研究》，1998年第1期。

② 数据来源：中经网统计数据库，http://db.cei.gov.cn/.

③ 根据中经网数据库相关数据绘制。

(四) 民办教育

民办教育是我国教育体系的重要组成部分。改革开放以来，特别是近几年来，在国家政策的支持下，我国的民办教育尤其是民办高等教育发展迅猛，已与普通教育、成人教育形成三足鼎立的局面。1985 年，《中共中央关于教育体制改革的决定》规定：“地方要鼓励和指导国营企业、社会团体和个人办学，并在自愿的基础上，鼓励单位、集体和个人捐资助学，但不得强迫摊派。”1986 年，《中华人民共和国义务教育法》规定：“国家鼓励企业、事业单位和其他社会力量，在当地人民政府统一管理下，按照国家规定的基本要求，举办本法规定的各类学校。国家鼓励各种社会力量以及个人自愿捐资助学。”这些法律规定为我国民办教育的发展开启了政策之门。1995 年，我国颁布的《中华人民共和国教育法》规定：“国家鼓励企业事业组织、社会团体、其他社会组织及公民个人依法举办学校及其他教育机构。任何组织和个人不得以营利为目的举办学校及其他教育机构”、“国家鼓励境内、境外社会组织和个人捐资助学。”1997 年 3 月 27 日，国家教育委员会发布了《关于加强社会力量办学管理工作的通知》，提出要“建立严格的社会力量办学审批制度”，“学校应按照教育行政部门和物价部门核准的收费项目和收费标准收取学费及其必要费用”。这些法律措施的出台促进了我国民办教育的快速发展。1998 年，我国颁布的《中华人民共和国高等教育法》规定：“国家鼓励企事业组织、社会团体及其他社会组织和公民等社会力量依法举办高等学校，参与支持高等教育事业的改革与发展。”1999 年的《关于深化教育改革全面推进素质教育的决定》规定：“进一步解放思想、转变观念，积极鼓励和支持社会力量以多种形式办学，满足人民群众日益增长的教育需求，形成以政府办学为主体、公办学校和民办学校共同发展的格局。”2003 年，九届全国人民代表大会常务委员会第三十一次会议通过了《中华人民共和国民办教育促进法》，使我国的民办高等教育走向了依法办学的轨道。①

在国家法律、政策的支持下，我国的民办教育稳步发展，逐渐成为教育事业发展的重要力量。以民办高校为例。如表 1－4 所示，从 2003 年到 2005 年，我国的民办教育学校数由 173 所增加到 252 所，民办高校的招生人数和在校学生人数由 37.57 万人、81 万人分别增加到 43.61 万人和 105.17 万人。由民办高

---

① 刘云：“民办高校：中国高等教育改革的新鲜产物”，《科教动态》，2008 年第 8 期。

等教育的发展状况可以看出，我国的民办教育发展方兴未艾，正处于快速发展的阶段。

表1-4 我国民办教育学校数、招生人数和在校学生人数

年份	民办普通高等学校数（所）	民办普通高校招生数（人）	民办普通高校在校学生数（人）
2003	173	375658	810030
2004	226	625995	1396295
2005	252	436101	1051663

资料来源：中经网统计数据库，http：//db.cei.gov.cn/.

三、我国教育改革中的问题

经历了近30年的改革历程，我国的教育事业取得了前所未有的成绩。但是，由于种种原因，一些问题也与这些改革措施相伴而至，成为决策者和研究者们研究的重点，更成为民众关注的焦点。在教育改革大潮汹涌澎湃而社会公平问题被提到前所未有高度的今天，这些问题的解决更成为进一步深化教育改革、提升国民素质、培养新型高素质人才乃至构建和谐社会的当务之急。而从财政角度对这些问题丝剖缕析，也成为解决这些问题的必要前提。

（一）教育资源短缺与“上好学校难”问题

近30年的教育改革使得我国各级各类教育都获得了巨大的发展，优质教育资源显著增加。但是，总体而言，我国的教育资源尤其是优质教育资源相对于人们的需求而言仍显不足。这种现象产生的根源之一在于我国的重点学校制度以及人们“就高不就低”的需求心理。

早在新中国建立之初，为了尽快摆脱落后的经济社会发展状态，迅速实现工业化，国家建立了旨在为上一级学校输送“尖子”人才的重点学校制度，构造了一种城乡二元、重点和非重点二元的等级化的学校制度。在当时的社会背景下，这种制度具有一定程度的合理性。但是，随着经济社会的发展，如今的时代条件已经发生了巨大变化，全民义务教育制度也已开始实施，重点学校制度早已丧失了存在的基础。因而，在20世纪90年代中期，教育部已决定取消

义务教育阶段的重点学校，取消小学升初中考试，实行就近入学。但是，在其他教育层次上——典型的如高中教育和高等教育，“重点学校制度”却以另一种形式显现出来。

在高中教育层次上，甚至在小学和初中教育层次上，一些学校以建设“示范校”、“实验校”、“星级学校”等种种名义人为地制造和扩大学校差距。从20世纪90年代中期开始，我国出现了新一轮建造大校园、豪华校园热，以及盲目攀比、铺张奢华的不良倾向。这些“示范学校”动辄耗费数亿元，从多媒体教室、全空调环境到独立游泳池、体育馆、艺术馆、音乐喷泉等等一应俱全。这些公立重点中小学的硬件水平，普遍高于发达国家的公立学校，也高于我国的优秀重点大学，不仅造成巨大的教育浪费，而且有违树人育人的教育宗旨。这种“扶强抑弱”、“劫贫济富”的政策导致了学校系统的两极分化。正是这种少数名校、强校和大部分一般校、薄弱校并存的现实，造成了择校风愈演愈烈的状况，形成了重点学校“高不可攀”的入学要求。许多家长面对着重点学校越来越高的“门槛”，无奈地发出“上好学校难”的感叹。

高等教育层次也是如此。近年来，随着高校扩招步伐的逐渐加大，进入大学接受高等教育早已告别了过去“千军万马过独木桥”的状况，但是，对于许多人来说，“名校”、“重点高校”仍然是众多人梦寐以求的高等教育圣地。尽管在“211院校”、“985工程院校”的冲击下，“重点高校”的含金量已大大降低，但是，在高校合并升级、包括民办高校在内的各类高等院校异军突起的情况下，人们还是对这些“重点高校”趋之若鹜。随着“211工程”、“985工程”的实施，那些被纳入其中的高校更成为人们追逐的新重点。而“211工程高校”和“985工程高校”往往集中于这些“重点高校”，这无疑使得优质的高等教育资源更为高度地集中于这些学校，从而导致了“上好大学难”的境况。显然，在我国高等教育层次上，虽然不存在明确划分的等级制度，但却形成了事实上的学校等级，而成为优质高等教育资源相对于人们的需求仍显紧缺、出现“上好学校难”问题的主要诱因之一。

不仅如此，人们对教育尤其是优质教育的需求膨胀也对“上好学校难”问题起到了推波助澜的作用。在我国的计划生育国策下，多数家庭只有一个孩子。在“望子成龙”的心态指引下，许多家长对孩子寄予厚望，想方设法为孩子提供更好的教育环境，于是，“让孩子进入重点学校”成为他们努力的方向。在这种“就高不就低”的心理作用下，人们对教育资源尤其是优质教育资源的需求急剧增加——这成为“重点学校”的“上学难”问题产生的一个重要原因。

“上学难”问题的另一个根源在于我国部分层次教育资源的总体不足，这在我国的高中阶段教育中表现尤为明显。如表 1－5 所示，2004 年和 2005 年我国初中阶段毕业生人数分别为 2155.06 万人、2201.02 万人，而这两年我国高中阶段教育招生数仅为 1387.71 万人和 1533.39 万人。这意味着，在 2004 年和 2005 年，我国分别有 767.35 万和 667.63 万初中毕业生未能接受高中阶段教育，这显示出我国高中阶段教育需求与可容纳能力之间存在着巨大的矛盾。从 2003 年到 2005 年，我国高中阶段教育的学校数变化并不大，而在校学生数却增加了 24.38%（790 万人）。可见，我国的高中阶段教育资源已经处于紧缺状态。

表 1－5　　　　　　　　我国高中阶段教育状况

年份	高中阶段教育学校数（所）	高中阶段教育招生数（人）	高中阶段教育在校学生数（人）	初中阶段教育毕业生数（人）
2003	31883	12616600	32409000	—
2004	31407	13877100	36490000	21550620
2005	31532	15333900	40309000	22010215

资料来源：中经网统计数据库，http：//db.cei.gov.cn/.

教育资源的总体短缺加之“显性”或“隐性”的重点学校制度的共同作用，导致了我国教育改革中“上学难”问题的产生。从财政角度看，问题的根源在于财政用于教育支出的优先性缺乏科学的界定。在我国目前的经济社会发展状况下，面对着人们急剧膨胀的教育需求，财政应当优先发展何种层次的教育而应将有限的财力资源重点投向何种教育领域、采用何种投入方式才能以既实现教育资源的合理分布和财力资源的有效配置，又可以满足民众的教育需求——这是非常值得我们深思的问题。

（二）教育收费改革与贫困生扶助体系建设问题

实施教育收费制度是我国教育改革中的一项重要内容。在我国教育体制改革的过程中，一方面，民办教育、公司合办教育等形式需要民众为其所接受的教育付费；另一方面，公立教育也开始实施收费制度。从学校等教育机构角度看，为尽可能提高自身利益，其具有相当大的收费动力，而从民众角度看，由于居民收入差异逐渐拉大，低收入家庭为教育付费显得力不从心。在这种情况下，为保证教育领域的公平，建立起健全、规范的贫困生扶助体系尤为必要。但是，由于我国各层次教育中的贫困生扶助体系建设并不平衡，由此导致了在一些教育层次上低收入群体的“上学贵”问题。

1. 基础教育中的问题。在我国基础教育改革的过程中，虽然国家明令禁止义务教育阶段的学校招收择校生，但仍有少数名校成为巨大的“寻租”空间。早在20世纪90年代初，用金钱购买、交换学额的现象即已出现：开始是当地领导给重点中学一些机动名额，允许招择校生高收费；继而发展到“一校两制”，办“校中校”、“校中班”；后又发展到“国有民营”，甚至提出义务教育阶段办学也应该实行“效率优先，兼顾公平”。20世纪90年代中期，为缓解教育经费短缺状况，公办中小学开始实施“转制”改革，因而出现了一批“民办公助”、“公办民助”、“国有民办”的“转制学校”。这些“转制学校”由于实行“民营机制”而可以合法地高收费，从而使得高收费成为一件大规模的、名正言顺的事。2000年，国家又通过“三限”的政策规范高中收费，从而将高中阶段择校收费合法化，这极大地激化了择校热——各地重点中小学林林总总、居高不下的收费令人咋舌——这无疑是中小学阶段“上学贵”问题的主要根源。值得一提的是，这些重点中小学往往也是政府财政支出的重要领域。虽然社会资本在一定程度上进入了基础教育领域，但是，由于政策的不连续性和管理机制的不完善，其并未在满足人民需求、提高教育质量方面发挥应有的作用，反而导致了教育公平的丧失。所幸的是，伴随新的义务教育法的出台，促进义务教育的均衡发展、保障义务教育的公益性和公平性已被纳入法制轨道，这在一定程度上使基础教育中的“上学贵”问题得到缓解。①

2. 高等教育收费改革中的问题。改革开放以来，随着市场经济的不断发展和完善以及国家对人才需求量的剧增，国家财政支出已经不能完全满足我国高等教育日益发展的需要。因此，国家相应地改革了高等教育的收费机制，把“大包大揽”变成了国家各级财政与受教育者共同分担，以弥补高校教育经费的不足。如今，随着高校的不断扩招，其对软硬件的需求也快速增加，而政府财力投入有限，因此，高校收费水涨船高成为一件必然的事情。从1989年开始实行大学收费制度以来，我国高等教育的收费已从当年的年学费200元翻到了2004年的5000元以上，涨幅至少25倍。教育收费已经成为我国多数家庭教育负担的一个重要组成部分，除此之外，还有学生在校期间的生活成本。以

① 杨东平：“在中国，为什么上学难上学贵”，《南方周末》，2006年7月28日。

2000年为例，当时我国普通高校本科生的收费标准已近5000元，同时按照一般的城镇生活水平测算，一个大学生的年均生活费用也约为5000元，这样一个家庭供养一个大学生的年负担约为1万元。而当年我国城镇居民人均收入为6280元，农村人均收入为2253元。如果按照城镇家庭人口平均为3人，农村为4人计算，农村平均水平的家庭全部收入还不够一个大学生的学费和生活费，相当部分城镇家庭也面临类似问题。显然，高等教育高昂的收费大大超出了普通民众的经济承受能力，而对农村家庭、特别是贫困地区的农村家庭更是难以承受的重负。但是，本应与收费制度并行制度——对贫困家庭的学生资助制度却并不完善，使得"上学贵"问题日益突出。在2004年国家指定中国银行办理助学贷款之前，超过半数的申请助学贷款的贫困学生未能按时得到贷款资助。尽管近来情况有所改善，但从全国范围看，助学贷款工作进展并不平衡，一些地方高校的学生申请贷款仍很困难。面对着高昂的学费、生活费，又无法获得资助——这使得部分学生在接到大学录取通知书后，只能放弃深造机会。

高等教育的"上学贵"问题导致了教育公平的丧失。在我国农村，由于经济发展落后，许多以农业为生、单纯靠养殖种植为生的家庭由于收入微薄，仅能解决温饱。在目前高校学费高涨的情况下，这些家庭很难有多余的财力供千辛万苦考上大学的子女上学，这导致了许多农村学子不得不放弃接受高等教育的机会。在城市也有许多靠政府救济度日的贫困家庭面临这样的问题，这就造成了贫富群体间在接受高等教育上的机会不平等。而我国高校学生名额特别是优质高校的学生名额在各地区不均匀分配的政策又导致地区间特别是发达地区与欠发达地区间接受高等教育机会的不平等。这些不平等不仅导致了教育公平的丧失，而且严重影响着我国高等教育的健康发展。

从财政学角度看，"上学贵"问题反映了财政在教育领域的职责问题：在各级各类教育中，财政应该扮演什么样的角色、承担哪些支出责任？财政应该承担基础教育和高等教育全部的支出责任吗？在教育改革的过程中，财政既要根据各级各类教育产品的性质区分其不同的责任，更要充分考虑我国教育供求状况，致力于"办人民满意的教育"。

（三）高校扩招与教学质量问题

1992年起，我国开始实行高等教育教学体制改革，扩大高等学校办学自主权，推行高校合并，鼓励民办高校，鼓励与国外合作办学。自20世纪90年代后期开始，我国高校开始了大跃进式的跨越发展，主要表现为：高校升格过快过多——中专升大专、专科升本科、本科上研究生、研究生点上博士点，经过一轮又一轮的升格，高等院校已经遍及各类城市；高校招生规模迅速扩大。如表1－6 所示，从 2000 年到 2005 年，我国普通本、专科招生数由 199.51 万人快速增加到 504.46 万人，五年净增 304.95 万人，增长 152.85%。其中，本科生招生规模净增 85.54 万人，增长 56.72%；专科生招生规模净增 219.40 万人，增长 450.61%。同时，从我国普通本、专科学校在校生数来看，这一数据从 1998 年的 340.88 万人增加到 2005 年的 1561.78 万人，七年净增 1220.90 万人，增长 358.16%（参见图 1－2）。

表 1－6　　我国普通本、专科招生情况

年份	普通本、专科招生数合计（人）	其中：普通本科招生数（人）	其中：普通专科招生数（人）
2000	1995100	1508200	486900
2001	2450300	1784700	665600
2002	2981700	2091200	890500
2003	3821701	1825262	1996439
2004	4473422	2099151	2374271
2005	5044581	2363647	2680934

资料来源：中经网统计数据库，http：//db.cei.gov.cn/.

随着招生规模的迅速扩张，我国的高等教育暴露出生均教育经费与办学硬件不足、教师资源偏紧与质量下降、专业数目过多、教学内容过旧、培养模式单一等问题，导致高等教育总体教育教学质量降低，不能完全适应经济社会发展的需要。

1. 高等教育生均教育经费下降导致高校办学硬件不足。如表 1－7 所示，随着我国高校扩招规模的加大，从 2000 年到 2005 年，我国普通高等学校生均预算内事业性经费支出、生均预算内个人事业性经费支出、生均预算内共用事业性经费支出、生均预算内基建支出和生均预算内教育经费支出等指标均有不同程度的下降。同时，由于各地经济发展与财力投入水平差异较大，而且改革深入程度也有所不同，以致部分地区普通高校生均经费与生均办学条件更有相当程度的下降，从而难以保证基本的教育质量与正常的教学秩序，严重影响了高等教育的可持续发展。

表 1－7　　我国普通高等学校生均经费情况

年份	普通高等学校生均预算内事业性经费支出（元）	普通高等学校生均预算内个人事业性经费支出（元）	普通高等学校生均预算内共用事业性经费支出（元）	普通高等学校生均预算内基建支出（元）	普通高等学校生均预算内教育经费支出（元）
2000	7309.58	4388.35	2921.23	1316.07	8625.65
2001	6816.23	4202.67	2613.56	977.21	7793.44
2002	6177.96	3724.49	2453.47	843.09	7021.06
2003	5772.58	3420.22	2352.36	749.89	6522.48
2004	5552.50	3254.10	2298.41	668.09	6220.60
2005	5375.94	3138.37	2237.57	564.83	5940.77

资料来源：中经网统计数据库，http：//db.cei.gov.cn/.

2. 教师资源偏紧，素质下降，直接导致了高等学校教学质量的下降。随着高校扩招规模的增大，我国普通高校的生师比逐渐提高。1998 年，我国普通高校的生师比为 11.62，1999 年为 13.37，到 2001 年，我国普通高校生师比骤然增长到 18.22。近几年来，虽然国家通过各种措施加强高校师资，但到 2005 年，我国普通高校生师比仍高达 16.85。由于生师比过高，一些高校部分课程授课的班级规模越来越大，教学效果有所下降；由于工作量过重，部分教师无暇接触和指导学生，无暇自我“充电”；甚至由应届本科毕业生和在读研究生担任英语、计算机等公共基础课程的主讲教师。这不仅导致了教师资源质量的下降，更使得高校尤其是落后地区高校的教学质量急剧下滑。

3. 高校专业设置、课程结构和培养模式，难以适应经济社会快速发展的需要。随着经济的不断发展和市场竞争的日趋激烈，社会对人才的需求更加多样化。但是，我国高等教育的专业结构、培养目标调整，及教学内容和课程体系却严重滞后，使许多高校毕业生难以适应劳动力市场的需要。

正是由于上述原因，我国高校的快速扩招导致了高等教育教学质量的下降。从财政学角度看，高校招生规模的迅速扩大与教学质量的下降反映了财政支出方式与其微观支出目标的不协调。在教育领域内，财政的微观目标是促进教育事业的发展，满足人们的教育需求，但是，这一目标应如何实现？我们或许可以从财政用于教育尤其是高等教育的支出方式、手段中找到合适的答案。

（四）教育发展格局与中等职业教育弱化问题

随着教育改革的逐步深化，我国的教育事业突飞猛进，取得了前所未有的成绩，尤其是基础教育和高等教育。在义务教育法和种种旨在促进基础教育公平的政策措施的推动下，我国的义务教育可谓硕果累累：学龄儿童入学率和小学升入初中的比例都有了历史性突破，教育质量也大幅提升。而高等教育在近30年的改革中更是成绩突出，高校招生规模连续增大，高等教育正在逐渐由精英教育转变为大众教育。但是，在基础教育和高等教育快速发展的同时，我国的高中教育和中等职业教育却几乎成为一个被人遗忘的教育“角落”，由于并未得到足够重视而发展缓慢。这样，我国近30年的教育改革便形成了一个“两头大、中间小”的格局：“两头大”是指基础教育和高等教育备受政府重视，作为教育改革的重点而发展迅猛；“中间小”是指作为位于基础教育和高等教育中间的高中教育和中等职业教育并未成为教育改革的重点而发展缓慢。改革初期，由于教育发展水平总体较为落后，因此，将基础教育和高等教育这“两头”作为改革的重点有其合理性，但是，随着经济社会的发展以及教育改革的逐步深化，这种“两头大、中间小”教育发展格局的弊端逐渐显现：高中教育资源相对紧缺，致使相当部分的初中毕业生无法进入高中学习，而中等职业教育的弱化则隔断了这些不能接受高中教育的初中毕业生获得一技之长的必要途径——这既不利于我国教育事业的全面均衡发展，也不利于我国国民素质的提高和经济社会的发展。在这样的教育发展格局中，中等职业教育的弱化问题尤其值得重视。

与高中教育相比，中等职业教育更注重学生劳动技能的培养，是学生学习和实际工作的有机衔接阶段，其目标直接与就业相联系。作为我国现代教育体系的重要组成部分，中等职业教育担负着培养数以亿计的高素质劳动者的重要任务，是我国社会经济发展的重要支柱。从受教育者个人来看，中等职业教育是个人从学生时代进入社会参加工作的必要前提。尤其对于那些初中毕业后没有进入高中学习的学生来说，其在义务教育阶段接受的大都是基础性而非实用性知识，如果在初中毕业后直接进入社会参加工作，其对于工作常识可以说是一无所知，而中等职业教育则可以解决这一难题，为其顺利参加工作、快速适应工作环境打下良好的基础。从这个角度来看，中等职业教育不仅可以解决我国目前存在的众多初中毕业生的就业问题以及与其紧密联系的基本生存问题，而且可以有效防止由于这类人群失业而导致的一系列社会问题。从整个社会来看，随着我国加入WTO和社会主义市场经济体系的不断完善，社会在需要大量具有高素质科技和管理人才的同时，更需要大批应用型的技能人才和技术工人。因此，发展中等职业教育也成为我国社会经济不断发展的必然要求。

但是，在近30年的教育改革中，我国虽然也实施了一些政策措施以促进中等职业教育的发展，但却并不尽如人意。首先，我国中等职业教育发展相对缓慢。1997年至2000年，中等职业教育出现了历史性“滑坡”：1999年中职在校生人数比1997年锐减17.4%；从招生情况看，1998年中等职教的招生数比1997年下降了17%，1999年的招生数又比1998年锐减20.5%。[①] 2001年以后，由于国家在财力和政策上的支持力度逐渐加大，我国的中等职业教育发展速度逐渐加快，但是，总体仍处于较弱阶段。由于我国中等职业教育的曲折发展，造成了大量教学设施闲置，师资队伍涣散的状况，中职教育资产流失状况也比较严重。其次，中等职业学校定位不清，办学模式陈旧。一些中等职业学校过于强调理论，而忽视或弱化职业能力的培养，造成毕业生职业意识淡薄、动手能力较差，从而与职业岗位要求和社会发展对劳动者素质的要求有较大差距。还有一些中等职业学校的办学机制和人才培养模式陈旧，无法很好地适应当今社会快速发展的客观要求，从而造成生产服务一线的技能型人才，特别是高技能的实用型人才严重短缺。最后，中等职业教育的经费筹借机制仍需进一步完善。目前，我国的中等职业教育中，办学条件还较差、实训条件不充足、师资短缺现象仍很严重，其主要根源在于经费筹借机制不完善而导致的经费的不足。

在我国基础教育和高等教育发展迅猛的当今，中等职业教育的相对弱化问题凸现。这带给财政工作的启示是：要将中等职业教育发展放在财政支出更为优先的地位，采用适宜的支出手段和方式，促进中等职业教育的快速发展。

（五）高度集中的教育管理体制引发的问题

我国现行的教育体制是一种高度集中的管理体制，它对整个教育行业形成了绝对的垄断。第一，垄断了整个社会的教育资源，这种资源不仅包括国家对教育投入的资金、土地、实物等有形资源，还包括政策等无形资源。第二，垄断了教育的消费资源，也就是教育的消费市场。在高等教育领域，这种垄断导致了严重的后果：带有明显“垄断性”的管理体制削弱了高等学校的特色，使得专业设置与市场需求不能有效衔接；高校管理机制改革迟缓，效率低下。

就高等教育而言，高度集中的管理体制不仅体现在国家对高等教育的宏观管理上，而且渗透到大学内部管理的各种过程和层面上。在高度集中的体制

---

① 林茂枝：“对新时期我国中等职业教育的几点思考”，《职业技术教育研究》，2006年第9期。

下，对高等教育的管理往往是以各级政府为主的纵向约束，高等学校只是政府教育主管部门的附属机构，是行政体制在高等教育系统的延伸，行政人员是学校运行的核心和主角，计划管理是学校管理的主要方式。在宏观上，计划管理主要表现在：高等教育的布局、层次和结构、发展规模、发展速度、资源的配置等。在微观上，计划管理主要表现在：高等学校的规格、机构设置、人员配备、教学大纲、教学计划、教学内容、人事、财务、后勤、招生分配等都要按照高等教育主管部门下达的各种计划进行。这种计划教育与20世纪90年代以前的计划经济有着同样的性质。这导致了教育资源配置的不合理，剥夺了学校的办学自主权，教育机构缺乏长远规划，限制了教育规模的扩大和品质的提升。

不仅如此，高度集中的管理体制与快速扩大的招生规模相结合，成为高校负债过重现象产生的诱因。1999年开始的高等教育扩招拉开了我国高等教育向大众化转变的序幕，但是，在高度集中的管理体制下，单纯政府的财力并不能满足高校扩招对软硬件提升的需求，因此，向银行贷款成为高校发展的必然选择。有了银行资金作后盾，不仅高校的扩招力度无限加大，更重要的是学校的建设规模也无原则的盲目扩大，随之的就是对银行的欠债也滚雪球般的越聚越大。据《2006年：中国社会形势分析与预测》社会蓝皮书发布的数字，从1999年有贷款开始到2005年，大概形成了2000亿到2500亿元人民币的高校债务。如今，众多高校背负着沉重的债务甚至面临破产，其在科研、教学上的投入势必减少，这必然影响高校的未来正常健康的发展。

同时，在这种高度集中的管理体制下，政府严格限制其他资源介入高等教育领域，民办高等教育的准入条件极为苛刻。目前我国政府对民办高校的支持主要在优惠提供土地、减免税费等方面，基本上没有直接拨款补助，社会力量办学很难与公立高校抗争，这就限制了教育方面的竞争，导致我国高等教育办学的层次和形式的单一。单一的国立高等教育形式使得我国高等教育输出能力与高等教育社会需求之间存在严重不平衡；使得国家财政性投入不集中，导致整体高等教育质量不高，缺乏必要的优胜劣汰机制；单一形式也会带来国家财政与整体国民教育发展之间的不平衡，尤其是高等教育领域国家财政的投入会挤占义务教育领域的投入，从而影响我国义务教育领域的发展。

四、我国教育改革的进一步深化与财政的目标定位

尽管过去近30年的改革历程形成了我国教育事业蓬勃发展的局面，但是由于其中存在的种种问题，我国的教育事业发展距离“人民满意”仍相差甚远，我国的教育改革并没有完结，而是亟待进一步深化。由于我国财政在教育领域“缺位”与“越位”并存的状况，在未来的教育改革中，作为政府核心部门的财政部门无疑需要认真审视自己的功与过，进一步明确自己在教育领域的目标定位，这成为我国教育进一步改革成败的关键。

（一）我国教育改革的财政学分析

我国教育改革中出现的种种问题不仅使得民众日益增长的教育需求得不到满足，而且形成了我国教育事业健康发展的桎梏。从多数国家教育事业的发展状况看，政府都是教育的主要出资者、管理者和监督者，从根本上来说，这是由教育的公共物品属性所决定的，我国也不例外。在我国教育改革的过程中，虽然国家在一些层次的教育中采取了“开拓财源”的政策措施，但是，政府仍然是教育事业发展的主要出资者和监管者。作为政府支出管理的核心部门，财政部门（与教育主管部门及其他相关部门一起）对我国教育改革中出现问题的解决承担着义不容辞的责任。从财政学角度看，教育改革中出现的种种问题反映了我国财政在教育领域“缺位”与“越位”并存的状况。

财政在教育领域的“缺位”主要表现在义务教育的均衡发展、高中教育、中等职业教育以及各层次教育的贫困生救助体系的建设上。一方面，我国义务教育的城乡差距、地区差距仍然很大，义务教育的均衡发展还有很长的一段路要走。另一方面，如前所述，我国教育改革至今所形成的教育格局可以形象地比喻为“两头大、中间小”。高中教育和中等职业教育的弱化使得高中尤其是重点高中“入学难”更加突出，使得大量的初中毕业生未经基本的劳动技能培训便走向社会，成为失业者或者是“两手空空”的就业者。同样，财政的“缺位”在各层次教育的贫困生救助体系建设上体现也非常明显。在收费改革尤其是高等教育收费的大潮中，由于缺乏系统、完善的贫困生救助体系，相当一部

分贫困生由于交不起学费而不得不放弃接受教育的机会。贫困生救助体系是我国高等教育由精英教育转向大众教育的必备措施，是保证教育公平的重要前提，但是，我国财政在构建系统而完善的贫困生救助体系方面的职责却远未落实，其作用更未得以充分的发挥。即使在义务教育领域，财政的“缺位”现象依然存在：农村尤其是偏远山区义务教育阶段教学设施落后、师资缺失等现象仍是困扰我国义务教育均衡发展的问题之一。

财政在教育领域的“越位”主要表现在决策者在观念上仍没有完全脱离过去“大包大揽”的管理理念和发展思路，从而一方面造成对公立学校管得过多、统得过死，而另一方面又在事实上限制着民办教育的发展。在高度集中的教育管理体制下，财政虽然在公立教育软硬件等各方面实施着事实上的“统管”，却又无力完全承担其发展所需的财力和物力，因而导致教育事业发展的“瓶颈”。另外，在许多地区，财政用于优质教育——“重点学校”的支出远远高于普通教育——“一般学校”，这成为“上学难、上学贵”问题的主要根源。

正是由于教育改革中存在的种种问题，才导致了政府教育支出效益的低下，导致了人民对目前教育状况的不满意。总的来看，这些问题产生的主要原因在于财政在教育产品供给中的“缺位”与“越位”并存。因此，在我国教育改革进一步深化的过程中，如何充分发挥财政的作用、引导并促进我国教育事业的健康跨速发展，成为摆在我们面前的一个重要课题。

（二）教育改革的进一步深化——涉及民生的重大问题

作为经济发展和社会进步的基础，教育改革关乎国家发展大计。同时，作为一种特殊的社会产品和社会资源，教育更关乎百姓的切身利益。因此，我国教育改革的进一步深化既应高瞻远瞩，着眼于国家、社会的长远发展大计，更应着眼于民生，充分考虑民众的需求——这两者目标并不相悖，而是相互联系、相互促进的。

从目前的现实看，我国的教育改革应更加着重于将教育作为解决民生问题的重要内容，这不仅是因为接受教育本身已经成为现代公民最基本的一项权利，更是因为目前我国社会公平问题的严重性以及构建和谐社会的需要。首先，现代社会中，“接受教育”是公民最为基本的权利之一。只有在接受教育的过程中，个人才能逐渐被引导着去探索、去实践、去思考，最终成为有益于社会、把握自己未来的人；而没有教育的引导和训练，个人可能只给社会带来很少的收益，甚至成为社会的负担。正因如此，我国一直在不遗余力地普及和巩固义务教育，“让所有孩子都能上得起学，都能上好学”。其次，教育直接关乎个人的生存、生活以及事业的发展。就业是民生之本，决定着每一个个人和家庭的生存和生活状况。而在当今知识经济备受重视的时代，只有通过教育拥有社会需要的知识与技能，个人才能获得更多、更好的就业机会，才能拥有更为广阔的个人发展空间。因此，对个人而言，教育成为其生存、生活和事业发展的基础。最后，教育公平也是实现社会公平的基础和重要内容。无论是教育的机会公平，还是教育资源的配置公平，对每一个家庭和个人来说，往往都产生着重大的影响。民众反映强烈的“择校费”、“赞助费”等乱收费问题，归根到底就是教育存在不公平。不仅如此，“择校费”、“赞助费”等问题更反映了民众对教育尤其是优质教育的强烈需求——当今社会，民众越来越意识到教育的重要性，随之而来的是教育需求规模迅速增加，多元化特征也更加明显，在这种情况下，最大程度满足民众教育需求更成为民生问题的重中之重。如果公共教育资源配置不是“雪中送炭”，而是“锦上添花”，必然导致强校愈强，弱校愈弱，导致基本公共教育服务的不均等和教育发展不均衡。

将教育改革进一步深化的着眼点置于民生问题的解决并不会影响教育对于国计民生大计的作用，反之，其只会更好地促进教育在推动经济发展、社会进步方面作用的发挥。正因如此，温家宝总理于 2008 年 3 月 5 日在十一届全国人大一次会议上所作的政府工作报告中指出，要“坚持优先发展教育”，将教育放在了“保障和改善民生”之首。因此，在我国进一步深化教育改革的过程中，保障和改善民生应成为其着眼点和重点。

（三）财政在深化教育改革中的目标定位

将着眼点置于“保障和改善民生”为教育改革的进一步深化带来新的挑战。说到底，民生问题的根源在于民众需求的满足。就教育领域而言，随着知识经济时代的到来，民众对于教育的需求迅速增加，而且日益呈现出多元化的发展趋势。在教育需求迅速膨胀的过程中，追求“优质教育”、“高层次教育”逐渐成为我国民众的普遍心理，而终身教育的理念在我国也早已深入人心。但是，总体来看，“优质教育”、“高层次教育”的数量相对于急剧增加的需求而言仍显不足。那么，将教育作为“保障和改善民生”之首，是不是意味着政府必须为所有民众一视同仁得提供“优质教育”和“高层次教育”呢——如果真是这样的话，“优质教育”也就变成了“一般教育”，而“高层次教育”也就和我国现今大众化的高等教育并无二致了，这显然并不是民众追求“优质教育”

和“高层次教育”的初衷。进一步而言，即使如此，政府财力也很难完全负担。如果这样行不通，政府应该如何退而求其次、对现有的教育资源分布“削峰填谷”吗？这些问题无疑为我国教育改革的进一步深化提出了严峻的挑战。

在这些严峻的挑战面前，由于地位和作用的特殊重要性，作为政府核心的财政无疑站在了风口浪尖，必须坦然面对。面临着教育改革中林林总总的问题以及在进一步深化教育改革中的重要责任，财政首要的是明确自身在未来教育改革中的目标定位。由于“民生”问题在目前我国经济社会发展中的重要性，在教育改革的进一步深化过程中，财政在教育领域的目标应定位于“办人民满意的教育”。

从财政学角度看，“办人民满意的教育”要求财政充分发挥其再分配职能满足人民的需求。在未来的教育改革中，教育应着力解决那些人民仍不满意、反映强烈、意见较大的问题，而这些问题突出地表现为“教育公平”与“教育质量”问题。尽管近30年来的教育改革极大地促进了我国各级各类教育的发展，但是教育公平问题却并未得到很好的解决。尤其在当今时代，民众要接受更好的教育，而实际情况却是优质教育资源严重缺乏，各学校在管理、师资、教学条件上还有较大的距离，因此只有少数人可以接受优质教育而更多人的需求得不到满足，这形成了事实上的不公平。同时，当今民众要求更高的教学质量，但是我国目前多数学校虽教学条件基本得到改善而软实力却亟待提升，教育理念、教师素质的发展跟不上的时代发展。正是由于这些问题，人们心中一直对教育状况不满意。因此，财政要“办人民满意的教育”，必须充分发挥其再分配职能，合理配置财力资源和教育资源，着力解决这些问题。

要实现“办人民满意的教育”这一目标，在教育改革的进一步深化过程中，财政应当做到“到位而不越位”——即该财政管的财政一定要管，不该财政管的就要放开。那么，在数量、种类众多的教育形式和层次中，哪些该管？管到什么程度？哪些财政不该管？这些问题的解决通常依据以下两个标准：一是各级各类教育的“产品性质”，即公共品性质与私人品性质的强弱；二是各级各类教育的社会需求和个人需求状况与供给的对比，即根据民众的需要程度确定财政支出的优先性。

我国教育问题的实质是教育产品的供求矛盾：面对着民众不断增长、日益多元化的需求，我国的教育“产品”供给显得力不从心。在我国教育改革的进一步深化中，将财政在教育领域内的目标定位于“办人民满意的教育”就是要着力解决这一矛盾，为此，财政必须坚持“到位而不越位”的原则——这是促进我国教育事业健康快速发展、满足民众教育需求进而解决民生问题的必由之路。

参考文献

[1] 周济："'十五'中国教育改革卓有成效"，《中国农村教育》，2006 年第 3 期。

[2] 邓晓春："中国高等教育体制改革的回顾与展望"，《辽宁高等教育研究》，1998 年第 1 期。

[3] 周远清："大改革大发展大提高——中国高等教育 30 年的回顾与展望"，《中国高教研究》，2008 年第 1 期。

[4] 刘云："民办高校：中国高等教育改革的新鲜产物"，《科教动态》，2008 年第 8 期。

[5] 上海市教科院发展研究中心："中国高校扩招三年大盘点"，《教育发展研究》，2002 年第 9 期。

[6] 林茂枝："对新时期我国中等职业教育的几点思考"，《职业技术教育研究》，2006 年第 9 期。

第二章 教育的混合品性质

从经济学角度看，教育也是一种社会产品。和诸多的生活用品、工业用品一样，教育在多数社会中也是有着广泛的需求，尤其是在当今知识经济时代，民众对教育的需求更加强烈。同样，教育也和其他社会产品一样，需要社会的供给。供求关系的存在使得现代社会的教育成为实际意义上的社会产品。但是，与普通的社会产品不同，对需求者来说，教育不仅是一种社会产品，同时也是一种社会资源；教育不仅使居民个人受益，更使得整个社会从中受益——这使教育呈现出典型的混合品特征。

一、作为混合品的教育

作为一种社会产品，教育也要求其供给与需求的平衡。但是，与一般社会产品相比，教育的性质具有明显的特殊性：由于内在的社会受益性，教育具有明显的公共品特征；而同时具有的私人受益性又使教育呈现出鲜明的私人品特征；同时，对不同种类、不同层次的教育来说，其公共品特征和私人品特征程度又有所不同，这就决定了教育的混合产品属性——性质上的这种特殊性决定了教育产品供求关系的特殊性。

（一）公共物品的衡量与供给

在经济学中，各类社会产品往往根据排他性和竞争性划分为公共物品和私人物品。公共物品一般是指具有消费上的非竞争性和非排他性的物品，而具有排他性和竞争性的物品则为私人物品。

非竞争性是指一种商品在给定的生产水平下，向一个额外消费者提供该商品的边际成本为零，如法律、国防等；反之，则该产品在消费上具有竞争性，如服装等。非竞争性包含三层含义：（1）同一单位的公共产品可以被许多人消费，它对某一个人的供给并不减少对其他人的供给；（2）某人享用该公共产品得到收益并不减少其他人享用该产品所得到的收益，也就是说根本不会带来“拥挤成本”；（3）公共产品一旦被提供，消费者的增多并不导致该公共产品生产成本的增加，也就是说，生产方面无需追加资源的投入来增加供给。非竞争性意味着共享消费的可能性，即一个个体的消费不减少其他个体可获得的消费量。

非排他性是指在某一物品的消费过程中，物品的提供者无法有意将某些消费者（例如不支付费用的消费者）排除在外；或者将不付费者排除在外的做法虽然在技术上可行，但在经济上明显地得不偿失。排他性不是物品的自然属性，而往往依赖于一个社会的法律架构和技术实现能力。具体而言，生产者之所以能向消费者收费，一方面是因为“法律”（一种公共契约）赋予他该商品的产权，另一方面是因为当时的技术能帮助他实现“占有”。而非排他性的产生或者是由于无法设定产权，或者是由于无法在现时的技术条件下实现“占有”，从而无法向消费者收取费用。

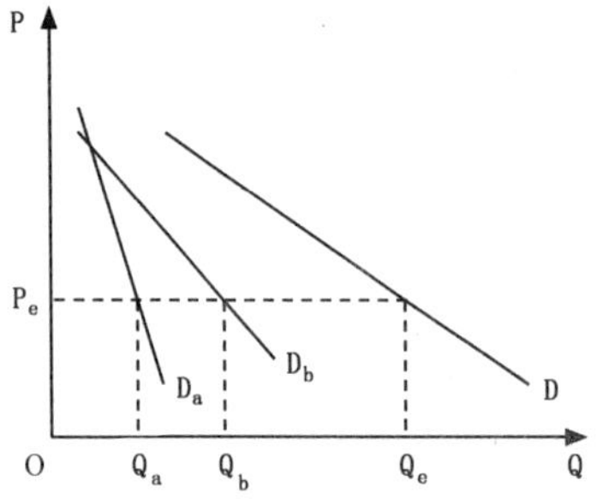

a. 私人物品的需求曲线

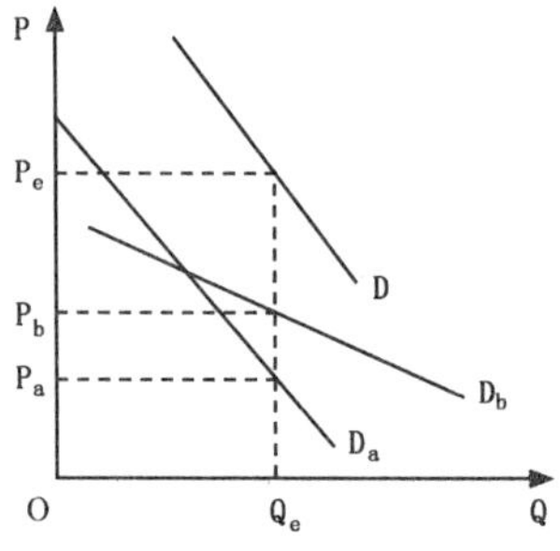

b. 公共物品的需求曲线

图 2－1 私人物品与公共物品的需求曲线

公共物品的这两个特征导致了市场失灵的产生。由于公共物品在消费上的非竞争性，每个消费者消费的公共物品数量都是同一商品数量。例如，社区内所有的居民都可以享受到道路带来的收益，即使再增加一个消费者，道路数量也不会发生变化。正是由于公共物品的这一特点，社会对公共物品的需求曲线是所有个人的公共物品需求曲线的纵向加总，而不是像私人产品那样横向加总(如图 2－1 所示)。这就导致了公共物品与私人物品在价格决定上的根本差异：对私人物品而言，消费者面临的是相同的价格，他需要做的是选择不同的消费量；而对公共物品而言，消费者面临的是相同的商品数量，但是要按照“边际成本等于边际收益”的原则来付费。这种价格决定上的差异使试图供应公共物品的厂商面临着一个特有的偏好难题：个人的边际收益更多的是一种主观判断，其大小只有自己才知道，在这种情况下，要人们按自己的边际收益来分担公共物品的成本显然是不可能的——人们完全可以声称自己的收益很低或根本没有收益来逃避付费。而公共物品的非排他性特征更助长了这种搭便车的动机。由于搭便车的动机在公共物品中广泛存在，消费者不可能如同对私人产品进行的市场选择（采购）那样，通过对公共物品进行货币投票显示其对公共产品的真实偏好。在这种情况下，不会有任何厂商愿意冒投入巨额资源但却无法回收成本进而招致破产的风险，市场机制作用的最终结果只能是：虽有对公共物品的巨大需求，但却无人供给——市场失灵出现了。

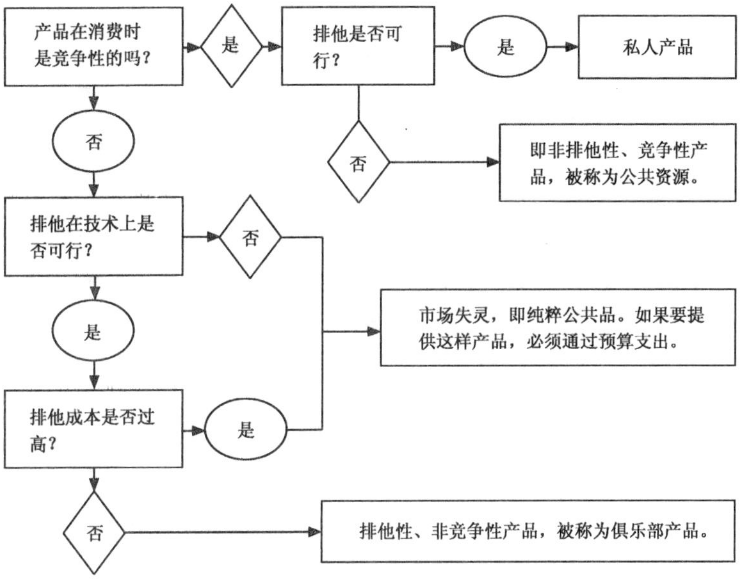

图 2－2　社会产品的分类及其依据[①]

由于市场失灵的存在，政府必须在公共物品的供给上发挥作用——事实

① ［英］C.V. 布朗，P.M. 杰克逊：《公共部门经济学》，中国人民大学出版社 2000 年版。

上，市场失灵正是政府提供公共物品的理论基础。但是，现实生活中，许多被看作公共物品的社会产品并不同时具备非竞争性和非排他性。通常而言，那些同时具备非竞争性和非排他性特征的公共物品被称为纯公共物品，而那些不同时具备严格意义上的非排他性和非竞争性特征的公共物品则被称为准公共物品。纯公共物品是出现市场失灵的典型领域；在准公共物品领域，市场失灵也经常出现。无论是纯公共物品还是准公共物品，由于市场失灵的存在，政府都有必要承担其供给责任。事实上，在许多国家——即使是纯粹的市场经济国家，政府都不同程度地承担着包括国防、道路等纯公共物品以及一部分准公共物品的供给责任。从理论上来看，政府在各类社会产品供给中的责任可以通过图 2－2 得到初步界定。

尽管从经济学理论来看，公共物品的供给责任由政府承担具有明显的效率上的合理性，但是，这并不意味着政府对于所有公共物品尤其是众多的准公共物品的供给大包大揽，在供给方式上，也并不一定由政府直接生产所有公共物品。对于生活中大量存在的准公共物品来说，政府在其供给中承担什么样的责任——这要根据其公共品特征的强弱而定。实际上，政府既无必要亦无可能为准公共物品完全“埋单”，尤其对于那些收益较易度量的准公共物品，由其直接受益者承担一部分供给责任既是“受益公平”原则的要求，更是提高其供给效率的必要途径。从供给方式上看，政府也没有必要直接生产所有公共物品。由于政府系统缺乏明确的绩效评估制度，其成本和效率较私人部门更加难以测量，而且其中也难免存在特殊利益集团的“寻租”现象，因此，在公共物品的供给中，“政府失灵”也会存在。在这种情况下，公共物品的供给完全可以采取“政府付费、市场生产”的“替代”方法，如政府采购、公共服务外包等。在这样的供给方式中，不论公共物品的生产者是谁，其最后的供给者必须是政府——公共物品的这种供给方式也被称为“公共物品的私人供给”。促使公共物品私人供给机制得以建立的基础不仅在于市场机制的效率，同样也需要政府的积极作为。公共物品私人供给可以采取两种形式，一方面通过把公共物品生产与供给分开，由私人组织生产，公共部门组织供给；另一方面可以通过界定产权、出租业务等契约形式组织供给。无论采取哪种形式，政府在产权界定、法律政策等方面的管理或限制都必不可少。

（二）教育的公共品特征与私人品特征

与现实生活中存在的众多混合产品一样，教育既有着明显的公共品特征，又有着鲜明的私人性。不论在哪个国家或者哪个时代，教育都是符合全体社会成员共同利益的一种社会服务，无论是在教育方针、教育目的，还是在办学方式、办学内容上，都可以体现出教育的公益性；但是，教育不仅有益于社会和国家，它还有具体的指向对象（受教育者本人），并对具体对象产生功利收益的服务，所以教育又是一种私人产品。同时，对不同层次的教育服务来说，其公共品特征和私人品特征又有所不同。

1. 教育的公共品特征。教育的公共品特征集中体现在其社会公益性上。教育是一种带有明显公益性的社会产品，这种公益性主要表现在：教育不仅使受教育者本人获益，更为重要的是，教育对于公共管理、社会环境及其他社会成员具有明显的正外部性。一般而言，教育程度的提高往往伴随着较低的犯罪率和较低的福利依赖率：受过教育的社会成员更能适应经济环境变化，从而在减少结构性失业的同时，降低劳动者对社会失业保障的依赖和消除社会不安定因素，这也将减少公众用于社会福利、执法机构和公共安全方面的开支。同时，社会成员接受教育会改善其自身的灵活性与适应性，这会对其他社会成员产生有利影响；科学知识和教育的普及可以为社会引入一种发明创新的风气，这对于社会和科技进步十分重要。一言以蔽之，社会成员受教育程度的提高会极大地提升国民素质，因而对于社会经济的发展意义至关重大——这无疑使教育呈现出鲜明的公益性特征，这在小学教育和初中教育中表现尤为明显。具体来说，教育的社会公益性主要表现在其所带来的两个方面的社会收益。

一是私人收益外部性带来的社会收益。教育不仅给受教育者本人带来收益，更为重要的是，教育者的私人收益可以使其他成员和整个社会同时受益，这种影响被称为教育影响的外部性。教育私人收益的外部性对经济的发展有着重要的影响：教育可以提高劳动者的平均熟练程度，从而在同样长的时间内，使用同样的机器设备可以生产出数量更多、质量更好的产品；教育是传播科学技术的有效形式，因而可以促进科学技术的发展和应用；教育可以通过科学的生产管理协调生产过程中的分工协作，从而合理组织劳动，有效地配置生产资源，从而提高劳动生产率；教育可以促进生产资料规模的扩大和效能的提高；自然力的应用和自然资源的开发也要靠教育。不仅如此，教育私人收益的外部性对社会的安定发展也有着重要的影响。例如，教育可以增进个体的健康，而个人的健康则可以带来一系列的公共利益：减少疾病的传播，从而维护他人的健康；提高出勤率，从而提高其同事及工作部门的劳动效率；减少就医费用，降低公共医疗成本及保险费用。此外，教育还可以提高个体收入，从而可以增加税收，增进社会福利；教育可以提高个体的就业能力，从而可以减少失业和政府失业保险等。

二是教育活动的社会性带来的社会收益。教育是一种复杂的社会活动，它不仅要为作为社会成员的受教育者个人服务，还要为社会共同的经济和非经济目的服务。教育对公共利益的贡献集中表现在教育能促进一种共同的价值观念、道德准则和社会制度的形成，从而促进社会的文明、自由、民主、平等、稳定，促进国家统一、民族团结和社会进步。同时，教育不仅在培养受教育者个人，而且也在从事着知识和文化的选择、传承、保护、推广和发现的工作，保护和继承传统文化，发现知识和规律，促进科技进步等等——这些都是教育公益性的重要表现。

教育的公益性特征要求政府在教育供给中发挥主导作用。教育的直接受益者是受教育者本人，由此产生了社会成员对教育的需求。但是，教育不仅使受教育者本人受益，它还惠及整个社会，而且从社会受益看，教育对于经济的发展、社会的稳定以及社会福利的提高意义更为重大：教育所带来的劳动者素质的提高、技术的进步形成了经济发展的根本动力；使所有社会成员平等地接受教育成为实现社会公平的起点；教育所具有的巨大正外部性使得社会福利水平得以极大提升。而要实现经济发展、社会稳定以及社会福利提高的目标，政府责无旁贷。因此，在教育供给中，政府承担着主要的责任，应该成为教育的主要供给者。考虑到社会成员直接从中受益及其教育需求的多元化，政府在教育供给中的主导作用应该体现在：一视同仁地为全体社会成员提供一般性教育“服务”，即满足大众的基本教育需求，同时担负起贫困人群等弱势群体的教育供给（构建贫困生扶助体系等）、教育管理与发展（制定规划、标准、规则等）的责任。

2. 教育的私人品特征。教育的强烈的私人产品特征是因为教育直接带来的是个人收益。主要表现在：受教育程度较高者更容易在劳动力市场上找到条件更优越的工作，在经济不景气、失业率上升时这一收益表现更明显；随着新技术对劳动者掌握新知识和新技能的要求越来越高，接受较多教育的劳动力一般更易于适应环境变化，并在技术变革中获利，因而可以减少因技术变迁带来的职业风险；教育程度的提高常会带来福利收益的增加和工作条件的改善等。另外，教育还存在许多非市场收益，包括对身体健康、闲暇质量、儿童健康和教育发展，以及做出更好的消费选择的能力等方面的正面影响等。正是由于教育使受教育者个人直接获得收入、健康、生活等方面的收益——而且这种收益在当今时代尤为明显，教育成为世界各国民众的共同需求。教育的私人产品特征在高等教育中表现尤为明显，它要求个人必须承担其接受教育的成本。实际上，教育的私人产品特征不仅要求教育成本分担的多元化，随着人们对不同层次、不同类型教育需求的多元化发展，包括教育成本、教育主体、教育形式在内的教育多元化发展已经成为一种必然趋势。

教育兼具的公共品特征和私人品特征使其成为混合物品的典型代表。教育的公共品特征表现为其呈现出的明显的公益性——从这个角度看，政府无疑应该承担起教育的供给责任，一视同仁地为全体社会成员提供教育“服务”，满足大众的教育需求。但是，由于各个层次教育的公益性程度并不相同，政府没有必要为所有层次的教育“埋单”。只有那些具有很强的公益性、几乎可以被看作纯公共物品的教育层次或教育形式如小学教育、初中教育、部队教育（军校）、高校师范生和国防生教育、关键性高新技术研发人才的培养等才应该由政府承担几乎全部的供给责任。对于其他层次或其他形式的教育来讲，政府只宜根据其公益性程度承担部分责任而与受教育者个人、社会分担教育成本——因为这些教育层次或教育形式具备更多的私人产品特征。现实中，一些教育层次或教育形式的私人产品特征非常明显，这就要求受教育者必须为其付费。例如，对于大部分高层次教育以及各类教育中的“精英教育”来说，其受益者主要是受教育者本人——这使其具有很强的私人产品特征，因而其成本应主要由受教育者自己承担。

实际上，现实中的各类教育“产品”极少是纯公共品或纯私人品，更多的是兼具双重特征的混合品——而各类教育“混合品”公共性特征与私人性特征的强弱成为界定政府供给责任的理论依据。由于教育的混合品性质，政府在其供给中的“主导”作用并不意味着政府应该大包大揽所有层次、所有形式的教育，相反，教育的供给应由政府、社会、受益者个人共同承担。进一步而言，现实中，政府在教育供给中承担的责任并不是一成不变的，而是一个动态的过程。对于特定时期内某种层次的教育而言，政府承担何种责任、“管”到什么程度更取决于其特定的经济环境、社会环境和政治环境，取决于政府的财力状况、政策目标和人民的需求。从财力状况看，在经济发展初期，政府寡薄的财力不允许其承担过多的教育供给责任，而在经济实力雄厚的状况下，政府则可以在教育供给中承担更多的责任。从政策目标来看，政府针对社会主要矛盾所制定的大政方针也是政府承担教育供给责任多少的一个指南，这是因为除提供教育服务、优化教育资源配置外，财政还承担着经济稳定、公平分配等职能。

如果在某一阶段，政府的主要政策目标是稳定经济，其将大部分财政资源致力于这一目标的实现，在教育供给中承担的责任必然较少——政府的财力毕竟是有限的。因此，不仅政府对义务教育、非义务教育以及在教育中的其他职责会因时、因地而异，即使在义务教育中——如我国的九年制义务教育，也有必要对部分特殊的教育需求——如“贵族小学”——进行市场化运作。

二、关于教育性质的主要理论

自从公共物品这个概念正式使用以来，经济学家们对教育是否属于公共物品始终存在着较大的争议：有的经济学家认为教育是公共物品，而有的经济学家则认为是私人物品；有人从收益角度来分析教育的性质，还有人认为教育属于俱乐部物品。

（一）教育的公共物品观点与私人物品观点[①]

主张教育属于公共物品的典型代表是美国的巴罗（Robin Barlow）教授，他在1970年发表的一篇讨论美国地方学校财政效率的论文中认为，教育是一个纯粹的公共物品。[②]在文中，巴罗试图以美国密执根为案例，对教育的实际水平和最优水平进行了比较，提出了个人（或家庭）的投票行为是实现个人利益最大化的假设，并指出，如果额外退税的价值超过税收的增加，家庭将投票赞成更高的税收水平。最后巴罗得出的结论认为，密执根1956年提供的实际教育数量水平并没有达到最优水平。巴罗的论文引起了广泛的讨论，有人同意他的观点，认为教育是纯粹的公共物品，但也有人认为教育是准公共物品，还有人认为教育是优效品，还有的经济学家则持反对意见，认为教育是纯粹的私人物品。例如，美国的巴尔（Barr，N）就认为，教育可以引发形式多样化的外部收益，包括生产收益和文化收益等，而这些因素所带来的影响力是很难测量的。同时，如果教育是一种纯粹的公共物品（如同国防），向一个人提供的

---

① 郑秉文：“公共物品、公共选择理论中的教育”，《经济社会体制比较》，2002年第6期。

② Robin Barlow（Sept./Oct.1970），Efficiency Aspects of Local School Finance，Journal of Political Economy. 78：1028－1040.

总量就可以向所有人提供。换言之，纯粹的公共物品的重要特性之一是每个人对其享用的数量都是相等的，即数量上具有均匀性和个人需求曲线可以纵向加总等特点。但事实却是，教育不可能在消费上具有完全的可分性。基于这样的观点，巴尔认为，教育既不是一个纯粹的公共物品，也不是一个纯粹的私人物品，而是一种“优效品”（merit goods）或者准公共物品。[①]

华盛顿大学的巴泽尔（Barzel Yoram）教授在巴罗的研究基础上引申并发展了巴罗的论述，并由此得出了与之完全相反的结论。他认为，随着收入的增加，合意的教育数量水平和公立学校提供教育的均匀数量之间的差别和矛盾将会增大，这种差别和矛盾将会使得私立教育愈发具有吸引力。当这种差别和矛盾增大到足够程度时，私立教育可能会受到偏爱。通过一系列分析，巴泽尔最终得出的结论是，教育主要是一种私人物品，而不是巴罗所定义的纯粹的公共物品。[②]

在我国，王建勋（2008）也提出，一方面，大多数阶段的教育消费是具有竞争性的，随着消费者（学生）的增加也要增加教育的成本（师资和教育设施）；另一方面，对教育的消费也是具有排他性的，不支付费用（学费等）的消费者可以很容易地被排除在教育之外。因此，就教育本身的性质而言，它不是公共物品，而是一种私人物品。从经验上讲，私立教育的普遍存在也可以从反面证明，教育不是一种公共物品。因为如果它是公共物品的话，由于无法排除他人享用，私人一般不会提供这种物品。[③]

此外，为克服公共教育效率低下等问题，还有经济学家还提出了教育代金券的设想，即主张福利国家应将教育的补贴直接给予教育消费者，而不是给予学校。

（二）外部性理论与教育投资收益理论

从理论渊源来说，外部性理论是公共物品理论产生的基础。对于一种物品来说，正是由于具有某种正外部性，才能成为公共物品。而教育具有明显的正外部性。通常而言，外部性是指经济社会主体的经济活动对他人造成影响却并未将这些影响计入市场交易的成本与价格之中。外部性可分为正外部性和负外

---

① Barr, N. (1998) The Economics of Welfare State, Oxford University Press, P.328.

② Barzel, Yoram (1995), Productivity Change, Public Goods & Transaction Costs, Elgar Edward Publishing Inc, p. 164 - 165.

③ 王建勋：“教育是一种公共物品吗?”，财经网，2008 年 4 月 4 日，http: //www.caijing.com.cn/.

部性：正外部性是指一个人的行为直接增进了他人的福利，而后者无需付费；负外部性是指一个人的行为直接损害了他人的福利，而前者无需承担责任。对于教育来说，由于其不仅为受教育者个人带来了收益，同时也为社会带来了收益，因此，其具有显著的正外部性——这种外部性集中体现在前文论述的教育的公益性上。从这个角度来看，教育具有公共物品的性质。

在此基础上，有许多学者进行了更为深入的教育投资收益分析——从人力资本投资的收益出发分析教育产品的性质。他们往往认为，由于教育投资不仅会带来个人收益，而且会为更多的人乃至整个社会带来收益，因此，教育应该属于准公共产品。

从人力资本理论角度看，教育是一种可以带来预期收益的投资行为。因此，教育的需求者必然考虑其个人的投资收益率，用以和其他层次的教育投资或者其他的投资方式进行比较，作出自己的投资决策；而政府则会更多地从个人投资为社会带来的影响出发，制定相应的鼓励和限制教育投资的政策措施，以促进施政目标的实现。既然教育是一种投资行为，必然要考虑教育投资的成本收益率。教育投资收益率又称教育收益率，从人力资本理论角度来讲它是反映教育投资经济效益的一个指标，其大小在相当程度上反映出教育投资的优劣，进而为个人和社会进行教育投资提供决策参考。按投资主体的不同，高等教育收益率可分为个人收益率和社会收益率。

1. 教育投资的个人收益。教育投资的个人收益有四项：财务收益、机会选择权、财务选择权、套头交易。财务收益和机会选择权是指受教育程度较高者更容易在劳动力市场上找到条件更优越的工作，在经济不景气、失业率上升时表现更明显。财务选择权是指因接受一定程度的教育而取得的进一步深造的机会的价值。显然，作为正规学校教育的最高学历，高等教育的财务选择权效应为 0，除此之外的其他任何较低教育程度都不应忽视这一效应。当然，选择权的效应还取决于选择权被实践的可能性及作出选择的预期收益的大小。套头交易主要是指新技术往往要求劳动者掌握新知识和新技能，接受较多教育的劳动力一般更易于适应环境变化，并在技术变革中获利，因而可以减少因技术变迁带来的职业风险。

另外，教育程度的提高还常会带来福利收益的增加和工作条件的改善。教育还存在许多非市场收益，包括对身体健康、闲暇质量、儿童健康和教育发展，以及作出更好的消费选择的能力等方面的正面影响。个人在接受教育后，可能会对自身及后代的发展有更多的了解和关注，进而采取一定的措施和手段

（对健康投资、增加对子女的教育等）来追求其自身及后代的生活质量改善，在此意义上，教育对个人的影响将会超出一代人的范围。此外，教育本身也存在消费性，即受教育活动本身为受教育者带来的“精神收益”。

2. 教育投资的社会收益。对教育投资的社会收益分析，除了应考虑全社会的个人收益外，还应考虑教育对公共管理、社会环境及对其他社会成员的福利影响，即教育的外部性。因为这些都是对全社会贡献的增加或社会成本的减少，因此也应计入社会收益。通常教育的外部收益者可分为三类：

一是与地域相关的收益者。父母受过较好教育的孩子将生活在一个有助于他们健康成长的环境中，得到更好的关心、指导及非正式的学前教育；受教育者的邻居也会因良好的社区秩序、文化环境从中受益；教育增加伴随着较低的犯罪率和较低的福利依赖率，使受过教育的劳动者更能适应经济环境变化，从而在减少结构性失业的同时，降低劳动者对社会失业保障的依赖和消除社会不安定因素，这也将减少公众用于社会福利、执法机构和公共安全方面的开支。

二是与职业相关的受益者。生产过程是劳动者之间的合作过程，一个劳动者因受教育而改善其自身的灵活性与适应性，将对其他劳动者产生有利的影响。

三是全社会共同受益。社会成员通过受教育获得的读写能力是获取信息的必要手段，而信息在全社会的广泛传播是市场竞争和现代民主社会的存在前提。科学知识和教育的普及可为社会引入一种发明创新的风气，对于社会和科技进步十分重要。很多经济学家还把教育对人们思维方式和价值观念的影响视为经济发展和社会现代化的重要条件。

正是由于教育投资受益主体多元化，教育的个人收益和外部受益性的存在才导致了个人、国家、社会对教育的需求，教育因而成为一种典型的混合产品。

需要说明的是，教育收益理论在考虑教育投资收益的同时也看重教育投资的成本。从个人的角度看，教育的成本包括直接成本和间接成本：直接成本主要包括学杂费、书本费、由于上学而增加的额外交通和食宿费用等；间接成本主要是指机会成本，即因接受教育而放弃的收益，这可以通过同龄的上一级毕业生收入来反映。从政府的角度看，教育的成本主要包括财政在教育领域内的财力、物力和人力投入过程（包括决策、实施等成本）所带来的直接成本，以及这些投入的机会成本。

三、各层次教育的混合品性质

由上述分析可以看到，对于教育是否属于公共物品，不同的研究者具有不同的观点。如果按照公共物品的判定标准来看，教育或许并不具有严格的非排他性和非竞争性；而且在不同的历史时期，随着经济社会的发展，教育的发展水平也在日益增长，教育的公共性也在不断变化和增强。但是，但无论何种历史条件下，也无论教育处于何种发展水平，教育的“外溢性”或“外部性”是无法否认的——这种“外溢性”或“外部性”应成为判断教育是否为公共物品的最终依据。对于不同种类、不同层次的教育来说，其“非排他性”和“非竞争性”的程度和水平存在着明显的差异，其“外溢性”程度也有所不同。在这种情况下，作为整体呈现出混合品性质的教育来说，其包含的不同层次、不同种类内容的性质也呈现出明显的差异。

（一）小学教育与初中教育

从非竞争性角度看，小学教育和初中教育的消费具有非竞争性，增加一个消费者（学生）不会影响现有消费主体（学生）的消费效用，也不会增加教育的边际成本。但是，这种非竞争性内在地隐含着这样一个前提：小学教育和初中教育的“容量”足够大。确切地说，在小学教育和初中教育的“容量”内，对教育的消费具有非竞争性；一旦学生的数量超过了容量限制，如学校班级的学生数超过规定班额之后，则学生对义务教育这种产品的消费就会出现拥挤状态——这种拥挤状态在生活中可能表现为学校班级学生数额普遍过大等现象，这使得每个学生获得的效用就减少。从非排他性来看，小学教育和初中教育所具有的一定程度的拥挤性特征使其具有了局部排他性特征。“局部排他性”是指小学教育和初中教育不是完全排他，否则它的消费主体数量就不会大于1而变成私人产品；同时，小学教育和初中教育又不是完全不排他，面对教育资源的相对短缺，拥挤和消费上的竞争性不可避免。小学教育和初中教育的局部排他性也有多种表现形式，它可能表现为不接纳某些社会成员作为“俱乐部会员”（如就近入学），也可能表现为采用高价格使某些人退出消费行列或不能进入消费行列（如贵族学校）等形式。因此，从性质来看，小学教育和初中教育并不具备严格意义上的公共物品特征，而是一种混合产品。

但是，上述分析并不完整。一方面，从内在性质来讲，非竞争性特征意味着“我消费了你还可以再消费”，而消费则意味着从中受益，因此，这一特征的实质意义在于，公共物品的受益范围远远超出了为其付费的消费者本人而拓展到更多（没有为之付费）的人——这正是外部性理论的内涵。对于小学教育和初中教育来讲，其既是保障社会发展基础的必要条件，也是维护青少年基本受教育权利的重要前提；既是经济发展和技术进步的前提与基础，也是国民素质提升、精神文化发展的必备条件。从这个意义上来说，小学教育和初中教育的受益者不仅是受教育者本人，而是整个社会；进一步而言，与个人收益相比，社会从小学教育和初中教育的受益要高出许多——这在当今知识经济时代表现尤为明显。从不同地区看，小学教育和初中教育的受益外溢性也可以从受教育者的流动性以鲜明的体现：许多接受中小学教育的人毕业后选择异地就业，从而将一地区中小学教育的收益带给其他地区。因此，小学教育和初中教育具有很强的外部性，因而更加接近纯公共物品的特征。另一方面，从外在需求来看，随着时代的发展，民众对教育的需求越来越强烈，对小学教育和初中教育的需求更是如此。无论是高收入阶层还是处于贫困线以下的弱势群体，其子女的教育重视程度并不因收入差异而不同。在完全私人化的极端情况下，收入的不平等往往导致事实上的教育不平等，在当今绝大多数国家主张“公民受教育权利平等”的情况下，这显然成为社会公平丧失的一个重要方面。因此，从公平角度考虑，教育——尤其是小学教育和初中教育——便成为一种特殊的公共物品。

即便如此，由于教育资源的有限性以及民众需求的多样性，政府之外的小学教育和初中教育仍有着存在的现实理由。从社会角度看，教育资源总是有限的，特别是在满足公众基本教育需求以后的优质资源更是匮乏。在当今社会许多人追求优质教育、追求素质教育的情况下，对小学教育和初中教育的不同需求便出现了。基于不同需求的选择与个人的利益联系，给教育打上了一定程度的私人物品属性的烙印。在这种情况下，一些针对小学教育和初中教育的“民办学校”、“贵族学校”的出现便不足为奇了。

尽管并不符合严格意义上的公共物品性质要求，但由于小学教育和初中教育所具有的巨大的外部性以及社会公平目标的重要性，在当今时代条件下，小学教育和初中教育具有更强的公共物品特征。当然，由于小学教育和初中教育同时具有的竞争性和排他性特征、民众需求的多样性以及市场因素的影响，

“民办学校”、“贵族学校”等政府之外办学力量也会存在，但这性质不能改变小学教育和初中教育基本的公共物品属性。

（二）中等教育

我们这里所说的中等教育是OECD所界定的中等教育，它包括3－4年的初级中等教育和2－4年的高级中等教育，相当于我们国家的高中教育和中等职业教育。从受益性的角度来说，中等教育的受益性与基础教育阶段相比有分散化的趋势；从国家的角度来看，中等教育是基础教育和高等教育之间的桥梁，没有一个合理的中等教育，基础教育将不知所去，高等教育将不知从何而来；从社会受益性的角度来讲，中等教育特别是其中的职业教育可以为企业培养大量的具有技能的劳动力，从而直接服务于生产；从个人的角度来说，通过接受中等教育特别是职业教育可以掌握一门技能，获得一种谋生的手段。

与小学和初中教育相比，高中教育的私人特征较为明显。作为基础教育的高级阶段，高中教育的私人受益性更加明显，它不仅是个人学业进步、事业发展的承上启下阶段，更是个人走向社会的关键阶段。但是，高中教育也为经济的发展和社会的进步发挥着重要的作用。从这个角度看，高中教育也具有公共物品的特征。从高中教育的地区受益性来看，受教育者的区域流动性使得不同地区的高中教育具有不同程度的公共品特征。在我国，对于东部发达地区来说，其经济社会文化发展水平均较高，受教育者流向区外的比例并不高，因此，高中教育的受益范围主要集中在区内各省市；对于中部欠发达省份来说，其经济发展较为落后，这使得其高中教育接受者呈现出分散流动的特点，高中教育的受益范围因而遍及全国许多地区；而在经济社会发展落后的西部地区，由于其先天自然条件以及后天发展条件的差异，其高中教育多较为落后，同时，出于自身发展的考虑，更多的高中教育接受者更倾向于到经济发达的地区就业，这使得其高中教育呈现出强烈的收益外溢性。[①] 虽然高中教育也具有公共品的特征，但总体来看，与其私人品特征相比，这种公共品特征相对较弱，这是因为高中教育的更多地使受教育者本人受益。

与高中教育的性质不同，中等职业教育是一种特殊的混合物品。中等职业教育的目标一般定位于培养掌握专业生产所需的基础理论、专业知识和实际技能的初、中级技术、管理人员，即培养在生产、技术、服务、管理第一线工作

① 陈亚伟：“普通高中教育筹资中政府角色研究”，《华东师范大学硕士学位论文》，2007年3月。

的高素质劳动者和初、中级专门人才。从这个角度看，中等职业教育比高中教育更多地使受教育者本人受益，当然，社会也会由于中等职业教育获得经济社会发展的推动力量。从表面上看，中等职业教育的公共性特征非常弱，但是，如果把中等职业教育放在不同的经济社会发展环境中，情况便会有所不同。在人口众多、就业问题严峻的我国，中等职业教育的确使受教育者个人受益，但从我国目前的现实看，大量的初、高中毕业后并未进行更高层次的教育，而是直接走向社会。他们往往没有接受过专门的训练和培训，没有掌握专业的一技之长，因而无法顺利就业，从而成为我国社会问题的根源之一；进一步而言，政府促进社会公平、构建和谐社会、提升社会福祉的努力也由于这一问题遭遇瓶颈。从这个角度来看，中等职业教育在当前的我国意义尤其重大，对我国经济社会的发展也有着重要的影响。因此，虽然中等职业教育的私人收益特征较为明显，但在目前的我国，其公共品特征却更加强烈。

（三）高等教育

虽然作为教育体系中的重要组成部分，高等教育也具有一定社会收益性，但是，由于与基础教育、职业教育在内容、供求等方面存在着显著的差别，高等教育的私人产品特征性质更加明显，在内涵上也有着显著的区别。

从公共物品的界定标准看，高等教育既具消费上的排他性，又具竞争性。从排他性来看，高等教育存在排除学生获得服务的众多手段；同时，高等教育消费的非整体性，也使其消费在技术上易于分割。从竞争性来看，在高等教育内部，消费不可能独占：任何一个接受高等教育的人在同一时间、同一地点接受同样的教育，并不会妨碍他人的消费，即在高等教育“容量”（师资、基础设施等）允许的范围内，增加一个人对其消费，其边际成本为零。但是，由于高等教育资源总体而言的稀缺性，不可能同时满足所有人的需求，导致“一部分人消费了高等教育资源，其他人便不能再消费”。如图 2－3 所示，在既定的高等教育资源下，一个学生获得的多了，另一个就少。当更多的人加入高等教育行列时，因规模经济效益，遍及服务成本 MRC 逐步下降，同时，边际拥挤成本 MCC 因为日益拥挤而上升，把边际拥挤成本和边际服务成本结合起来就得到右图下凹的边际成本曲线。其下凹的原因是：人力资本的异质性所导致的教育资源对不同学生的低可替代性。高等教育是重要社会资源，高质量有特色的高等教育更是一种稀缺资源。当整个系统达到拥挤点，边际成本无限上升。因此在原有 MC 线上又有一条新的 MC 线。这一过程的重复也就意味着 MC 不断提高，当其达到极点时，系统崩溃，只有新建系统才能解决问题。与此同时，因新增成本将平摊至学费中，导致学费升高，搭便车的可能性消失。正是从这一角度考虑，高等教育更像是一种“俱乐部物品”：成员自愿加入形成的协会、排除非会员不需要成本、会员间没有歧视、由会员分摊相同的成本和收益。

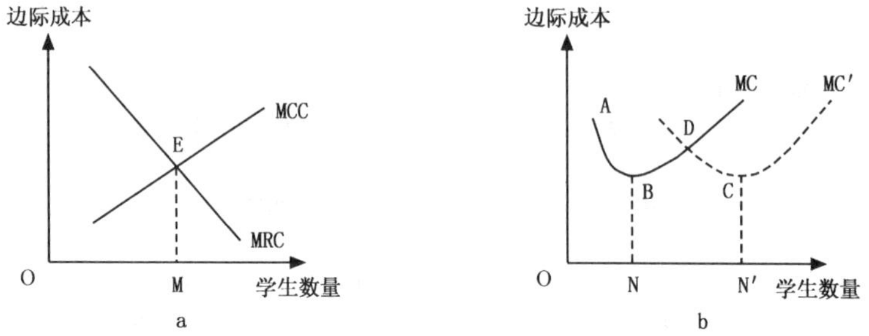

图 2-3 高等教育的属性

由此看来，高等教育与其他阶段的教育相比有着较强的私人品特征——个人明显从中受益，而且这种受益通过劳动力市场能够比较精确的进行衡量。但是，但这并不代表可以忽略高等教育的社会受益性，恰恰相反，有研究表明高等教育阶段的国家或社会受益性要远远大于私人受益性，而且国家高等教育政策的制定还要充分考虑到国家战略的实施。

需要说明的是，尽管高等教育可以被归为竞争品，但其价格却不能完全由市场决定。这主要是因为价格的升降对高等教育供给和需求的影响很小，并不能像普通社会产品一样通过供求机制、价格机制以及完全的竞争机制来满足社会的需求。作为一种特殊的社会产品，高等教育的价格（尤其是受教育者个人支付的价格）需要政府根据其成本的一定比例来确定，这也从一个侧面表明了高等教育非纯私人品的特征。

参考文献

［1］郑秉文：“公共物品、公共选择理论中的教育”，《经济社会体制比较》，2002 年第 6 期。

［2］Barlow，Robin（Sept./Oct.1970），Efficiency Aspects of Local School Finance，Journal of Political Economy. 78：1028 - 1040.

［3］Barr，N.（1998）The Economics of Welfare State，Oxford University Press，P.328.

[4] Barzel, Yoram (1995), Productivity Change, Public Goods & Transaction Costs, Elgar Edward Publishing Inc, p. 164 – 165.

[5] 曲正伟："多中心治理与我国义务教育中的政府责任"，《教育理论与实践》，2003 年第 9 期。

[6] 陈亚伟："普通高中教育筹资中政府角色研究"，华东师范大学硕士学位论文，2007 年 3 月。

[7] 李楠："公共财政体制下的高等教育财政投入优化研究"，天津财经大学硕士学位论文，2007 年 5 月。

[8] 昌忠泽："高等教育收费的合理性及其完善"，《经济管理》，2005 年第 11 期。

第三章

公共财政在教育供给中的职能

由于教育的混合品性质，政府在其供给中的作用不可或缺。作为政府施政的关键手段，公共财政无疑在教育服务的供给中承担着重要的职责。而作为政府的核心部门之一，财政部门不仅担负一部分教育支出的职能，而且承担着教育的规划、管理、监督、规范以及对教育市场的鼓励和开发等一系列重要的职能。

一、公共财政的含义

公共财政起源于封建末期的西欧，是随着市场经济在西欧国家的建立而逐步形成和发展起来的，并在公元16世纪有了理论上的专著，其理论基础是微观经济学，探讨的主要问题是政府的收入和支出。公共财政的发展大致经历过两个阶段：第一阶段为古典学派和庸俗学派，其代表人物是亚当·斯密和大卫·李嘉图，18世纪中期亚当·斯密《国富论》的发表创立了财政学，首次提出了“public finance”的概念，探讨了与政府活动直接联系的税赋、支出和公债，强调了政府本身所具备的“公共”属性，并指出政府只是经济活动的“守夜人”。第二阶段是现代资产阶级学派，将财政又赋予了三重含义：一是福利经济学派，认为国家财政应以增加社会公共福利为目标，考虑财政收支对社会公共福利造成的影响；二是凯恩斯主义关于财政学的主题，20世纪30年代末，英国经济学家凯恩斯出版了他划时代的著作《就业、利息和货币通论》，从理论上阐述了国家干预经济的必要性——国家干预经济的主要手段就是财政政策，这一理论被认为是公共财政的思想基础和理论发端；三是马斯格雷夫的财政定义，1959年马斯格雷夫出版了《财政学原理：公共经济研究》一书，将财政看作是公共部门经济，而且还不仅仅是公共经济的问题。从西方公共财政的发展历程来看，西方国家对于公共财政的认识和实践是随着市场经济的发展以及国家政府职能的拓展而不断丰富和发展起来的，实质上它是一种市场经济财政。

（一）公共财政的定义

公共财政是指在市场经济条件下，主要为满足社会公共需要而进行的政府收支活动模式或财政运行机制模式，是国家以社会和经济管理者的身份参与社会分配，并将收入用于政府的公共活动支出，为社会提供公共产品和公共服务，以充分保证国家机器正常运转，保障国家安全，维护社会秩序，实现经济社会的协调可持续发展。

公共财政是指市场经济条件下的财政。在市场经济条件下，相对于市场机制而言，政府的职能是弥补市场的缺陷，满足社会公共需要，财政则是实现政府职能的物质基础。正是因为市场经济条件下财政存在和发展的主要依据在于满足社会公共需要，市场经济条件下的财政亦被称为公共财政。依据西方财政学理论，财政之所以有必要存在是因为有一类可以满足公共需求、但却无法通过市场机制自发供给的公共产品必须由政府这个公共主体予以提供，因为政府提供公共产品是采取非市场方式的，不具有营利性，且对所有的主体一视同仁，平等地提供服务、平等地收取费用，再加之民主代议制度下必须符合建立在个人利益基础上的公共利益，接受选民的监督，因此这种财政活动具有明显的公共性，故而称之为公共财政。公共财政的目的在于根据市场经济下社会公众的意愿来提供公共物品，满足社会成员的社会公共需要，从而通过财政与市场的分工与合作，充分发挥两种机制各自的优势，尽可能提高全社会资源配置的效率，使有限的资源更好地满足全社会成员不断增长的物质文化生活的需要。

（二）公共财政的特征

一般而言，公共财政具有公共性、非营利性、调控性、法治性等特征。这些特征是公共财政理论与实践逐渐融合发展的必然结果。

1. 公共性。公共财政的公共性是由“公共产品”理论决定的。其本质特征是满足社会公共需要。人们常说，在市场经济下，市场能干的，政府就不应去干；而市场不能干的，政府就应当去干。这对于市场经济下财政来说，也是应遵循的一个基本原则。具体来看，市场不能干的就是社会公共需要领域，即“公共产品”和准公共产品，这类政府活动领域是难以通过市场提供的。

反过来，由于政府活动是从整个社会角度进行的，因而社会公共需要的领域只能由政府来解决。政府通过自身的收支活动满足社会公共需要，就直接弥补“市场失灵”领域。在现实市场经济运行中，市场失灵的领域是极为广泛的，需要借助政府的公共权力强制性地进行弥补。因此，公共财政的“公共性”特征，就是“市场能干的，政府和财政就不要去干；市场不能干的，但市场又需要弥补的，政府和财政就应当去干”。实际上这也是区分政府公共财政活动与私人活动范围的基本准则。

2. 非营利性。营利性是人们参与市场活动的唯一动力，但作为政府及其公共财政，却不能直接进入市场去追逐营利，而只能以社会利益作为活动目的，只能从事非营利活动，这就使公共财政具有非营利性特征。尽管企业和个人活动于市场有效领域内，而政府活动于市场失效领域内。然而，现实的经济活动是错综复杂的，大量的社会经济活动是需要企业和政府共同介入和承担的。为此，非营利性就提供了一个具体标准来界定两者在共同活动中的各自参与程度。当某些行业的活动为社会公众所需要，并且可以有一定的市场收入，但又达不到市场平均营利水平之时，政府和企业是可以共同承担这类活动的。这就是政府通过公共财政的投资或补贴等，使得投入到该行业的企业具有获得平均利润率的能力，从而政府通过自身的无偿投入，支持了该行业的发展，并为整个社会的利益服务；与此同时，企业由于可以获得平均利润率，而承担起了部分乃至主要的投资任务，从而大大减轻了财政的支出负担。这样，财政的非营利性活动，就直接与为市场提供公共服务相联系了。

3. 调控性。市场经济条件下，公共财政是政府调控经济的重要政策工具。通常来说，政府宏观调控的主要目标是：促进经济增长、抑制通货膨胀、提高就业水平等。政府各项调控目标的实现，都离不开一定的财政手段的支持。这些手段包括税收、规费、支出、预算、补贴、国债、赤字等。对财政政策的调控可以从不同角度加以划分。首先，根据财政政策对社会经济活动的影响，可以划分为分配性、调节性、再分配性财政政策。分配性财政政策涉及到将服务和利益分配给人口中的特定部分个人、团体、企业和社区。如农产品价格补贴，只对生产特定农产品的农民进行补贴。调节性财政政策则与限制和规定某些个人、企业或团体的行为有关，如税收的奖励和限制政策就是为了鼓励或限制受调节者的某些经济行为，实现政府某一经济目标。再分配政策指政府在社会各阶层中针对财富、收入、财产等所进行的转移性分配。政府从公平和效率权衡的角度，采用累进所得税、转移性支出，实现收入公平分配的目标。其次，根据财政政策具有调节经济周期的作用，划分为自动稳定的和相机抉择的财政政策。自动稳定的财政政策是指某些能够根据经济波动情况自动发生稳定作用的政策，无需借助外力就可直接产生控制效果。通常政府借助具有累进性质的税收和支出的自动稳定性，达到调节经济波动、稳定经济的目的。相机抉择的财政政策是指政府根据经济景气变动情况，通过税收政策和公共支出政策进行的、使社会供需总量达到短期平衡的财政操作。再次，根据财政政策在调节国民经济总量方面的不同功能，划分为扩张性、紧缩性和中性财政政策。扩张性财政政策是指财政通过减税、增支或财政赤字和扩大国债发行来增加刺激社会总需求，促进社会供需总量的平衡。紧缩性财政政策是指财政通过增税、减支或财政盈余来减少和抑制总需求；中性财政政策是指财政政策对社会总需求的影响保持中性，既不扩张，也不收缩。通过上述不同类型和不同性质的财政政策调节，达到全社会资源优化配置、维护公平竞争的市场环境、社会供需总量的平衡和社会经济协调发展的目的，从而充分体现公共财政的调控性。

4. 法治性。市场经济是一个法治经济，对于政府来说，其活动和行为也应当置于法律的根本约束规范之下。财政作为政府直接进行的活动，在市场经济下无疑必须受到法律约束和规范，从而具有明显的法治性特征。财政的法治化意味着社会公众通过国家权力机构和相应的法律程序，决定、约束、规范和监督政府的财政行为，从而使得财政体现出是社会公众的财政，是建立在法规规范化基础上的财政。如税收是依据税法征收的，没有国家权力机关的批准和授权，有关税法和税收条例是无法确立的。再如政府预算也要通过国家权力机关审议和批准，否则政府是一分一毫也无权随意使用的。

（三）公共财政的职能及其与教育财政投入的关系

根据马斯格雷夫的观点，公共财政主要有资源配置、收入分配和经济稳定三大职能。这一观点到现在仍为多数经济学家们所接受，也是指导多数国家公共财政实践的指南。

财政的资源配置职能，主要是将一部分社会资源集中起来，形成财政收入，然后通过财政支出分配活动，由政府提供公共物品或服务，引导社会资金的流向，弥补市场的缺陷，最终实现全社会资源配置效率的最优状态。财政资源配置职能的范围大小应由政府的职能范围来确定，是市场配置无效而又是社会需要的公共物品和劳务。

收入分配职能是指政府收支活动对各个社会成员收入在社会财富中所占份额施加影响，以实现收入分配公平的目标，这是财政与生俱来的一项职能，不过在不同历史阶段分配的内容和形式会有所不同。在计划经济条件下，财政收支活动的突出特征是高度集中，统收统支，政府包揽过多，集中在公共需要的范围里，这是财政职能的一个重大的转变。

公共财政的第三个职能是经济稳定。在市场经济中，由于市场机制的自发作用，不可避免地造成经济的波动，社会总需求与总供给的失衡、通货膨胀、失业、经济危机是经常发生的，这也需要政府通过财政手段对市场进行干预和调节，以维持生产、就业和物价的稳定。因此，经济稳定发展就成为财政的基本职能之一。在经济转型阶段，这方面的作用显得更为突出。西方经济理论认为，财政的稳定发展功能有两个方面：一是自动稳定器的作用，另一个是作为宏观经济调控的政策工具作用。具体到我国的实际情况，财政调控经济的实现方式应有四种：一是针对经济发展的不同时期，分别采取不同的财政政策，实现社会总供给和总需求的基本平衡。当经济下滑时，社会总需求不足，采取扩张性的财政政策，增加财政支出，减少税收，刺激总需求的扩大；当经济膨胀时，社会总需求过度，采取紧缩性的财政政策，减少财政支出，增加税收，抑制总需求。二是通过发挥累进的个人所得税等制度的“内在稳定器”作用，协助稳定经济。三是通过财政投资和补贴等，加快企业、能源、交通运输等公共设施和基础产业的发展，为经济发展提供良好的基础和环境。四是逐步增加治理污染、生态保护以及文教、卫生等方面的支出。

此外，在实践中，公共财政往往还包括了监督管理的职能。实际上，在财政的资源配置、收入分配和经济稳定发展的各项职能中，都隐含了监督管理的职能。在市场经济转型时期，由于利益主体的多元化、经济决策的分散性、市场竞争的自发性和排他性，某些旧体制还在起作用，新体制还不健全，漏洞很多，资产流失、损失浪费、侵占挪用、贪污腐败问题大量存在，放松财政的监督和管理是不行的。财政监督管理职能的内容主要包括：一是通过对宏观经济运行的监督管理，跟踪、监督宏观经济运行指标，及时反馈信息，发出预警信号，为国家宏观调控提供决策依据，从而为经济正常运行创造良好的市场环境。二是通过对微观经济运行的监督管理，规范经济秩序，主要是建立健全和严格执行财政、税收、会计法规，为市场竞争提供基本的规则，保护正当的市场竞争，同时严肃财经纪律，依法治税，依法理财，保证国家财政收入。三是通过对国有资产营运的监督管理，主要是实施价值形式的监督管理，在搞活搞好国有企业的同时，实现国有资产的保值和增值。四是通过对财政工作自身的监督管理，不断提高财政分配效益和财政管理水平。

公共财政的这三大职能对保证教育投入有重要意义：

1. 满足社会公共需要的功能。公共财政涉及的领域有较为严格的圈定，与市场有明确的分工，要做到有所为与有所不为。提供“公共产品”和“公共服务”是公共财政体系形成的核心。教育与公共财政之间有着密不可分的联系，公共财政所基于的理论基础正是教育产品的属性所在。如前文所述，教育在整体上作为一种混合品，其物品性质决定了政府在财政上必须对教育进行较大比例的投入。国家投资于教育，是实现其公共性的最重要的领域之一。学术界普遍认为，随着工业化进程的推进、经济的发展，教育支出占财政支出的比例会不断上升，并就这一论断给予过充分的论述。例如经济学家瓦格纳把政府对于教育的财政支出的增长归因于需求的收入弹性。随着收入的上升，政府用于教育方面的财政支出的比例将会超过收入上升的比例。世界各国国家职能的强化及政府支出扩张的实践证明，这一法则是正确的。

2. 法制规范的功能。从公共财政的收入来看，最主要的形式是税收，这就为教育财政投入的资金提供了稳定来源。从政府预算方面看，严格执行《预算法》，取消预算外资金，会加大财政收入在国民收入的比例，保证了教育财政投入的资金数量。此外，预算的公开化还有利于公众对教育财政投入的监督。

3. 宏观调控的功能。公共财政在两方面的宏观调控对教育投入保障有着深远意义。首先是公共财政对资源配置的宏观调控，我国是个地区发展极不平衡的国家，各地区的生均教育经费差距逐年增大，调节资源在各地区间的配置是保障公平的关键，国家可以综合运用预算、税收、财政转移支付等手段，改善我国由于各地区经济差别大而造成的教育机会不均的状况。其次是公共财政对稳定经济增长的宏观调控，公共财政具有的内在稳定器作用，其宏观调控还有助于促进经济增长，经济增长是教育投入的源泉，是教育投入稳定增长的保证。

二、财政在教育产品供给中的基本职能

教育的混合品性质决定了公共财政必须在教育供给中发挥基础性作用。实践中，作为政府核心部门的财政部门担负着包括教育支出在内的多项职能。在这些职能中，最基本的当属为全体社会成员提供一般性的、大众化的教育服务。

（一）教育的混合品性质与公共财政的关系

从需求角度看，教育的消费决定了教育的混合品性质。教育消费行为具有特殊性。对教育的产品属性的界定之所以比较困难，一个重要原因就是教育这种产品，在消费上具有双重性：现实生活中既存在着对它的直接消费活动，又存在着对它的间接消费活动。教育的直接消费是指受教育者个人对学校所提供的“教育服务”进行直接消费，其消费效用体现为受教育者在接受教育后凝固成的知识、能力、素质等个人人力资本；教育的间接消费是指社会或雇主对“教育的产品”即学校培养出来的毕业生的个人人力资本进行消费，其消费效用体现为社会或雇主获得更高的生产力水平、更好的经济效益及社会效益。教育经济学理论认为，从教育的直接消费看，教育具有竞争性和排他性，每增加一个学生会减少原有学生得到的教育服务，边际成本不为零，因而具有私人产品的性质；从教育的间接消费看，其产生出来的一部分消费效用，如被普遍提高了的社会生产力水平及其社会效益，是无法排斥其他社会成员来分享的，对社会而言增加消费者的边际成本为零，因而具有准公共产品的性质，这就说明教育既存在公益性有具有私人产品特征的混合属性是由教育产品的特殊消费机制决定的。

从收益角度看，教育的内部效益与外部效益并不平衡。教育的直接消费与间接消费分别带来了教育的内部效益与外部效益。受教育者在对教育进行了直接消费后所获得的知识、能力的增长及素质的提高，是个人教育投资的直接回报，这在教育经济学中被成为教育的内部产出或内部效益。当受教育者学成后被社会或雇主当作劳动力进行了“间接消费”时，其人力资本会转化为较高的生产能力、创新能力和精神文明，这时候受教育者、雇主和国家三者会同时从

中受益，例如，受教育者个人获得较好的就业机会、较高的经济收入和社会地位，雇主获得较高的员工素质和投资利润，国家获得更为优良的经济发展与社会发展环境及战略机遇捕捉能力。这种溢出的效应在教育经济学中被视为教育的外部产出或外部效益。在教育的内部效益与外部效益之间，以及在教育外部产出的受益过程中，往往存在着比较复杂的关系：一是并非在所有情况下教育的内部效益与外部效益都必然保持一致水平；二是并非在所有情况下教育外部效益的主要受益者都能保持一致的获益水平。这就是教育经济学中所研究的教育私人收益率与教育社会收益率不一致的问题。

一般而言，教育的私人收益率影响着私人教育消费需求，而教育的社会收益率则影响公共财政在发展教育中的作用。教育的社会收益率能够影响公共财政在发展教育中的作用是因为除了受教育者本人之外，国家也是教育外部产出的主要受益者。如果受教育者是在强势就业部门就业，教育的私人收益就能够充分实现；但如果受教育者是在弱势就业领域里就业，教育的私人收益就不能充分实现。也就是说，教育的内部效益与外部效益在弱势就业领域通常会形成一个负差值，即社会收益率大于私人收益率。一般而言，这个负差值正是国家无形中多获得的那部分利益。由这种教育公益性而产生的教育内部收益减损，不可能由市场来承担，也不应由教育生产者或教育消费者长期无偿地承受，理应由公共财政来“埋单”。

不过，在公共管理领域，公共财政到底提供不提供公共教育服务，以及提供怎样的公共教育服务，并不是完全由教育的产品属性直接决定的，还取决于政府的公共政策态度及公共财政能力。具有不同政治经济体制和不同经济发展水平的国家，其政府的公共教育服务意愿一般会有较大的差别，其实质就在于政府基于教育的公益性以及自身财政能力，愿意承担多大的公共教育服务职能，以及能够在何种教育层次与教育类别的范围内，以免费或低于成本的价格向国民提供教育这种准公共产品，以保障和提升教育公平与社会公平。因此，公共财政在教育产品供给中的职能就是在有限的层次与范围内为社会提供公共教育服务，以追求教育的社会收益率最大化。从这个角度看，公共财政在教育供给中的职能并不是一成不变的，而是一个动态的发展过程，它随着一国经济社会发展的历史时期、国情和财力的不同而有所不同。

（二）财政在教育产品供给中的基本职能

从根源来看，公共财政在教育领域的基本职能应依据教育的公益性来界定。教育的外部效益具有较高的公益性，这构成了公共财政提供教育服务的基础，由此带来了教育产品的公共生产方式或公共供给方式。从经济学的奠基人亚当·斯密到当代经济学权威弗里德曼以及公共选择理论代表人物布坎南，都论证了政府提供教育服务的必要性。[①] 在具体的政策操作层面，这种“必要性”就体现为公共财政优先考虑提供的教育产品范围。教育的直接消费本来是具有私人产品性质的，不过由于公共财政教育服务的介入，这种直接消费的性质在不同消费对象中起了一定变化。例如：一些优质的、较高层次的教育不享受任何政府补贴，因此具有完全私人产品消费的性质；一些中等层次的教育服务由政府和其他社会力量共同提供，视其财政补贴程度的大小，具有较低的、程度不同的私人产品消费性质；而那些政府免费提供的一般的、大众化的教育服务则完全不具有私人产品消费的性质。

要发挥公共财政在教育供给中的职能，使教育的公益性得到充分体现，从而实现社会收益率的最大化，财政的基本职能应定位于：一视同仁地为全体社会成员提供一般性的、均衡性的、“白菜炒肉”式的教育服务，满足大众的基本教育需求。市场同样应在教育供给中发挥重要的作用——提供特殊性的、“燕窝鲍鱼”式的教育服务。具体而言，政府应主要承担全面落实义务教育、发展多元化教育、制定各层次教育规划和标准、实施监管等具有较强公益性教育服务的供给责任，同时，还应承担起建立行之有效的贫困生资助体系的责任；而那些私人受益性强、且受益程度较易测量的特殊教育服务则宜由市场来提供。这既符合“谁受益，谁付费”的受益原则，更是满足民众日益多元化的教育需求、提高教育资源配置效率的必然要求。

对于公共财政在教育供给中的职能，我们可以从以下几个方面来理解：第一，达到社会收益率最大化必须提供全局性的教育产品。一般性的教育以培养基础性人才为目标，使每个人的活动都能够对社会产生积极影响。因此，一般性的教育绝不是私人的活动，它能够通过对每个人的影响而影响全社会。第二，达到社会收益率最大化必须提供全体性的教育，即让所有公民都享有受教育的权利。在现代社会，受教育已经是一个人生存、发展的必要条件。没有受过一般性教育的公民难以融入现代社会，其个性、尊严和基本需求也得不到充分的发展和实现。第三，一般性的教育体现国家和社会的利益性，大众教育维系着国家、民族的根本利益，同时，它作为一种人人应该享有的利益是由公共

① 袁连生：《教育成本计量探讨》，北京师范大学出版社2000年版。

财政提供给全体公民的。从这一点来讲，它与营利性是相对的。在这里，国家作为最大的公益法人，必须以全局为重，保证受教育者的利益，造福社会。第四，一般性的教育是公共性的教育，即大众化教育应该纳入公共财政承担、管理和监督的范围。如果把这类教育产品完全交给某个人或某个群体去负责，教育产品的公益性就会大打折扣。可以说，没有公共性，教育的公益性就得不到保障。第五，一般性的教育具有公平性，大众化教育应该遵循公平原则，任何违背公平原则的条件都不符合教育的公益性要求，而这种公平性的实现必须充分发挥公共财政的供给职能。

（三）财政在教育产品供给中基本职能的行使

在分权的财政体制下，一级政府的事权必须有相应的财权作支撑。教育领域的财政支出也不例外，各级财政要在教育产品供给中发挥其基本职能，需要有相应的财力与之匹配。

1. 一般性的教育产品供给中事权与财权的分配。一般性的、大众化的教育产品应由各级政府财政共同提供，从而实现事权与财权基本匹配。一般性的教育存在区域性外溢效应，尤其是在劳动力流动比较频繁的发展中国家和一个国家内部的发达地区。因此，虽然只是准公共服务，但一般均由财政作为实际上的公共产品来提供。以具有普遍性的义务教育为例，我国中西部的个别发达地区为东南沿海发达地区提供了源源不断的劳动力，中西部地区义务教育的区域性外溢效应十分明显，中央政府和东部地区应该为西部地区的义务教育承担一定的责任。鉴于农业税改革、屠宰税取消之后，县乡财力十分薄弱，即使在东部发达地区一些县乡也难以完全胜任最普遍的义务教育工作，因此，各级政府共同负担十分必要。参照国际经验，一般性教育的主要支出是工资而不是基础设施，因此，教师工资应该根据不同地区教育外部性的大小，分别由中央、省、地市、县统筹。学校基础设施按照属地原则分别由市区或县乡政府负担，必要时上级政府给予一定的支持。

以我国的区域特点为例，东部地区基础教育基本上没有区域性外溢效应，省市级政府财力比较好，所以，教师工资可实行市级统筹，省级给予一定的支持；学校基础设施由乡镇负责，县级给予一定的支持。中部地区基础教育具有一定的区域性外溢效应，教师工资可实行省级统筹、中央给予一定的支持；学校基础设施由县乡共同负责，市级给予一定的支持。西部地区基础教育的区域性外溢效应比较突出，省市县乡财政均比较困难，需要中央政府介入。西部地区教师工资可实行全国统筹，学校基础设施由市县乡共同负责、省级给予一定的支持。

2. 一般性的教育产品供给的标准化。应规定全国的一般性、大众化教育产品的标准，例如，规定义务性基础教育的最低质量标准。鉴于各地区办学条件差距较大，因此规定最低质量标准的基础教育有助于地区教育的均等化，有助于财政基本职能的有效行使。为实现统一标准的基础性教育，我们需要推行教育产品的标准化，在教材安排、实验设施配置、师资资源配置等方面统一标准。最低水平的、平均化的、一般性的教育服务由公共财政提供，超出平均水平的教育产品应允许由其他社会办学力量提供。

三、财政在教育产品供给中的其他职能

从理论上来看，财政为全体社会成员一视同仁地提供一般性的、大众化的、基本的教育服务这一职能是完全必要的。但是，财政在教育服务供给领域的职能并不仅限于此。现实中，除了这一基本职能之外，作为政府核心部门的财政部门还承担着管理、规划、监督等多项职能。

（一）管理职能

公共财政在教育领域的管理职能首先体现在起对教育支出的调控上。通过调配资金、权利下放、设置鼓励性政策等措施进一步完善教育产品供给的管理体制，调动各方面力量办学的积极性。例如，下拨专项经费，加大地方政府对基础教育的统筹管理权限；调整政策，将边远地区的教育经费收归区县一级财政统筹；理顺各级政府的办学职责，加强各级政府对基础教育统筹规划和管理的力度；加强重点高校的学科建设和师资队伍建设，促使高校不断提高办学水平；安排专款实行院校的结构调整，科学整合教育资源，增强了高等院校的发展实力。同时，财政的教育管理职能还体现在制定教育领域内的相关标准和规范、完善教育管理体制、为教育质量的提升负责等多个方面。

（二）规划职能

教育发展规划是教育事业发展的基础，也是财政资金投入的依据。公共财

政部门在制定科学、规范的教育发展总体规划基础上，明晰财政资金投入方向，调整支出结构，集中重点项目投入，实现带动各类教育事业快速发展、提高资金使用效益的职能作用。例如，对于高等学校，以“211”等重点工程建设为核心，集中财力投入，提升办学层次，做好高等院校整体部署和规划工作，带动高校整体办学水平的提高；对义务教育的均衡发展进行宏观引导，积极发挥财政调控作用，将有限的资金重点投向义务教育的薄弱环节，通过资金和政策的引导，使区域间义务教育的办学差距缩小，促使基础教育的整体水平不断提高；运用信贷及财政政策，推进教育投资体制改革，采取诸如教育项目贴息贷款等方式支持优质教育资源的发展，在缓解资金供需矛盾的同时，满足群众对享受高层次教育的需求；规划发展民办教育，满足人民多种需求等。

（三）监督职能

公共财政应加强对教育经费投入的监督与管理，确保教育产品供给水平、教育经费落实到位、教育资金科学合理支配。例如，在教育经费安排上，要求教育主管部门要保证预算基础数据的真实可靠，要结合教育发展的总体规划突出经费适用的重点，并通过科学的筛选和论证，使教育经费的使用效益达到最大化；在预算的执行上，硬化预算约束，对经批准执行的预算不在做调整；在预算的监督上，确保教育经费的投入水平和资金的及时到位，防止拖欠和挪用；加强督学督教，杜绝教育资源、资金的浪费，提高教育设施的使用效率，科学地调度和使用教育资金，最大限度地提高资金使用效益；完善教育的监督管理机制，对教育投入经费的使用情况进行检查、抽样，及时对教育发展中出现的情况和问题进行研究，制定出解决的对策与办法。

（四）鼓励和引导职能

从财政、税收政策上鼓励、引导教育事业的发展，明确办学方向，吸引社会力量参与教育产品的供给，形成多渠道筹措教育经费的办学格局，拓展教育产品供给空间。例如，运用税收政策鼓励社会力量对农村义务教育捐赠，鼓励企业、社会团体和公民个人对基础教育捐赠，捐赠者享受优惠政策，对纳税人通过非营利的社会团体和国家机关向农村义务教育的捐赠，在应纳税所得额中全额扣除等。

四、多元化发展趋势下我国财政的教育服务供给职能

正是由于教育的混合品性质，我国财政一直在教育服务的供给中承担着极为重要的职能。近些年来，随着我国财政体制改革的进一步深化，财政对于教育的投入逐渐加大，其在教育领域内的职能也越来越明晰。尤其在当今教育发展逐步呈现多元化趋势的大背景下，财政在教育服务供给中的职能更是发生着明显的变化。

（一）教育多元化发展趋势

多元化发展是当今社会发展的主要特征之一，教育作为社会的一个重要元素，也呈现出多元化的发展趋势——这成为当今时代教育发展的新形势。作为一种与个人、与社会均有莫大收益的准公共产品，在当今知识经济的时代，教育的多元化发展趋势异常迅猛。总体来看，教育的多元化主要包括民众教育需求的多元化、教育形式的多元化和教育成本分担主体多元化三个方面。

教育需求的多元化是教育多元化发展最为明显的表现之一。从接受教育的主体来看，教育需求主要来自于国家、社会和个人。由于不同需求主体接受教育的动机、特点具有明显的差异性，教育需求的多元化发展不可避免。在当今知识经济、信息时代迅猛发展的大环境下，社会各个部门、各个层面对人力资源都提出了新的高标准的素质要求；随着现代技术的发展和应用，进入学校学习、取得相应的文凭以适应就业求职的需要已不再是人们接受教育的唯一目的；职业训练、素质培养、自我完善等都成为人们接受教育尤其是高等教育的需要和动机。在各类动机的作用下，社会对教育的需求呈现出显著的多元化特点和趋势。随着经济和社会的发展，这种趋势越来越明显。

教育需求多元化发展的一个直接后果就是教育形式的多元化。在当今教育日受重视的时代，接受教育早已不是尚未工作的年轻人的“专利”，教育主体更多地涵盖了已经参加工作的庞大人群——这显然对传统的从小学到中学再到大学的“线式教育形式”提出了挑战。与接受教育人群层次的日益丰富相适应，如今的教育正在向着全天候的“网式教育形式”转变，所有的人——无论

是少年、青年、中年还是老年，也不论是就业或是待业——都成为这个教育“网络”的一个结点。在这种情况下，越来越多的人开始寻求新的、更为适用的教育形式：由于获得知识的途径更为便捷，学习的内容更具针对性，非学历教育、职业教育、网络教育等新型教育形式已经成为人们的教育消费的重要内容。据统计，2004 年，我国的非学历高等教育结业生数为 318.40 万人，而到 2005 年，这一数字就增加到 373.39 万人；[①] 参加其他形式教育的人数也在不断增加。

与教育需求的多元化和教育形式的多元化相适应，教育成本分担主体也逐渐呈现出多元化的发展趋势。由于政府独揽教育服务供给的管理体制与迅猛发展、日益多元化的教育需求格格不入，世界许多国家都实施了教育成本多元化分担的改革，目的在于：在减轻教育财政压力的同时，改善教育资源的配置效率，满足民众的教育需求，提升教育的质量。这些国家教育改革的经验逐渐在世界更大范围、更多领域展开、蔓延，成为当今教育改革的重要趋势之一。

（二）我国公共财政体系的建设与财政对教育的投入

我国财政对教育的投入是与我国近年来公共财政体系的建设紧密联系在一起的。公共财政是市场经济对财政模式的一般要求，它本身不存在姓资姓社的问题，但是由于生产力结构、市场发育程度和所有制结构等要素的差异，各国的公共财政各具特色。我国的公共财政体制除了一般市场经济国家具有的特征之外，还有自己的特点，这是因为我国市场经济体制的特殊性造成的。首先，我国的市场经济不是由封建经济自发演变而来的，而是在政府主导下由计划经济演变而来的，我国的市场经济还存有大量计划经济遗留下来的产物；其次，我国是社会主义国家，国有经济是市场经济中的一种重要主体，决定了政府必须按市场经济规则继续管理和经营这部分国有资产；再次，在放弃计划经济转向市场经济的过程中，我国采取了渐进的方式，注定目前经济体制中带有过渡经济体制的特征，公共财政体制也是建立在过去的国家财政体制上的，与成熟的市场经济国家相比，我国的公共财政的职能范围会更为宽泛，这使得政府在市场经济中扮演的角色、承担的义务要比西方市场经济国家多得多。因此我国的公共财政有很多额外职责，包括培育市场、支持体制创新、保证经济稳定增长，推进税费改革，调整财政支出结构，收缩财政支出范围，使财政资金主要

① 资料来源：中经网统计数据库，http://db.cei.gov.cn/。

投入公共品与公共服务领域，完善分税制改革，规范预算管理体制以及转移支付制度。

在构建符合中国特色公共财政体系的过程中，我国实施了一系列财政改革的措施：一是农村领域的税费改革。从最初的清费正税到扩大费改税试点，从2004年改革粮食流通体制，对农民实行直接补贴到2006年在全国范围内取消农业税，标志着几千年的“皇粮国税”终于成为历史。二是预算管理体制的改革。以深化“收支两条线”管理、部门预算和国库集中支付为主要内容的预算改革，对于规范财政支出管理、提高财政资金使用效率、推动政府职能转化等方面发挥了极为重要的作用。三是改革财政支出结构。各项支出均有较大幅度增加，各级财政加大调整支出结构的力度，财政用于社会性支出的比重不断提高，基本实现了财政的“到位不越位”。四是税制改革。党的十六届三中全会明确提出了“分步实施税收制度改革”的任务，并提出了“简税制、宽税基、低税率、严征管”的改革原则。自此，我国新一轮的税制改革拉开了大幕：出口退税制度改革、内外资企业所得税合并、增值税转型等等。与1994年税制改革相比，新一轮的税制改革的主要特征是结构性、渐进式的调整。这些改革措施对于我国公共财政体系的建设起到了至关重要的作用。

与构建公共财政体系所实施的一系列改革措施相伴随，我国财政对于教育领域的投入逐渐加大。尤其是近几年来，我国教育投入占财政支出的比例稳步上升。从1978－2007年，我国财政预算内教育投入从50亿元增长到7654亿元。2007年，全国预算内教育经费占财政支出49781.35亿元，比例为16.26%，比上年15.18%增加了1.08个百分点；国家预算内教育经费占国内生产总值比例为3.32%，比上年的3%增加了0.32个百分点。[①] 与此同时，我国教育投入供给正在形成一个以政府投入为主、多渠道融资的格局；随着公共财政理念的确立，财政教育投入的分配结构逐步趋于合理。

（三）教育多元化趋势对财政教育供给职能的要求

虽然我国财政对于教育的投入规模逐年增长，但是，距离1993年我国颁布的教育发展改革纲中提到的“教育财政投入达到GDP 4%”的目标还有较大差距。更为重要的是，在教育发展多元化的大背景下，不仅民众的教育观念发生了巨大的变化，我国教育改革中的深层次问题也逐渐暴露出来。这样的时代

① 数据来源：《2007年全国教育经费执行情况统计公告》。

背景与现实问题无疑对我国财政的教育供给提出了新的要求。

1. 基础教育发展的局限性。对新时期我国一般性、大众化教育发展的思考不能离开三个背景：经济结构的转型与城市化建设的推进；区域性发展的极不平衡；多元文化多种价值取向并存的民众心态。在这种背景下，我国的基础性教育的发展还存在诸多的局限性，需要公共财政充分发挥职能作用，通过增加经费、加强管理、有效的监督引导基础教育良性发展。一是基础教育经费仍显紧张。2005 年，城市的预算内公用经费为小学人均 95 元，农村为 28 元；城市初中预算内公用经费人均 146 元，农村为 45 元。39% 的贫困县生均预算内公用经费是 0。[①] 城市学校经费不足，农村学校差距更大。二是教育发展不均衡，区域内学校之间差别较大。基础教育的优质资源与广大人民群众的教育需求的矛盾十分尖锐，不仅地区之间、城乡之间、学校之间在办学水平、办学条件、教育发展等方面仍存在较大差距，而且随着教育发展水平的提高，人民群众对教育需求的增长，在区域内教育发展不均衡的问题凸现，带来了诸如"择校"等一些难点、热点问题。三是办学行为和秩序不够规范。存在城市学校改制问题，公办民助、民办公助、民办学校方面的问题，农村个别地方变卖学校的问题以及教育上乱办班乱收费等问题，引起广泛关注，需要加以深入研究和解决。四是农村中小学教师队伍现状还不适应农村基础教育进一步发展的需要。目前，全国小学和初中教师仍有约 24 万多名教师未达到国家规定合格学历，同时还有近 45 万名代课人员，主要集中在偏远地区农村小学和教学点。一些地方农村初中教师严重缺编，而县城和乡镇中心学校教师又普遍超编。同一地区县镇与农村学校的收入待遇存在着差异，城镇富余教师难以分流到农村学校去，农村骨干教师的流失加剧。2006 年，全国农村小学高级教师的比例为 35.9%，农村初中一级及以上职务教师的比例为 32.3%，分别比城市低 8.9 和 14.5 个百分点。[②]

2. 高等教育的发展矛盾。虽然我国教育发展迅猛，但我们不得不面对"穷国办大教育"的现实，中国的现状是：低收入人口偏多，国家财力有限。居民收入和教育经费的增长远远落后于教育的扩展，指望国家保证如此庞大的群体接受免费教育是不可能也是不现实的。在我国接受高等教育需要花费的成本最高，高校学杂费同居民收入的矛盾最尖锐，高等学校人均费用占人均 GDP

---

① 《中国教育经费统计年鉴 2006》。

② 《中国教育报》，2006 年 9 月 27 日。

的比重最大并且仍在不断上升。毫无疑问，在我国高等教育发展层面存在比较突出的供需矛盾。第一，高等教育需求增加。每一个接受教育的人都存在对未来经济收益和非经济收益的预期，优质教育的高回报性使教育消费者产生“就高不就低”的心理倾向，人们对高层次教育的追求远远胜过其他。另一方面，20世纪90年代末高校扩招政策的实施也给这种需求的增加提供了实际的空间，同时就业压力的增大使得人们对高等教育的向往达到了前所未有的高度。第二，高等教育成本增高。教育特别是高等教育发展规律的特殊性决定了教育不存在规模优势，随着高校招生规模的不断扩大，人均教育成本不但没有降低，反而大幅度的提高。此外，国家对高等教育的经费支持十分有限，这在一定程度上更加剧了教育产品供需的矛盾。第三，缺少多元化分担机制。在利益多元化的市场经济社会中，教育作为一项于国于民都具有切身利益关系的事业，已经日益显现出多元化倾向。根据当代社会和教育发展的状况，从国家、学校、个人的利益追求及其所构成的相互关系来看，要解决教育供需的矛盾，应该保证教育多元化的形成及其健康发展。以上矛盾的解决需要公共财政承担起管理、监督、鼓励和引导的职能，在满足人民群众日益增长的高等教育需求的同时，积极鼓励发展社会力量办学的分担机制，促进供需矛盾的解决。

3. 教育需求的多元化。改革开放以来，随着我国教育水平的不断提升，知识经济时代已经全面到来，居民的教育消费热潮势头迅猛。随着经济的发展以及大众媒体的多元化，教育消费已经发展成为一种社会趋势。在知识经济时代，教育消费不仅是一种投资，更是一种令人羡慕的消费，学习成为人的基本需要，教育的总体消费需求大大增加。教育对于社会个体来说已经不仅仅是提升个人素质的主要途径，更是维持生存和生活的必需，对于部分消费者而言教育还是某种娱乐和时尚。教育的消费者在权衡优质服务和教育成本之后，绝大多数消费者会倾向于“就高不就低”的教育消费心理，因此教育的需求出现了多元化趋势。此外，在现阶段人们不再仅仅关注最普通的教育模式，诸如素质教育、优质教育、服务教育等已经成为教育消费的新热点，居民教育需求的多样化趋势十分明显。

以广州市的数据为例，调查结果① 显示（见表3-1）：今天的家长所担心的首要问题是子女进不了高质量的学校（占24.5%），其次是毕业后就业难（17%），再次是子女今后读不了大学（12.6%）。

---

① “2003年10月‘广州市教育产业现状与发展对策’的调研”，《教育导刊》，2005年6月。

表 3-1 广州市教育需求情况的调查

作为家长你今天最担心的是什么？	子女进不了高质量的学校	子女今后读不了大学	学校质量普遍太差	重高中轻初中	学校收费太多	教师不负责任	校长不管质量	学生帮派严重	子女无心上学	毕业后就业难	其他
频数	918	465	221	198	414	332	76	183	225	626	93
比例（%）	24.5	12.4	5.9	5.3	11	8.9	2	4.9	6	16.7	2.7

如果你是市长你首选做什么？	增加投入	增加优质学校	坚决取消择校	增加教师收入	全免书费及学杂费	减少班额	普及高中	扩大学校	多办高中大学	其他
频数	522	969	436	230	374	554	329	144	209	118
比例（%）	13.5	25	11	6	9.6	14.3	8.5	3.6	5.4	1.4
1994 年的回答（%）			35.1		1.6					

可见教育的发展和居民热切的教育需求相比，出现了很大的距离，较低层次的教育、一般性的教育已经不能满足居民的教育消费需求。而高水平的教育服务必然要求消费者支付相应较高的教育成本，这就要求公共财政在社会经济实力、人民生活水平发展到消费者的教育需求出现多元化趋势的情况下，通过财力、政策的科学合理分配建立多元化的教育经费分担机制。

（四）公共财政在教育多元化发展中的职能定位

在教育多元化的发展趋势下，构建多元化的教育分担机制成为我国的当务之急。在教育产品的多元分担机制中，公共财政应主要承担一般性的、大众化的、基本的教育服务供给职能，而社会力量和个人则应成为特殊、优质教育服务的供给主体。

一方面，一般性、大众化的教育产品必须由公共财政提供。一般性、大众化的教育，如义务教育，是国家、学校、家庭和社会必须予以保证、适龄公民必须接受的国民素质教育，是具有基础性、公益性、平等性、普及性的教育产品。一般性教育的这种社会公共产品属性，要求国家和各级政府财政予以提供和保证，而不能像其他商品一样通过市场化运作、通过人民群众购买来促进其生产、流通和消费。长期以来，我们将初、中等教育，尤其是义务教育仅仅当作一种地方性的公共品，片面强调地方政府一级的责任，实行地方办学，无论是经费投入，还是具体管理，都主要由地方政府负责，这就大大降低了义务教育作为国家公共产品的基本属性。20 世纪 90 年代以来，随着社会主义市场经济体制的建立和经济的快速发展，特别是伴随地方级财政的建立，国家实行分税制，加大了中央对国家财力的集中度。在地方，如乡、村越来越难以承担义务教育的经费支出，出现了大面积的拖欠公办教师和民办教师工资的问题，农村义务教育难以为继。上述情况说明，一般性、大众化的教育，特别是义务教育作为公共产品必须由各级政府提供充足的财力保障，从而体现其国家公共品的属性。要使大众化的教育稳定、健康、持续的发展，中央、省、市等三级政府必须增加对义务教育的责任，增加义务教育的经费投入。

另一方面，特殊的、优质的教育应由社会和个人负担。政府财政是否应该承担所有教育产品投资主体的责任？答案是否定的。在我国经济实力还不够发达的情况下，追求那些特殊的、优质的、较高层次的教育是带有公民的投资行为，是公民依照市场竞争需要自愿提升自己的学历、技能取得高收入的受教育行为，因此特殊的、优质的教育实行受教育者和社会承担教育成本是一种必然，也应该成为构成这类教育资金的主要来源。一个突出的例子就是我国目前存在的教育越高端，公民负担越少的错位现象。从 20 世纪 80 年代至今，美国高校投资中的学费比例、捐赠收入比例逐年增长，政府拨款比例逐渐下降。特别是 20 世纪 90 年代以来，州政府拨款无论是在总量还是在比例上都大幅度下降，相反，学费所占的比例增加很快。可见即使像美国这样的发达国家，国家财政对高等教育也没有全额包下来。

目前，我国优质教育产品供给的层次和形式太少，相反对这些教育的需求却很大。单一的由财政提供的教育供给形成对我国教育的发展是很不利的。它使得我国优质教育输出能力与优质教育社会需求之间存在严重不平衡；使得国家财政性投入不集中，导致整体教育质量不高，缺乏必要的优胜劣汰机制；单一形式也会带来国家财政与整体国民教育发展之间的不平衡，尤其是优质教育领域国家财政的投入会挤占大众化教育领域的投入，从而影响我国基础教育的发展。国外经验表明，当公共部门服务不足时，应该建立在合作基础上的服务供给新模式，也就是准许私营部门和社会团体进入公共事业项目。为此，我们应该积极探索我国教育多层次、多元化的分担机制。

参考文献

[1] [美] 保罗·A·萨缪尔森，威廉·D·诺德豪斯：《经济学》，北京经济学院出版社 1999 年版。

[2] [美] 哈维·S·罗森：《财政学》，中国人民大学出版社 2003 年版。

[3] 高鸿业：《西方经济学》，中国人民大学出版社 2001 年版。

[4] J·Buchanan，An Economics Theory of Clubs [J]，Economics，1965，32.

[5] 国家发改委宏观经济研究院课题组："公共服务供给中各级政府事权、财权划分问题研究"，《宏观经济研究》，2005 年 5 月。

[6] 厉以宁："关于教育产品的性质和对教育的经营"，《教育发展研究》，1999 年 10 月。

[7] 郑建仁："警惕教育市场化误导"，《教育与经济》，1999 年 3 月。

[8] 张学敏："论教育供给中的政府失灵"，《高等教育研究》，2004 年 1 月。

[9] 瞿华："论教育服务供给的影响因素"，《经济问题探索》，2006 年 12 月。

[10] 王喜辰："关于教育产业属性的认识与分析"，http：//www.edu.cn/20010827/209059.shtml。

[11] 刘尚希、邢丽："中国财政改革 30 年：历史与逻辑的勾画"，《中央财经大学学报》，2008 年 3 月。

第四章 教育需求的多元化发展

作为一种社会产品，教育领域存在着巨大的市场，尤其在当今社会，随着经济的不断发展，民众教育需求规模的急剧扩大为世界各国提供了广阔的市场空间。更为重要的是，随着社会发展的日益多元化，民众对教育的需求的多元化特征也愈加明显。由于教育的混合品性质，作为政府施政的主要途径，财政在满足民众教育需求、保证教育资源配置效率方面担负着不可推卸的责任。面对着人民日益增加的、多元化的教育需求，如何进一步深化教育体制改革、提升教育资源配置的效率、办人民满意的教育，成为摆在我们面前的一项重要的课题。

一、教育需求多元化发展的世界性趋势

在当今社会，不论是西方发达国家还是发展中国家，教育需求的多元化都成为一种不可逆转的现实。它是社会发展的必然要求，同时也是市场经济发展的必然结果。21 世纪是知识经济的时代，这突出地表现为知识的不断更新和技术产品的不断替代。经济文化的发展一方面对人们参与社会物质实践所需要的知识技能提出更高的要求，另一方面社会也给予了个人更多的自由时间和空间，人们也更加关注自身的全面自由发展。这就促使人们对教育的需求随经济的发展而变化。从世界范围来看，教育和人才已经成为当代世界经济增长的决

定性因素，以往那种靠政府为主出资办教育，或者由全日制正规学校独揽教育职能的格局，已无法满足社会经济发展对教育和人才的需要。迎合这种多元化的教育需求，学前教育、职业教育、在岗教育、特种教育、老龄教育、社区教育、家庭教育、民办教育、远程教育、跨国联合办学等教育模式应运而生。

（一）教育需求的多元化

教育需求的多元化是指国家、社会、个人对于教育产品的多样性、个性化需求。从需求主体看，教育需求主要包括国家需求、社会需求和个人需求三大类。其中，个人需求是社会需求和国家需求的基础，社会需求和国家需求的最终实现依赖于个人对教育的需求。个人对教育的需求由于教育需求者各自的动机、特点不同而呈现出很大的差异，这就是教育需求多元化的主要表现。知识经济、信息时代对社会各个部门、各个层面的人力资源都提出了更高的标准，教育尤其是高质量教育成为全面提升各级各类人才素质的主要途径。在现阶段，人们已经不再仅仅关注最普通的教育模式，素质教育、优质教育、职业教育、技能教育等都成为世界各国人们追求的新热点，这就促使个体对教育的需求呈现出多元化的特点和趋势。

（二）当今世界教育需求多元化的特点

从世界范围来看，教育需求的多元化主要表现在教育需求规模巨大、终身教育观念深入人心、优质教育成为多数人的追求以及教育需求呈现多层面等特点。

1. 教育需求规模巨大。知识经济的到来，使人们认识到接受教育在获取社会地位、高收入以及提升个人品位等方面的重要作用，因此对教育的需求量也就越来越大。对教育需求的增加可用在校人数占同年龄段人口总数的比率即入学率来反映。表 4－1 引用 2000 年和 2005 年部分国家和地区大中小学生入学率方面的统计数据说明了这一特点。

表 4－1　2000 年和 2005 年部分国家和地区大中小学生入学率一览表　单位：%

国家和地区	大学生粗入学率		中学生净入学率		小学生净入学率	
	2000 年	2005 年	2000 年	2005 年	2000 年	2005 年
世　界	18.9	24.3	52.9	58.7	83.6	86.7
高收入国家	56.9	66.8	89.3	90.8	95.1	94.8

续表

国家和地区	大学生粗入学率		中学生净入学率		小学生净入学率	
	2000 年	2005 年	2000 年	2005 年	2000 年	2005 年
中等收入国家	18.4	27.2	61.2	70.2	93.0	92.8
低收入国家	7.4	8.7	34.8	40.0	70.9	79.1
中　　国	7.6	20.3				
中国香港		31.4		79.6		92.7
孟加拉国	5.8	6.5	46.9		89.4	
文　　莱	12.5	15.0		87.3		93.4
柬 埔 寨	2.2	3.3	15.4	24.5	90.9	98.9
印　　度	10.2	11.4			81.5	88.8
印度尼西亚		17.1	48.6	58.3	93.9	95.5
伊　　朗	19.0	23.9		77.0	79.7	95.2
以 色 列	49.7	57.9	87.5	88.8	97.9	97.4
日　　本	47.4	55.3	99.5	100.0	100.0	99.8
哈萨克斯坦	28.4	53.0	85.3	91.8	88.8	91.2
韩　　国	72.6	89.9	94.5	90.4	96.7	99.4
老　　挝	2.8	7.9	28.6	37.7	81.7	83.6
马来西亚	26.3		69.1		96.9	
蒙　　古	28.8	43.2	59.6	84.2	90.9	83.7
缅　　甸	11.3		33.6	37.2	81.8	90.2
巴基斯坦		4.6		21.0		68.1
菲 律 宾		28.1		60.5		94.0
泰　　国	34.2	43.0				
越　　南	9.5	16.0	61.0	69.3	95.3	87.7
埃　　及		33.9		82.1	92.9	93.7
尼日利亚				26.9	63.0	67.9
南　　非	14.4	15.3	61.7		90.4	
加 拿 大	58.8				99.5	
墨 西 哥	19.4	24.0	56.1	65.0	97.6	98.0
美　　国	69.2	82.7	86.8	89.0	94.8	92.1
阿 根 廷	53.1		79.1			
巴　　西	16.1		68.5		91.7	

续表

国家和地区	大学生粗入学率		中学生净入学率		小学生净入学率	
	2000年	2005年	2000年	2005年	2000年	2005年
委内瑞拉	28.4		50.4	63.0	87.8	91.3
白俄罗斯	54.4	62.1		88.5		89.3
捷克	29.3	48.0				92.2
法国	52.8	56.4	93.4	99.1	99.1	98.6
德国						96.0
意大利	48.6	65.6	87.6	92.5	98.4	98.6
荷兰	53.1	60.7	91.9	87.1	99.4	98.5
波兰	49.2	63.4	90.2	92.9	96.6	96.4
俄罗斯联邦		71.0				92.2
西班牙	57.8	66.9	90.2	98.4	99.7	99.3
土耳其	23.1	31.2		66.8		89.4
乌克兰	49.5	69.0	89.3	79.5		83.3
英国	58.2	59.7	94.3	95.4	99.8	98.8
澳大利亚	65.4	71.8	88.6	86.4	92.5	96.6
新西兰	68.8	81.9			98.9	99.2

资料来源：国际统计数据（2007），中华人民共和国统计局网站。

从表4－1中可以看出，除少数国家和地区的入学率在高值的基础上出现了细微波动外，世界和大多数国家在2000年至2005年间，大中小学的入学率都有了不同程度的增长，特别是大学教育规模增幅更为显著。高收入国家整体以及中国、美国、韩国、波兰、捷克、蒙古、哈萨克斯坦等国的高等教育入学率都有了较大幅度的增长，其中，中国的大学入学率2005年比2000年增长了近两倍，美国、韩国、波兰等国的增长幅度也都超过了10个百分点，这从侧面反映了随着经济水平的提高和可支配收入的增加，人们对教育特别是高等教育的需求呈现增长趋势。随着时间的推移，同一年龄层里的民众希望自己接受教育的人数也在逐渐增加。而且对于大部分国家来说，入学率特别是中小学的入学率都在80%以上，这更加说明在世界范围内，人们对教育的总体需求规模十分巨大。

2. 终身教育观念深入人心。为了适应当今社会的变革，人们不断追求新知、变革创新，以紧跟时代的脉搏。善于学习、吸纳、选择、整合、创新知识的能力，成为人们参与竞争的核心能力。当每个人都因迫切需要提高自身竞争力而不断地学习时，以满足人们这种学习需求的“终身教育”也就应运而生了。“终身教育”是20世纪60年代在国际上出现的一种教育思潮，它对国际教育改革产生了重要的影响。“终身教育”的创立者是法国的成人教育家保罗·朗格朗，他于1965年在联合国教科文成人教育会议上首次提出终身教育的理论。他认为教育应是一个人从出生到死亡持续的全过程，是人一生中所有教育机会的统一。它包括学校教育、家庭教育、社会教育等一系列正规教育和非正规教育，覆盖基础教育、职业教育、高等教育、继续教育等。“终身教育”的理论与实践在世界许多国家引起了强烈的反响，推进了终身教育观念在世界范围内的发展。

进入21世纪，人类步入信息时代。知识量急速递增，而且绝大部分知识必须在工作中不断学习才能获得，新的科技知识像滚雪球一样持续涌现并急剧膨胀。人们开始不断地自发接受教育、更新知识，以适应社会的变化和工作的需要。“活到老，学到老”不再仅仅是一个口号，它将成为当代人的生活写照和提高竞争力的法宝。“终身教育”的观念逐渐深入人心，建立和完善终身学习体系成为世界各国的共同要求。顺应这一形势，世界各国对教育的模式需求也向多元方向发展，学校教育不再是唯一获取知识的方式，网络的发展为人们随时随地获取知识铺平了道路，各种培训机构的出现也为人们获取专业知识提供了便利的途径。

在国外，为了适应人们对终身教育的需求，政府通过各种方式建立了本国的终身教育体系。终身教育的载体是以国家和地方政府出资设立的学校为主，还有的借助于现成的中小学校、机关、公司等闲余场所。例如，英国建立了“个人学习账户”。“个人学习账户”是以利益机制来计划和管理成人的学习。有了“个人学习账户”，学习者、雇主、政府都可为之追加学习投资。英国政府就为第一批100万户“个人学习账户”每户资助150英镑。根据课程的产业政策，学习者每年还可享受20%至80%的折扣优惠。企业在资助职工学习的同时可享受免税待遇，仅此项英国雇主每年就为学习者投资100亿英镑，从而使雇员与雇主双方受益。失业者也可加入“个人学习账户”，接受再就业培训的多项资助。美国的大学则实行全面、开放的学分制，同时，美国的高中教育也实行学分制，学生在高中获得的学分到大学仍然起作用，故可称为“学分衔接”。美国社区学院在课程管理上同样实行学分制，比较灵活。学分制充分保证了学习者在职业教育和普通教育、非学位课程和学位课程之间的衔接。日本采取了“学分组合”的方式开展终身教育。日本文部省制定了将传统校园学习取得的学分同远程学习取得的学分组合的政策，即自1998年起，接受远程教育取得的学分上限从原来的30分提高到60分。这一政策与大学学分互相承认和转换的政策一起推动了日本开放的终身教育体制的建立。澳大利亚实行“前学习成就认可”。主要做法是将学习者在经过认可的机构所获得的学习成果做成完整的纪录，长期累积至规定标准，即可换取资格证照；若是修习的短期课程，无法获得资格认证，只能获得成就声明，但累积至标准仍可换取资格证照。澳大利亚的学分认证架构采用套装课程，各机构使用政府所规划设计的相关课程，故学习者完成学业后，便可进行学分转换。

3. 优质教育成为民心所向。联合国教科文组织认为，优质教育一般指高质量教育。随着经济的发展和人们生活水平的逐步提高，越来越多的人不满足于自己或者他们的子女接受大众化的教育，转而寻求高质量的教育，以求获得更好的就业机会，更快地实现其自我价值。高质量的教育可以让人们在花费同样或更少的时间成本的情况下，获取更多的知识。教育需求多元化在优质教育方面突出表现为各国对各类高质量教育资源的重视及追捧。

2000年，在达喀尔“世界教育论坛”上，有100多个国家的政府作出政治承诺，要实施优质教育。再以英国为例。在英国，5岁至16岁属义务教育阶段，如果选择国立学校就读，不需要缴纳学费。英国的国立中小学虽然没有重点与非重点之分，但各校之间的教育质量却差异很大。因此，让子女进入教育质量好的学校使得英国父母绞尽脑汁。许多经济状况中等且希望孩子上高水平的国立学校的父母，都费尽心机地住到给孩子选择的学校的招生地段里。这就使得教学质量较好的国立学校录取地段之内的房子，价格比相邻地段昂贵得多。而伦敦的情况最为严重。伦敦北部戈德斯格林区共有3所国立小学，其中教育质量最高的是布鲁克兰学校。购买该校招生地段以内的房子，需要向地产经纪公司额外再付一笔费用，且房价比同类地产要高出许多。英国房地产经纪人协会2003年7月公布的最新数据显示，为了让孩子有机会进入质量较好的国立学校就读，至少有6.5万户英国家庭额外购买了第二处房产，为此每户平均多花了10万英镑。实际上，美国、加拿大、澳大利亚等国也存在同样的择校难题。[①]

4. 教育需求呈现出多层面的特点。教育需求多元化的另一个特点是人们

---

① “择校难题困扰英国家长”，《环球时报》，2005年8月24日。

对教育的需求也呈现出多层面的发展趋势。具体表现为，人们对教育需求的动机分为两个基本的层面：一是物质利益动机；二是精神消费动机。从物质利益动机方面来看，人们之所以有接受教育的需求是因为他们预期通过教育可以增进自己的人力资本含量，从而在未来能获得更高的收入。换言之，人们是把教育作为一种投资，即投资于人力资本的行为。从精神消费动机方面来说，人们想要接受教育是因为通过教育可以更加充实他们的精神世界，从而给他们带来心理与精神上的满足或快乐。这意味着人们把受教育作为一种消费，即购买精神消费品的活动。

由于受教育者收入水平、社会地位、教育背景、价值观念等方面的差异性，导致人们对教育需求的动机不同，从而需要不同的教育方式和内容。传统“小学—中学—大学”的三段式教育方式已不能满足人们对知识的渴求，从而出现了职业教育、远程网络教育、社区教育、特种教育、老龄教育等教育方式，以满足不同年龄层、不同行业、不同生活习性的人对教育的多样化需求。例如，2001 年，美国已经有约 90%的公立高校均提供电子媒体的远程教育课程。2005 年，英国已有继续教育学院 499 所，在校生 410 万人，全职教师 55000 人。几乎所有主要的城镇都有继续教育学院，在继续教育学院学习的人数是大学生的 2 倍。[①]

（三）教育需求多元化的客观必然性

随着经济的不断发展，教育需求的多元化发展有着其客观必然性：它既是市场经济发展导致教育供求矛盾凸显的必然结果，又是经济一体化和社会多元化发展的必然要求。

1. 经济的发展是世界各国教育需求多元化的基础。当前，世界发展的主要特征之一就是从农业经济、工业经济进入知识经济时代，知识经济是建立在知识和信息的生产、分配和使用之上的经济形态。在知识经济时代，经济增长的关键因素从劳动力转向资本，从资本转向知识；知识作为最重要的生产要素，具有不同于资本和劳动力的特征，它既是生产要素，又是消费对象；而教育是知识生产、传播、应用的先决条件，教育将是人们在知识社会生存和发展的永恒主题，教育已经成为人类社会最重要的社会活动之一。可以说，世界进

① National Center for Education Statistics, Distance Education At Degree - Granting Postsecondary Institutions: 2000 - 2001.

入知识经济时代为民众的教育需求营造了社会背景和环境。

另一方面，经济的发展带来了人们生活水平的普遍提高，这直接表现为居民可支配收入的增长，而收入水平的提高是教育需求呈现多元化特点的基础。个人的教育需求与教育需要是不一样的，前者是考虑了约束条件、有支付能力的限制，而后者反映的是个人对教育的一种欲望和渴求。只有在收入充裕的情况下，受教育者的多样化的教育需要才能转化为现实的教育需求。民众经济收入和物质生活条件的提高和改善，为更多的人上学接受教育提供了物质基础和条件，使世界各国的人们对不同形式、不同层次教育的欲望和渴求变成了现实的可能。经济水平的提高使较低层次的教育、一般水平的教育已经不能满足居民的教育消费需求。在社会经济实力、人民生活水平发展到消费者的需求出现多元化趋势的情况下，教育需求多元化也就成为了一种必然。

2. 教育需求多元化是经济一体化、社会多元化发展的必然要求。世界经济一体化的发展趋势不断推动社会朝多元化方向发展。二战以后，随着生产国际化的发展，各国经济相互渗透、相互影响、不断深化，世界经济一体化趋势加强，各国在贸易、投资、金融等方面相互往来，形成了相互联系、相互依赖局面。在经济一体化的影响下，国与国之间的交往日渐频繁，许多国家越来越注重国外先进管理方法、先进技术的引进，关注相互的文化思想交流，社会中逐渐渗透进了其他国家的多元化价值观念、消费观念和其他多样化的思想理念。不同国家的先进管理水平、科学技术以及文化价值观较深地影响着国际社会的发展，传统的管理和技术水平以及文化价值观在新思想的驱动下，发展出了综合性较强、性质多样、多元化的特点，国际社会的各个元素也更加活跃、更具多样性。

社会的多元化发展使教育需求的多元化成为必然趋势。一方面，多元化的社会要求工作者具有较高的综合素质，不仅能独立完成一些基本的工作，还要时刻保持创新精神，与社会多元化的发展速度保持一致。而知识更新速度的加快也使受教育者不能像以往那样只要是进了大学的门槛就衣食无忧了。另一方面，社会的多元化发展使得个人价值观发生了变化，呈现出多样化特点。社会的发展让人们接受了更多的理念，民众的价值观和人生观都发生了很大变化、逐渐丰富起来。面对多元化社会提出的高要求，人们意识到只有在各自的岗位上不断学习，才能使自己的知识结构与时代发展一致，才能使自己不至于被社会前进的浪潮淹没。这样，个人对自我价值实现的不同标准、社会对人才不断提高的素质要求使得教育需求日益增加，并日益呈现出多样化的特点。

3. 教育需求多元化是市场经济发展、教育供求矛盾凸显的必然结果。在市场经济环境下，某一行业的发展往往是供求机制自动调节的结果。因此，市场经济条件下教育的发展也必然受到供求机制自动调节的影响。随着世界各国市场经济的发展和劳动力市场的完善，教育在劳动者个人的就业、收益的获得和自我目标的实现等方面已起着越来越重要的作用，因而人们对教育的需求必然会越来越迫切。可以这样说，教育需求膨胀在相当程度上反映了市场经济条件下人们对教育认识的飞跃，是市场经济发展的必然产物。另一方面，市场经济的迅猛发展要求教育的发展与之相适应，要求通过各类教育方式培养出适合市场经济的人才。现阶段，世界范围内市场经济的发展需要各种类型、各种层次、各有专长的人才。在市场经济条件下，通过教育获取专业知识、丰富自身素质是人们价值实现、事业发展最为基本的条件。因此，民众对教育的需求便出现了多元化的特点。

教育供求矛盾是指教育供求失衡，是教育处于供给小于需求或是需求大于供给的状态。这种失衡既可能是供给不足所致，也可能是需求膨胀所造成，还可能是供求双方共同作用的结果。教育供求，从静态的角度看，存在着平衡问题。但从动态的角度来看，由于教育供给和教育需求是由不同的主体来承担的，教育的供给和需求都在随着时间的变动而变动。在市场机制作用下，如果教育产品供不应求，人们对于教育的多元化的需求会由于得不到满足而显得更加强烈，教育供求的矛盾得不到解决，教育需求多元化的特点就会异常的明显。

二、几个典型国家的教育需求多元化状况

在发达国家，教育需求的多元化早已成为社会的普遍现象，而且，为了适应这种不断增强的多元化趋势，政府和教育部门也在积极努力，从教育层次、教育方式、教育内容等方面进行着不断的改革。美国和英国就是在这方面比较典型的例子。

（一）美国教育需求的多元化

作为发达国家的典型代表，美国的教育需求多元化发展趋势具有充分的代

表性。这可以从其个性化课程的设置中得到充分的印证。20世纪50年代前，前苏联卫星的成功发射迫使美国政府考虑在学校系统内启动“天才教育计划”，以对那些有科学天赋的学生进行特别的培养。该计划中设计的这些课程可以说就是为那部分天才学生提供的个性化课程。但随着社会的发展，到了20世纪70年代，“天才教育计划”已不能满足社会大众多元化、个性化的教育需求。加利福尼亚州的戴维·科尔法克斯夫妇对学校缺乏个性的统一课程及其班级授课制大失所望，于是向州政府登记申请，开办了自己的“家庭学校”，给自己的3个儿子分别设计个性化的课程加以系统培养，结果3个儿子相继考入哈佛大学不同的专业进行深造。于是，“家庭学校”开始被美国大众所接受和欢迎，其个性化的课程主张也名声鹊起，成为公立学校系统内外关注的焦点。这可以从以下家庭学校学生人数的统计数据中得到佐证：1983年，家庭学校学生数为6至12.5万；1990年达到25至35万；1997年达到约100万。[①] 这也从侧面反映出美国人教育需求多元化的变化轨迹。

美国新泽西州的格洛斯蒙特学区大约有9至12年级在校学生23000人。其中，大约有3000学生正在接受学校个性化的课程计划服务。[②] 这些学生大致分为：低学业成就者、在校学习失去动力和方向者、有社交或情绪障碍者、有工作兼职又得学习的双重负担者。相对于其他学生而言，他们尤其需要学校个性化的教育服务。从1997年开始，该学区就启动了一项名为“长生鸟”的独立学习计划专门来满足这类学生的需要。学生可以按照自己的学习进度并遵循学校相关课程的标准来学习。学校开设的个性化课程有：领导素质、音乐舞蹈、广告与形象设计、成功学、关系协调、空间科学、影像制作和教师助手等20余种。新泽西州格洛斯蒙特学区个性化的课程设置及其相关的组织管理与保障体系只是美国中学的一个缩影。尽管主张严格的学术性课程标准的人士们对美国中学课程设置近乎“泛滥”的现状微辞颇多，但是这种个性化的课程设置本身同时也是对美国多元文化、学生日益广泛的兴趣与需求的一种积极回应。

（二）英国教育需求的多元化

近年来，英国工作岗位需要的技术含量越来越高，工作变换的频率越来越

---

① 胡庆芳、程可拉：“美国高中课程未来发展的趋势分析”，《外国教育研究》，2005年第5期。

② 同①。

快，具有较高的专业及训练水平的人员受到社会的广泛欢迎，在这种就业形势下，英国人不断更新个人知识和技能的多元化需求越来越高。特别是职业群体，他们迫切希望在工作之余接受各种各样的就业培训。这种新的社会现实使得英国政府面临着一个无法回避的责任：建立一个学习型的社会。学习型社会从一种教育理论到一种政府目标，其切入点就定位在职业教育上。

1998年，英国政府发布了《学习的时代》绿皮书，强调建立面向所有人的终身学习体系的迫切性，并提出满足终身学习需要的一系列建议：扩大继续教育和高等教育规模；建立个人学习账户；关注义务教育后的继续教育；给予成人文盲更多的帮助；与雇主、雇员、工会共同发展工作场所的技能；建立更有包容性的证书体系，对学术学习及职业学习给予同等对待。[①]《学习的时代》绿皮书中提出的个人学习账户计划于2000年9月在英国全国范围内正式推行，它向每一个19岁以上的人开放，尤其面向在职和参加部分时间制学习的人。个人学习账户资金由三部分组成：公共学习投资资金、个人投资资金和雇主投资资金。公共学习投资资金由政府提供，除此之外，政府还通过激励措施，如免税、提供课程费用方面的优惠等政策鼓励个人和雇主投资学习。个人投资资金是个人对自己的学习进行投资。雇主投资资金是雇主为雇员的个人学习账户提供资助。雇主对自己员工的继续学习提供的资助主要侧重于职业技能的学习与培训，这既可以刺激个人的学习需求，又能够加快企业技术更新，提高企业劳动生产率。为了适应人们对多样化教育方式的需求，英国政府还于2000年正式开办产业大学。英国的产业大学与一般的全日制大学不同，它是一个开放式的远程学习与教育组织，在学习者与学习产品之间扮演着中介服务的角色。它通过网络和通讯技术向学习者提供各种学习产品和服务，使学习者可以在不同场所（家庭、工作场所、社区学习中心）进行特色化学习（全日制、部分时间制）。产业大学主要面向成人和职业群体，提供各种职业技能专业技能和管理等广泛内容的学习。

英国职业教育是在人们强烈的多元化教育需求推动下发展起来的，它的出现使得成人以及职业群体的教育需求得到了满足。其多样化的课程设置和灵活多变的教育方式也正好适应了人们多元的教育需求。因此，二者是相互依赖、相互促进的，英国职业教育的发展从侧面反映了英国教育需求多元化的现状。

---

① 黄日强、张霞："英国职业教育与学习型社会"，《外国教育研究》，2005年第4期。

（三）俄罗斯和印度教育需求的多元化

在发展中国家，教育需求多元化的趋势同样十分明显。这可以从俄罗斯和印度的情况得到说明。

20 世纪 90 年代初，俄罗斯提出了终身职业教育的概念，把幼儿园和普通中小学（1 至 11 年级）以外的一切教育形式统称为职业教育，追求把职业教育贯穿于人的一生。由此，俄罗斯职业教育分为初等职业教育、中等职业教育、高等职业教育、大学后职业教育与补充职业教育四个阶段。从 20 世纪 80 年代到现在，在俄罗斯中等职业教育机构中，技术类专业一直是热门选择，其中动力技术、机械制造与设备、信息与计算机管理等专业选择人数最多。1980 年有 52.9% 的学生选择了技术类专业，2003 年该比例有所下降，但仍达 38.4%。经济、法律类专业增幅最大，从 1980 年的 10.9% 增长到 2003 年的 35.0%，仅次于技术类。而随着经济的发展，服务类专业则从无到有，缓慢增长（见表 4-2）。

表 4-2　1980-2003 年俄罗斯中等职业教育机构中学生选择专业情况　单位：%

年　份	1980	2000	2001	2002	2003
技术类	52.9	36.7	36.5	36.7	38.4
教育、文化、艺术类	12.6	12.7	12.6	12.0	12.4
经济、法律类	10.9	35.8	36.4	36.0	35.0
农业类	12.0	4.9	4.8	4.8	4.9
医疗类	11.6	9.8	9.7	9.4	9.3
服务类		0.8	1.1	1.0	1.3

资料来源：俄罗斯教育部：《俄联邦教育现代化第一阶段工作总结分析报告》，2004 年。

对于高等职业教育，2003 年，俄罗斯共有高等职业教育机构 1046 所，其中国立高校 654 所，占 62.5%，其中 331 所直属教育科学部，占总数的 31.4%。非国立高校 392 所，占总数的 37.4%，其中具有颁发毕业证权的有 248 所，占 23.7%。近 10 年来俄罗斯高等职业教育稳步发展，与此同时，学生选择专业也出现了新的趋势（见表 4-3）。

俄罗斯教育需求的多元化推动了本国职业教育的快速发展，而在印度情况则有所不同。印度作为仅次于中国的世界第二人口大国，正规的学校教育远远不能满足本国人民对教育的需求。例如，仅基础教育方面，2004 年全国还有

6300万儿童不能上学读书[①]。在当前的教育体系和教育资源紧缺的状况下，人们希望可以通过其他方式使自身的教育需求得到满足，于是推动了印度远程教育的发展。印度鼓励并支持远程教育的充分发展。1962年，在教育部一个定点委员会的建议下，Delhi大学建立了一个博士函授课程，由此拉开了印度远程教育的序幕。远程教育的第二次飞跃是在1980年，官方政策是开始建立单一模式的远程师范院校。印度的第一所开放大学是1982年通过AndhraPradesh州政府建立起来的，接着在1985年建立了一所国际开放大学Indira Gandhi National Open University（IGNOU）。1986年，印度的政府政策进一步鼓励远程教育和开放教育的成长和推广，以适应国家城市人口增长带来的多变的学习需求。1990年是印度远程教育发展的一个分水岭，经济和政策的开放以及新技术的发展带来了私有化和全球化。在印度教育中，私人企业的出现已经形成了竞争的一个部分。企业培训者在全球就业环境的影响下产生新的需求，这对远程教育发生了革命性的影响。有关商业教育和信息的技术通过网络和虚拟教室应用到远程教育的一些方法和实践项目中，在培训行业中的主要从业者与已建立的大学寻求合作和联系。大量国外教育提供者，尤其是从英国、加拿大、澳大利亚、美国来的私人企业，都为印度提供了远程教育，这样通过吸收国内外资金和优势资源的方式完备远程教育，使远程教育发展的环境和质量得到了充分的物质保障，也在一定程度上满足了人们对多样化教育的渴求。

表4-3　1985-2003年俄罗斯国立高等职业教育机构各专业招生情况统计表

单位：万人

年份	招生总数	自然科学	人文科学	教育	医学	文化艺术	经济学	工程技术	农　学
1985	63.47	5.22	6.38	4.81	3.27	1.50	6.97	30.50	5.02
1990	58.39	5.17	6.39	5.99	3.48	1.48	6.66	24.97	4.25
1995	62.54	4.94	10.95	5.10	2.48	1.27	12.88	21.37	3.55
2000	114.03	6.07	21.99	8.24	3.50	2.06	31.67	35.87	4.63
2001	126.34	6.04	23.57	9.11	3.60	2.40	36.56	40.33	4.73
2002	129.99	6.14	26.13	8.82	3.66	2.53	38.36	39.40	4.95
2003	141.17	6.63	28.38	9.65	3.95	2.78	41.64	42.78	3.33

资料来源：俄罗斯教育部：《俄联邦教育现代化第一阶段工作总结分析报告》，2004年。

不论是俄罗斯职业教育的发展还是印度远程教育的繁荣，都反映了人们对

① 谷峪、邢媛："印度农村基础教育述评"，《外国教育研究》，2004年第3期。

教育的多样化需求。由于不同层次、不同团体、不同经济文化水平的家庭个人对物质和精神的追求不同，反映在教育上则表现出不同的人对教育需求的不同。人们对教育的需求可以在同一时间重叠出现，又可以在一定周期后不断升级，教育的需求既受制约于经济支付可能程度，又表现为精神追求和现实需要的利益满足。从终身教育角度看，每个人的教育需求都是可以在程度上和专业指向上不断攀升和更变的。这种对教育这一特殊服务的需求攀升、更变和多样重叠追求，营造出了一个永不消歇的庞大的多层级、多种类、多特色、多形式的国际教育市场。

三、我国教育需求的多元化发展

随着经济和社会的发展，我国居民对教育的需求急剧增加。一方面因为在市场经济条件下，教育对劳动者个人的就业仍然起着重要作用，是劳动者提高其经济收益的最重要手段，为了获得理想的工作和较高的经济收益，人们对教育的需求日益膨胀。另一方面，在现代社会中，我国居民的人均收入水平逐年上升，居民消费结构有了一定升级，从而带来了巨大的教育需求。于是，尽管我国人均 GDP 较低，教育面临资源不足的问题，但随着我国教育事业的发展，人们对教育的需求与日俱增，并且，这种需求也日益呈现出多元化的发展趋势。

（一）我国教育需求多元化发展的根源和背景

1. 改革开放以来经济飞速发展。改革开放以来，我国经济的飞速发展成为国内教育需求多元化产生和发展的主要根源。1978 年以来的 30 年间，我国经济实现了年均 9.8% 的增长速度大大高于同期世界经济年平均增长 3.0% 的速度。国内生产总值由 1978 年的 3645 亿元迅速跃升至 2007 年的 249530 亿元（见图 4－1）。人均国内生产总值在由 1978 年的 381 元上升到 2007 年的 18934 元（见图 4－2）。中国经济已经从濒临崩溃的边缘成长为世界第四大经济体。与此同时，我国二、三产业快速发展，产业结构基本实现了以工农业为主向一、二、三次产业协同发展的转变。这就为我国教育需求多元化的发展提供了基础。一方面，经济增长带动了新兴产业的出现，与之相适应，必然要求具备足够的专业人才，从而促使人们产生学习和掌握新知识的迫切需求；另一方面，在一个经济发达的完善的经济体中，竞争无处不在，特别是在我国这样一个人口大国，就业竞争异常激烈，为了能找到一份满意的工作或保住现有的工作，就需要不断的学习，这催生了人们对远程教育、职业教育等多样化教育的需求。

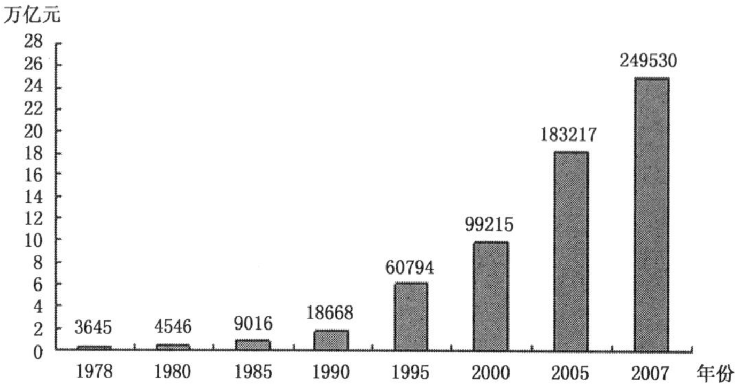

图 4－1　1978－2007 年国内生产总值

资料来源：《改革开放 30 年我国经济社会发展成就系列报告》，中央政府门户网站。

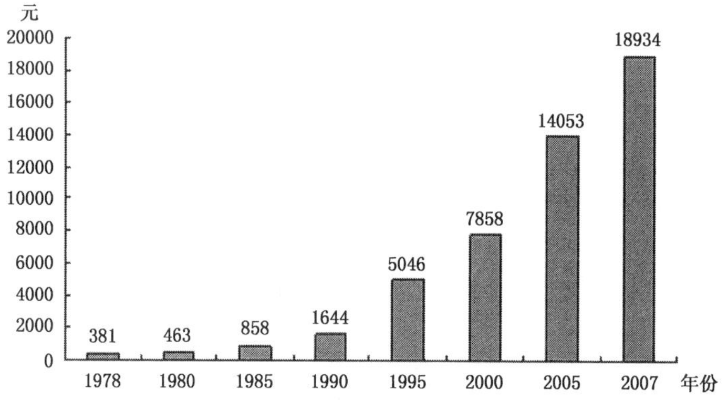

图 4－2　1978－2007 年人均国内生产总值

资料来源：《改革开放 30 年我国经济社会发展成就系列报告》，中央政府门户网站。

随着经济水平的提高，1978 至 2007 年间，我国小学学龄儿童入学率从 94%提高到 99.5%；初中毛入学率从 20%达到 98%；高中阶段教育毛入学率从不到 10%提高到 66%；高等教育毛入学率从不到 1%提高到 23%。2007 年，我国普通高等学校在校学生 1885 万人，比 1978 年增加了 1799 万人。2007 年，我国高中阶段（包括普通高中、成人高中、中等职业学校）在校生人数 4527

万人，比1980年增加2806万人。各类专业技术人员大量涌现。2007年，城镇单位专业技术人员达到3314万人，比1999年增加253万人；专业技术人员占在岗职工的比重为29.0%，比1999年提高了3.0个百分点。信息传输、计算机服务和软件业，房地产业，公共管理和社会组织等行业的专业技术人员增长较快，2007年比2003年分别增长了38.2%、21.6%和21.2%。①

2. 居民个人收入水平显著提高。改革开放以来，伴随着经济的飞速发展，我国人民的生活也发生了翻天覆地的变化。城镇居民人均可支配收入由1978年的343元提高到2007年的13786元，扣除价格因素，比1978年增长6.5倍，年均增长7.2%。农村居民人均纯收入由134元提高到4140元，扣除价格因素，比1978年增长6.3倍，年均增长7.1%（见表4-4）。反映居民家庭富裕程度的恩格尔系数，城镇居民家庭由57.5%下降到36.3%，农村居民家庭由67.7%下降到43.1%。

表4-4　1978-2006年我国城乡居民家庭人均纯收入及恩格尔系数一览表

年份	城镇居民家庭人均可支配收入		农村居民家庭人均纯收入		城镇居民家庭恩格尔系数（%）	农村居民家庭恩格尔系数（%）
	绝对数（元）	指数（1978=100）	绝对数（元）	指数（1978=100）		
1978	343.4	100.0	133.6	100.0	57.5	67.7
1980	477.6	127.0	191.3	139.0	56.9	61.8
1985	739.1	160.4	397.6	268.9	53.3	57.8
1990	1510.2	198.1	686.3	311.2	54.2	58.8
1995	4283.0	290.3	1577.7	383.6	50.1	58.6
1996	4838.9	301.6	1926.1	418.1	48.8	56.3
1997	5160.3	311.9	2090.1	437.3	46.6	55.1
1998	5425.1	329.9	2162.0	456.1	44.7	53.4
1999	5854.0	360.6	2210.3	473.5	42.1	52.6
2000	6280.0	383.7	2253.4	483.4	39.4	49.1
2001	6859.6	416.3	2366.4	503.7	38.2	47.7
2002	7702.8	472.1	2475.6	527.9	37.7	46.2

① “人口素质全面提高就业人员成倍增加”，国家统计局网站，2008年11月5日。

续表

年份	城镇居民家庭人均可支配收入		农村居民家庭人均纯收入		城镇居民家庭恩格尔系数（%）	农村居民家庭恩格尔系数（%）
	绝对数（元）	指数（1978=100）	绝对数（元）	指数（1978=100）		
2003	8472.2	514.6	2622.2	550.6	37.1	45.6
2004	9421.6	554.2	2936.4	588.0	37.7	47.2
2005	10493.0	607.4	3254.9	624.5	36.7	45.5
2006	11759.5	670.7	3587.0	670.7	35.8	43.0

资料来源：《中国统计年鉴2007》。

这说明随着城乡居民人均纯收入的增长，支出中用于食品的支出越来越少，消费水平越来越高，生活越来越好。居民个人收入的增加是消费水平提高的前提和保障，而人们对教育的需求也随着收入的提高而增强。具体表现在：一方面，收入的提高为教育的消费提供资金保障；另一方面，只有收入提高，在基本生存得到满足后，人们才会产生更高层次的精神需求。

3.市场经济体制逐步建立和完善。随着我国社会主义市场经济体制的建立和劳动力市场的完善，教育在劳动者个人的就业、收益的获得和自我目标的实现等方面已起着越来越重要的作用，因而人们对教育的需求必然会越来越迫切。教育是培养人的活动，从其本身来看，确实有别于纯粹的商业性活动。但在市场经济条件下，教育培养的各类熟练劳动力和专门人才是具有商品属性的。因而教育同其他任何商品生产部门一样，都存在着供给与需求问题。可以这样说，教育需求膨胀在相当程度上反映了市场经济条件下人们对教育认识的飞跃，是我国社会主义市场经济发展的必然产物。由于教育，特别是高质量、高层次的教育能够提高人们的劳动能力，改变人们的社会地位，带来各种经济和非经济收益，期望通过受教育获得较高的文化素养，获得较好的职业和较高的社会地位，已经成为相当一部分家庭的共识。但与广大人民群众日益增长的对高质量、高层次教育需求形成鲜明对照的是，由于客观条件和政策上的原因，长期以来我国的教育尤其是高质量和高层次的教育远远满足不了广大人民群众这种日益增长的教育多元化需求，矛盾日益尖锐。教育需求的增加也可以从各级各类教育机构的招生人数的变化方面得到证明。因为招生人数的增加表明了教育规模的扩展，这也正是消费者追求教育层次不断提升的直接表现。而测量教育产能的主要指标是教育机构的毕业生数量。表4－5主要反映的就是

表 4－5　　1978－2006 年全国各类学校招生人数、毕业生数量比较表　　单位：万人

项目 / 年份	普通高等学校招生人数	普通高等学校毕业生人数	普通高等学校招生人数与毕业生人数之比	普通中学招生人数	普通中学毕业生人数	普通中学校生人数与毕业生人数之比	职业中学招生人数	职业中学毕业生人数	职业中学招生人数与毕业生人数之比	小学招生人数	小学毕业生人数	小学招生人数与毕业生人数之比
1978	40.2	16.5	2.44	2698.9	2375.3	1.14				3315.4	2287.9	1.45
1980	28.1	14.7	1.91	1934.3	1581.0	1.22	30.7	7.9	3.89	2942.3	2053.3	1.43
1985	61.9	31.6	1.96	1606.9	1194.9	1.34	116.1	41.3	2.81	2298.2	1999.9	1.15
1986	57.2	39.3	1.46	1643.9	1281.0	1.28	112.8	57.9	1.95	2258.2	2016.1	1.12
1987	61.7	53.2	1.16	1649.5	1364.1	1.21	113.2	75.0	1.51	2094.6	2043.0	1.03
1988	67.0	55.3	1.21	1584.8	1407.8	1.13	119.5	81.0	1.48	2123.3	1930.3	1.10
1989	59.7	57.6	1.04	1551.5	1377.5	1.13	118.3	86.3	1.37	2151.5	1857.1	1.16
1990	60.9	61.4	0.99	1619.6	1342.1	1.21	123.2	89.3	1.38	2064.0	1863.1	1.11
1991	62.0	61.4	1.01	1655.2	1308.5	1.26	137.8	94.5	1.46	2072.7	1896.7	1.09
1992	75.4	60.4	1.25	1699.7	1328.4	1.28	152.1	96.7	1.57	2183.2	1872.4	1.17
1993	92.4	57.1	1.62	1707.3	1365.9	1.25	161.5	102.5	1.58	2353.5	1841.5	1.28
1994	90.0	63.7	1.41	1859.8	1361.9	1.37	175.3	107.6	1.63	2537.0	1899.6	1.34
1995	92.6	80.5	1.15	2025.9	1429.0	1.42	190.1	124.0	1.53	2531.8	1961.5	1.29
1996	96.6	83.9	1.15	2042.9	1484.0	1.38	188.9	139.6	1.35	2524.7	1934.1	1.31
1997	100.0	82.9	1.21	2128.2	1664.0	1.28	211.2	150.1	1.41	2462.0	1960.1	1.26
1998	108.4	83.0	1.31	2321.0	1832.0	1.27	217.6	162.8	1.34	2201.4	2117.4	1.04
1999	159.7	84.8	1.88	2546.0	1852.7	1.37	194.1	167.8	1.16	2029.5	2313.7	0.88
2000	220.6	95.0	2.32	2736.0	1908.6	1.43	182.7	176.3	1.04	1946.5	2419.2	0.80
2001	268.3	103.6	2.59	2815.9	2047.4	1.38	185.0	166.5	1.11	1944.2	2396.9	0.81
2002	320.5	133.7	2.40	2929.0	2263.6	1.29	216.9	145.4	1.49	1952.8	2351.9	0.83
2003	382.2	187.7	2.04	2947.4	2453.7	1.20	222.1	135.5	1.64	1829.4	2267.9	0.81
2004	447.3	239.1	1.87	2899.7	2617.4	1.11	229.1	142.5	1.61	1747.0	2135.2	0.82
2005	504.5	306.8	1.64	2854.3	2768.1	1.03	259.3	170.0	1.53	1671.7	2019.5	0.83
2006	546.1	377.5	1.45	2794.8	2789.5	1.00	294.0	179.5	1.64	1729.4	1928.5	0.90

资料来源：《中国统计年鉴 2007》。

教育的实际供给同教育需求之间的关系。观察历年的数据我们可以发现，在大部分年份中各类学校的招生人数都要大于毕业生的数量，这在高等教育和职业教育中表现的尤为明显，这表明消费者对于教育的需求要大于教育的实际产能。

可以看出，随着市场经济体制的建立和逐步完善，教育供给与需求愈来愈多地受到市场的影响。但是，市场调节作用的发挥需要建立在一系列严格的假设条件之上，如明确的教育价格、较大的教育需求弹性等，而且，即使这些条件都具备，教育供求的均衡也不能仅靠市场的调节就能形成。这是因为，首先，市场机制存在着固有的缺陷，在某些情况下会出现调节不力即“市场失灵”的情况。其次，教育市场只是相对独立的市场，教育市场的均衡只是一种局部均衡，这种局部均衡会因某些外生变量的影响而破坏。因此，市场在调节教育供求时是存在局限性的。如果仅靠市场来调节教育的供求，可能会造成教育投资不足、投资方向错误以及教育资源分配不公平等后果，而这些都会导致教育资源的不充分利用和不合理的配置，使得多元化教育需求得不到合理的满足。因此，市场经济体制的建立和完善营造了我国教育需求多元化发展的环境。

4．参与经济全球化程度不断加深。随着对外开放的深度和广度不断拓展，中国参与经济全球化的程度不断加深，特别是加入世界贸易组织（WTO）后，我国多双边经贸合作成就瞩目，对外贸易连上新台阶，对外经济合作范围不断扩大，竞争力逐步增强。特别是我国投资环境不断改善，吸引外商直接投资逐年增加（见表4－6）。2007年我国的FDI（外商直接投资）已经达到了835.2亿美元，比2000年翻了一番多。1979－2007年，我国吸引外商直接投资累计达7754.2亿美元，是发展中国家中吸引FDI最多的国家。2007年，我国利用外商直接投资居世界第6位，占发展中国家总额的16.7%。

在这种形势之下，我国企业面临着产业结构调整和外国资本冲击的双重压力。企业在竞争中不断地调整、重组、发展、变化，其对员工的要求也越来越高。我国传统的对人才的衡量标准已不能适应全球化背景下社会与经济发展的需要，取而代之的是要有创新能力、“一专多能”等适应当今开放式经济的人才标准。在我国就业竞争如此激烈的今天，如果一个职工，包括专业技术人员在内，只会一门技术，固定在一个岗位上，那么必然会跌入待业、失业的困境中。中国全面参与到经济全球化、一体化的进程中，员工的素质高低与适应技术变化能力的状况如何，将直接影响到企业的竞争与发展，也关系到每个员工是否能够持续就业的切身利益。

表 4-6　　1979-2007 年外商直接投资居世界前十位的国家比较　　单位：亿美元

位次	1979 年		2000 年		2007 年	
	国家和地区	FDI	国家和地区	FDI	国家和地区	FDI
1	美国	87	美国	3140	美国	2328
2	英国	65	德国	1983	英国	2240
3	加拿大	53	英国	1188	法国	1580
4	法国	27	比利时-卢森堡	887	加拿大	1087
5	巴西	24	加拿大	668	荷兰	994
6	德国	17	荷兰	639	中国	835
7	荷兰	17	中国香港	619	中国香港	599
8	澳大利亚	15	法国	433	西班牙	534
9	西班牙	14	中国	407	俄罗斯联邦	525
10	埃及	12	西班牙	396	德国	509
126	中国	0.0008				

资料来源：联合国数据库。

面对加入 WTO 后的种种挑战以及异常激烈的就业竞争，只有不断地更新知识、学习新的技能、培养自身的创新能力和适应能力，才能在竞争中取胜。这就助推了各种技能培训、岗位培训需求的出现，现今社会上各种技能培训班、兴趣特长爱好班市场的繁荣充分说明了这一问题。因此，中国融入经济全球化浪潮，进而带来社会对人才要求的不断提高，成为了我国教育需求多元化发展的助推器。

（二）我国教育需求的多元化发展状况

在渴求知识的内在动力和竞争加剧的外在压力下，我国民众的教育需求多元化趋势日益明显，这可以从我国民众教育观念的变化、教育支出的增加和教育层次的日渐丰富等几个方面加以说明。

1. 我国居民教育消费观念的变化。教育的需求直接表现为居民为获取相应的教育服务愿意并且能够支付的货币价值，即教育消费。教育消费是现代社会培养人才增进社会文明所必须的一种特殊的消费活动，是满足人们对成才需求的消费，它增进劳动生产率和社会整体效益，而教育消费就是家庭或消费者用于上述教育方面的支出。近年来，中国城乡居民教育费用的持续攀升已经开始影响到了居民的家庭消费倾向。而中国社会科学院发布的《2005年社会蓝皮书》中的调查显示，子女教育费用在居民总消费中被排在第一位，已经超过了养老和住房。因此，从居民教育消费观念的改变中，我们可以明显看到居民教育需求趋向多元化发展的具体表现。

第一，对高等教育的追求远远胜过其他层次的教育。我国是发展中国家，教育需求旺盛，但教育供给严重不足，教育质量参差不齐，造成公民受教育程度与质量的明显差距。而教育市场的开放则为一部分有经济实力的家庭提供了更多的选择机会，并由此派生出择校费用。一项家庭调查显示，中国90%以上的家长希望孩子能接受高等教育。在被调查的7669名在读子女中，共有择校生1683人，择校比例高达21.9%，也就是说高收入家庭就学子女中每五人就有一人为选择理想学校而支付了相当费用，这一比例远远高于一般居民家庭。[①] 根据不同教育层次的年人均择校费用和学习年限，可以推算出高收入家庭子女为完成某一阶段教育所需支付的择校费用总额（见表4-7）。

表4-7　我国高收入家庭子女不同教育阶段择校费用支出情况调查表

就学阶段	年人均择校费用（元）	学习年限（年）	择校费用总额（元/人）
硕士及以上	5485	3	16455
大学本科	7949	4	31796
大学专科	11167	3	33501
高中	5123	3	15369
初中	5013	3	15039
小学	3004	6	18024
幼儿园	1823	3	5469

从表4-7可以看出，高收入家庭的在读子女中，上至研究生教育，下至学前教育，各个阶段均存在择校就学现象。择校费数额不等，但接受高等教育的择校费用明显高于其他教育阶段，充分看出民众对于高层次教育的追求。其中择校费用最高的是大学专科，人均高达33501元，是最低的幼儿园的6.1倍；其次是大学本科，人均31796元，也达到了幼儿园的5.8倍。大学专科的

① 国家统计局城市社会经济调查总队2000年7月在我国十省市（北京、上海、天津、重庆、浙江、广东、云南、陕西、湖北、辽宁）对1万户城市高收入家庭进行的家庭教育消费情况的调查。

择校费用高于大学本科，主要原因是随着高校并轨招生制度的实施，本科阶段的自费现象逐渐消失，在通过交纳择校费读本科受到限制的情况下，不少学生退而求其次，把目标定位于层次稍低但入学条件相对宽松的大学专科，使得大学专科阶段的择校费用超过了大学本科阶段。

第二，出现“就高不就低”的优质教育消费倾向。在市场经济中接受过优质教育的人收入会高于只受过低等教育的人，更高水平的教育还会带来许多非经济收益，例如，较高的文化修养、较高的社会地位、较好的生活品质、更多职位升迁与变迁的可能性、更合理的价值判断和消费理性等等。这些收益差距将长期存在于消费者受教育后的整个职业生涯。每一个接受教育的人都存在对未来经济收益和非经济收益的预期，优质教育的高回报性使教育消费者产生“就高不就低”的心理倾向。另一方面，20 世纪 90 年代末高校扩招政策的实施也给这种需求的增加提供了实际的空间，同时就业压力的增大使得人们对优质教育的向往达到了前所未有的高度。

有数据显示，在我国公众在选择基础教育阶段学校的主要因素中，选择“学校知名度”的排在第一，占 26.1%；排在第二的是“升学率”，占 23.5%；排在第三的是“师资”，占 22.2%。公众在选择高等教育阶段学校的主要因素中，“学校知名度”、“就业率”和“就读学科知名度”排在前三位，比例分别为 38.7%、20%和 10.4%。而公众在参加社会培训时选择学校较之学历教育更加务实，学校知名度虽然也比较重视（25.1%），但教学质量是其首要考虑因素（42.1%）。[①]

第三，职业培训教育、继续教育、终身教育消费开始兴起。目前，我国职业教育培训市场的潜在规模效益十分可观。67.36%的消费者可以接受的培训价位在 1000 元至 5000 元。中国目前有庞大的英语消费群体，英语培训机构总数量超过 5 万家，英语培训市场年产值已达到近 200 亿元。中国有 53.2%的人在 2006 年学习外语的投资达到了 1000 元以上，年消费达到 500 元至 1000 元以上的用户占到了 71.7%，针对白领的高端商务英语培训行情持续走高。此外，建议培训机构开设小语种培训的人数占到了 23%。[②] 教育消费如今已经成为上海居民家庭投资的一个新热点。学校的基础教育与专业教育是一个方面，成人对继续教育和知识技术更新的需求更是日益增长。近年来，上海共有 230 万人

① “3·15 企业责任与消费环境大型网络调查教育分析报告”，搜狐网络频道 2006 年。

② “2007 年中国教育领域消费调查报告”，搜狐网教育频道。

在自费求学，约占上海市民总数的1/3。终身教育，在教育消费时代，已经成为上海经济一个新的增长点。

2007年，我国高等职业院校发展到1168所，当年招生283万人，在校学生达到861万人，约占普通高等院校招生和在校生数的一半。2007年，中等职业教育和高等职业教育加起来招生数达到1100万人，在校生数近3000万人。与此同时，各地积极开展各种形式的职业培训，加快推进继续教育和社区教育。目前，全国有国家级社区教育实验区114个、示范区34个，有省级社区教育实验区400个左右，基本覆盖各省、市、自治区和计划单列市。每年接受培训的城乡劳动者达到1.6亿人次。①

2. 我国居民教育消费支出的变化。教育消费是教育需求的反映，居民对于教育的需求总要通过教育支出表现出来。随着我国经济社会的发展，我国居民对教育的消费支出不断增加，并从自身的需求出发有所侧重的对教育进行投资，使得消费结构不断变化，体现出我国居民教育需求不断增长、不断向多元化演变的趋势。

教育消费支出的变化首先表现在教育消费总量的增长、教育消费支出在家庭消费总支出中所占比例的不断提高上。这在我国城乡居民消费支出统计数据中可以得到佐证。近年来，我国在城乡居民生活消费支出中，发展和享受型消费比重上升。城乡居民越来越意识到知识和信息的重要性，对文化教育等发展性投入不断增大。农村居民家庭人均文教娱乐用品及服务支出由1980年的8.3元增加到2007年的305.7元，增长35倍，年均增长14.3%，其占消费性支出比重由5.1%上升到9.5%；城镇居民家庭人均教育文化娱乐服务支出由1981年的38元增加到2007年的1329元，增长34倍，年均增长14.7%，占消费性支出比重也由8.4%上升到13.3%。②

表4－8从几个侧面描述了我国城市居民文化教育消费的现状，反映出了我国文化教育消费市场逐年增长的趋势。从中可以看到，城市居民的储蓄目的中，“为了将来孩子上学用”在所有城市中都排在第二位。这一方面说明了城市居民对教育的重视，另一方面也预示着我国教育消费市场的总量需求十分巨大。

---

① “1978－2007年我国高等职业教育发展情况”，中华人民共和国教育部网站，2008年11月13日。

② “城乡居民生活从贫困向全面小康迈进”，国家统计局网站，2008年10月31日。

表 4-8 城市居民各种储蓄目的比例

单位（%）	北京	上海	广州	深圳	成都	重庆	武汉	西安	沈阳	南京
为了将来孩子上学用	41.3	42.4	33.4	52.7	42.4	42.0	47.0	53.2	46.9	44.6
为了将来孩子结婚用	9.1	17.3	4.8	12.1	7.3	4.3	15.8	12.1	18.0	11.6
为了自己结婚用	8.4	8.9	4.6	9.7	10.2	6.5	7.9	4.9	7.3	5.3
为了买房子	22.0	28.5	9.9	21.3	18.7	25.0	20.4	17.7	19.8	21.0
为了买车	10.2	9.6	5.4	11.5	6.6	5.3	6.0	5.3	6.0	7.5
为了退休后的生活	30.7	26.0	22.6	14.0	19.5	19.9	22.2	20.4	23.8	18.5
以备意外的急用	54.2	49.0	75.5	55.0	68.5	57.1	49.2	61.8	48.6	49.8

资料来源：《2005 年中国文化产业发展报告》，中国网，2005 年 2 月。

教育消费支出变化的第二个表现是居民的教育消费结构有了明显的变化，对高校、中学和职业教育的消费有了明显的增长。在所有教育投入当中，学杂费完全由受教育者个人承担，因此人均学杂费是衡量教育消费结构的重要参考指标，它是利用当年该类教育机构学杂费总额除以当年该类机构在校总人数计算得到。人均费用的变化趋势是分析教育消费结构的重要环节。我国各类学校人均学杂费的变化情况见表 4-9。

由表 4-9 可以看出，各级教育机构的人均学杂费呈现出逐年递增的趋势。高校的增长幅度最大，2005 年普通高等学校人均学杂费是 1997 的 2.78 倍，同时其他层面的人均消费在 9 年间也经历了不断的增长，2007 年的人均费用都已经达到 1997 年的 2 倍以上。此外，还要关注的在校人数的变化，9 年间，虽然高中、初中和职业中学的在校人数变化幅度并不大，但他们的人均学杂费都增长到了 1997 年的 2.5 倍左右；高校的在校人数飞速增长，几乎是 9 年前的 5 倍。综合以上的分析我们可以发现，随着教育规模的扩大，我国人均教育消费也在全方位的快速递增，这种趋势显现在各个教育层面之上，其中高等教育阶段的表现最为明显。

3. 我国居民教育消费层次的变化。近年来，我国居民的教育消费层次不断增多，反映了我国教育需求多元化的状况。从表 4-10、表 4-11 所列数据可以看到，近十几年来，我国各层次的学校数、在校学生数和招生人数都在逐年上升，尤其是“民办教育”的发展，学校数从 2000 年的 1282 所猛增到了 2003 年的 70218 所，2006 年又增加到 9.32 万所，这反映出了民办教育快速发展的情况；与此同时，民办学校的在校人数从 2000 年的 98.1 万人快速增长到 2006 年的 2313.02 万人，这是我国居民教育需求多元化，教育消费多层次化的一个侧面体现，是人们适应现代社会多元化趋势的结果。

表 4－9　　1997－2005 年全国各级教育人均学杂费变化情况表

单位：学杂费（万元），在校人数（万人），人均费用（元）

年份 各类学校	1997 年			1998 年			1999 年		
	学杂费	在校人数	人均费用	学杂费	在校人数	人均费用	学杂费	在校人数	人均费用
普通高等学校	578857	317.4	1823.7	731134	340.9	2144.7	1207835.5	413.4	2921.7
高中	325275	850.1	382.6	213855	938	228.0	293220.2	1049.7	279.3
初中	509004	5167.8	98.5	498542	5363	92.9	557417.2	5721.6	97.4
职业中学	184497	511.9	360.4	206406	541.6	381.1	228777.1	533.9	428.5
小学	765088	13995.4	54.7	880602	13953.8	63.1	928213.2	13548	68.5
幼儿园	75408	2519	29.9	77353	2403	32.2	78506.0	2326.3	33.7

年份 各类学校	2000 年			2001 年			2002 年		
	学杂费	在校人数	人均费用	学杂费	在校人数	人均费用	学杂费	在校人数	人均费用
普通高等学校	1926109	556.1	3463.6	2824417	719.1	3927.7	3906526	903.36	4324.4
高中	443827.8	1201.3	369.5	645199.2	1405	459.2	853343.9	1683.81	506.8
初中	631400.9	6167.6	102.4	751409.9	6431.1	116.8	866241.7	6604.06	131.2
职业中学	260491.7	503.2	517.7	291157.5	466.4	624.3	358983.6	511.5	701.8
小学	993897.6	13013.3	76.4	1071932	12543.5	85.5	1156107	12156.71	95.1
幼儿园	90165.6	2244.2	40.2	99743.3	2021.8	49.3	110060.9	2036.02	54.1

年份 各类学校	2003 年			2004 年			2005 年		
	学杂费	在校人数	人均费用	学杂费	在校人数	人均费用	学杂费	在校人数	人均费用
普通高等学校	5057307	1108.6	4561.9	6476921	1333.5	4857.1	7919249	1561.8	5070.6
高中	1104820	1964.8	562.3	1994407	2220.4	898.2	2394946	2409.1	994.1
初中	972286.6	6618.4	146.9	1427625	6475	220.5	1471921	6171.8	238.5
职业中学	439523.2	528.2	832.1	512748.5	569.4	900.5	575281.7	625.6	919.6
小学	1283907	11689.7	109.8	1450088	11246.2	128.9	1525971	10864.1	140.5
幼儿园	119716	2003.9	59.7	138235.4	2089.4	66.2	149981.1	2179	68.8

资料来源：根据《中国统计年鉴》（1998－2007 年）计算。

表 4－10 1990－2006 年我国各层次教育事业发展情况

指 标	1990 年	1995 年	2000 年	2001 年	2002 年	2003 年	2004 年	2005 年	2006 年
学校数(所)									
普通高等学校	1075	1054	1041	1225	1396	1552	1731	1792	1867
民办教育			1282			70218	78500	86200	93200
普通中学	87631	81020	77268	80432	80067	79490	79058	77977	76703
#高中	15678	13991	14564	14907	15406	15779	15998	16092	16153
#初中	71953	67029	62704	65525	64661	63711	63060	61885	60550
职业中学	9164	10147	8849	7802	7402	6843	6478	6423	6100
小学	766072	668685	553622	491273	456903	425846	394200	366213	341639
特殊教育	746	1379	1539	1531	1540	1551	1560	1593	1605
幼儿园	172322	180438	175836	111706	111752	116390	117900	124402	130495
在校学生数(万人)									
普通高等学校	206.3	290.6	556.1	719.1	903.4	1108.6	1333.5	1561.8	1738.8
民办教育			98.1			1416.2	1769.3	2168.1	2313.02
普通中学	4586.0	5371.0	7368.9	7836.0	8287.9	8583.2	8747.9	8580.9	8451.9
#高中	717.3	713.2	1201.3	1405.0	1683.8	1964.8	2220.4	2409.1	2514.5
#初中	3868.7	4657.8	6167.6	6431.1	6604.1	6618.4	6527.5	6171.8	5937.4
职业中学	295.0	448.3	503.2	466.4	511.5	528.2	569.4	625.6	676.2
小学	12241.4	13195.2	13013.3	12543.5	12156.7	11689.7	11246.2	10864.1	10711.5
特殊教育	7.2	29.6	37.8	38.6	37.5	36.5	37.2	36.4	36.3
幼儿园	1972.2	2711.2	2244.2	2021.8	2036.0	2003.9	2089.4	2179.0	2263.9

资料来源：《中国统计年鉴 2007》，《全国教育事业发展统计公报》（2001－2006 年）。

表 4－11 1990－2006 年我国每十万人口各级学校平均在校生数 单位：人

年份	高等学校[1]	高中阶段[2]	初中阶段[3]	小学	幼儿园
1990	326	1337	3426	10707	1725
1991	304	1355	3465	10502	1907
1992	313	1365	3518	10413	2072
1993	376	1448	3599	10656	2190
1994	433	1293	3681	10819	2219
1995	457	1610	3945	11010	2262
1996	470	1780	4180	11273	2208
1997	482	1905	4289	11435	2058

续表

年份	高等学校[1]	高中阶段[2]	初中阶段[3]	小学	幼儿园
1998	504	1978	4408	11287	1944
1999	594	2032	4656	10855	1864
2000	723	2018	4969	10335	1782
2001	931	2021	5161	9937	1602
2002	1146	2283	5240	9525	1595
2003	1298	2523	5209	9100	1560
2004	1420	2824	5058	8725	1617
2005	1613	3070	4781	8358	1676
2006	1816	3321	4557	8192	1731

注：[1] 高等学校包括普通高等学校和成人高等学校。

[2] 高中阶段包括：普通高中、职业高中、普通中专、技工学校、成人中专和成人高中。

[3] 初中阶段包括：普通初中和职业初中。

资料来源：中华人民共和国统计局网站、中华人民共和国教育部网站。

从表 4－10 和表 4－11 的数据可以看出，尽管普通中等学校和职业中学以及幼儿园的数量在 1990 年至 2006 年间都有一定程度的减少，但其在校学生数却是一年比一年多，表明人们对各层次教育的需求是在逐年增加的；其实，除了初等教育的在校生人数有下降的趋势外，其他各层次学校的在校学生数和招生人数都有所上升，而其中初等教育的招生人数下降与我国实行计划生育政策有关，每年新增人口减少，对初等教育的需求就自然会有所下降，并不是个人对初等教育需求减少的结果。

另外，表 4－12、4－13 表明了我国 1990 年至 2006 年各层次的入学率及毕业生升学率情况，从中也可以看到居民的教育需求日益旺盛。从表中我们可以看到，我国中等教育（包括初中和高中）和高等教育的毛入学率在逐年上升，初中的毛入学率从 66.7% 上升到 101.9%，上升了 35.2 个百分点，高中从 26.0% 上升到 57.7%，上升了 31.7 个百分点，高等教育则从 3.4% 上升到 22.0%，上升了 18.6 个百分点，其中中等教育的入学率上升得较多。结合表 4－13 中各教育层次的升学情况和表 4－14 中我国研究生数上升情况：高中升高等教育的升学率从 27.3% 上升到了 75.1%，研究生招生数、在学人数和毕业生人数分别增长了 12.4 倍、10.9 倍和 6.2 倍，上升和增长的幅度都很大，这说明人们对高等教育的需求不断增加，能够得到高等教育的机会也大幅增长。于是，随着人们需求的多元化，中等教育和高等教育层又不断创办出新的教育层次，增设更多专业类学校，满足人们日益增长的、多样化的教育需求。

表 4－12　　1990－2006 年我国各教育阶段毛入学率[1]　　单位：%

年份	小学	初中[2]	高中阶段[3]		高等教育[4]
	按各地相应学龄计算	周岁	15－17 周岁		周岁
			职前	全口径	
1990	111.0	66.7	21.9	26.0	3.4
1991	109.5	69.7	23.9	28.4	3.5
1992	109.4	71.8	22.6	26.0	3.9
1993	107.3	73.1	24.1	28.4	5.0
1994	108.7	73.8	26.2	30.7	6.0
1995	106.6	78.4	28.8	33.6	7.2
1996	105.7	82.4	31.4	38.0	8.3
1997	104.9	87.1	33.8	40.6	9.1
1998	104.3	87.3	34.4	40.7	9.8
1999	104.3	88.6	35.8	41.5	10.5
2000	104.6	88.6	38.2	42.8	11.5
2001	104.5	88.7	38.6	42.8	13.3
2002	107.5	90.0	38.4	42.8	15.0
2003	107.2	92.7	42.1	43.8	17.0
2004	106.6	94.1	46.5	48.1	19.0
2005	106.4	95.0	50.9	52.7	21.0
2006	106.3	101.9	57.7	59.2	22.0

注：[1] 毛入学率指该级教育在校学生总数与政府规定的该级学龄段人口总数的百分比。

[2] 初中包括普通初中和职业初中。

[3] 高中阶段教育包括：普通高中、职业高中、成人高中、普通中专、成人中专和技工学校。职前高中阶段教育包括：普通高中、职业高中、技工学校和普通中专。

[4] 高等教育包括：研究生、普通高校本专科、成人高校本专科、军事院校本专科、学历文凭考试专科、电大注册视听生专科、高等教育自学考试本专科等形式教育。

资料来源：中国教育经济信息网。

表 4－13　　1990－2006 年我国各级普通学校毕业生升学率　　单位：%

年份	小学升初中	初中升高级中学[1]	高中升高等教育[2]
1990	74.6	40.6	27.3
1991	77.7	42.6	28.7
1992	79.7	43.6	34.9
1993	81.8	44.1	43.3
1994	86.6	46.4	46.7
1995	90.8	48.3	49.9
1996	92.6	48.8	51.0
1997	93.7	51.5	48.6
1998	94.3	50.7	46.1
1999	94.4	49.5	63.8
2000	94.9	51.2	73.2
2001	95.5	52.9	78.8
2002	97.0	58.3	83.5
2003	97.9	59.6	83.4
2004	98.1	62.9	82.5
2005	98.4	69.7	76.3
2006	100.0	75.7	75.1

注：[1] 计算初中毕业生升学率所用分子数为高级中学招生数，包括：普通高中招生数、职业高中招生数、技工学校招生数、普通中专招收初中毕业生数、普通中专举办的成人中专招收应届初中毕业生数及成人中专招收应届初中毕业生数。

[2] 高中升学率仅为普通高校招生数与普通高中毕业生数之比。

资料来源：中华人民共和国教育部网站。

各教育层出现的更多小层次使得人们对知识的特殊需要更容易得到满足，这样人们就可以根据自身的需要自由选择教育层次，有时甚至不必要按着传统的“普通小学—普通中学—普通高等学校”的就学途径来获得知识技术，可以在某一个层次出现断节时有更多的选择。例如，某学生在读小学和初中后，没能升入高中，他就能选择中等专业技术学校一层次的中学继续学习，再可以通过成人高考考入普通高等学校获取更高层次的知识，或可以再通过参加高等技术培训班这一层次的学习，有目的的提高自身的专业技术知识水平和综合能力。

表 4-14　　1990-2006 年我国研究生数统计表　　单位：人

年份	我国研究生数		
	招生数	在学人数	毕业生数
1990	29649	93018	35440
1991	29679	88128	32537
1992	33439	94164	25692
1993	42145	106771	28214
1994	50864	127935	28047
1995	51053	145443	31877
1996	59398	163322	39652
1997	63749	176353	46539
1998	72508	198885	47077
1999	92225	233513	54670
2000	128484	301239	58767
2001	165197	393256	67809
2002	202611	500980	80841
2003	268925	651260	111091
2004	326286	819896	150777
2005	364831	978610	189728
2006	397925	1104653	255902

资料来源：《中国统计年鉴 2007》。

四、教育需求多元化与教育市场

教育需求的多元化趋势无疑带来了巨大的市场潜力。尽管对于“教育市场”、“教育产业化”等说法及其内涵，社会上一直存在争议。但是，民众日趋扩大、日益多元化的教育需求却在客观上形成了规模庞大的教育市场，这已经成为一个不争的事实。在由政府独揽教育供给的情况下，民众的教育需求很难得到满足，这无疑使得政府职能与民众需求之间关系的讨论成为研究者、决策者以及教育实践者热议的焦点。

（一）教育“产业化”、“市场化”的争论

随着我国社会主义市场经济体制的逐步完善，市场力量不可避免地渗透到教育领域，这在高等教育领域表现尤为明显。从最初的大多数高校收取学费到1997年高校实行收费并轨；大学生就业从国家包分配到由劳动力市场的双方选择；从高校后勤社会化改革，再到教师的竞聘上岗，市场机制取向越来越明显。此外，还出现了一些教育市场化运作的大胆尝试，比如，民办高校多渠道筹集经费的探索、教育产业集团的创办、高等教育投资公司的组建、商业银行给各高校教育贷款的启动以及资本市场对教育投资的介入。与教育领域内市场机制的逐步渗入相伴随，有关教育产业化的争论一直没有停止过。总的来看，关于教育产业化的讨论主要分为“不支持”、“支持”、“部分支持”三类观点。对于教育产业化持“不支持”态度的人通常认为教育不是产业或不具有产业性。在他们看来，教育是一种具有正外部效应的准公共产品，如果实现教育产业化会产生一些不良后果。比如，引起教育机会的不公平；可能导致入学率的降低；导致教育异化；政府对教育的投入将减少等。而支持教育产业化的人则认为，非义务阶段教育实行产业化，可以让更多的人接受教育，不仅可以吸收社会和个人投资教育市场，期望从经营性教育中获得较高的回报，还可以扩大内需、延缓就业压力，可以在促进高校关注社会需求、把握市场导向、树立效益观念、规范竞争秩序方面，发挥更积极的作用。持“部分支持”观点的人则赞成教育的某些部分可以产业化。

教育产业化之争在我国的出现并不是偶然的现象。一方面，从国际来看，20世纪80年代后，西方一些发达国家——如英国、美国、澳大利亚、日本等——在新自由主义思想的影响下，先后在高等教育领域实行了教育市场化改革。与此相伴，在高等教育与市场化的关系上，在西方国家也一直是一个有争议的问题，如日本在20世纪90年代也开展了有关教育市场化和国立大学民营化的激烈争论。另一方面，从国内来看，在社会经济转型时期，由于教育投资在政府财政收入比例中下降，教育行政部门在争取财政预算经费的过程中处于相对弱势等多种原因，实施教育产业化、解决教育经费的短缺便成为促进教育事业发展的一个重要的途径。

实际上，在我国教育产业化一直是一个极为敏感的话题。尤其从当前来看，在构建公共财政体系、改善民生成为我国社会发展一大主题的情况下，

“教育产业化”的提法更是遭到一些教育主管部门的明确反对。而与此同时，民众对教育领域不满意的呼声却越来越强烈，这反映出民众教育需求不能得到满足的现实。面对这种情况，对于政府在教育领域到底应该“管什么”、“管到什么程度”，是应该认真反思的。尤为重要的是，“办人民满意的教育”应该如何实现，更是我们当前应该重点思考的问题。但是，无论如何，教育需求的急剧扩大、日益多元化在客观上形成了我国潜在而巨大的教育市场——这是一个不容回避的客观事实。

（二）教育市场的特点

从经济学角度看，作为社会产品的一种，教育服务既具有商品的一般属性，也具有公益属性。正是由于这一属性，教育多为国家所垄断，这便从经济上限制了它的竞争性，形成了教育市场的固有特点。

1. 教育市场有着独特的市场结构和竞争关系。在教育市场中，学校是教育服务的微观主体，通过为受教育者提供有特色的教学服务，满足不同学生群体的多样化市场需求；而学生则是教育服务的需求者，通过支付学费享受相应的教育服务——教育市场因此形成了相应的供求市场。与之相对应，教育市场客观上也存在着调节供求关系的价格和价格体系。在一般商品市场，调节供求关系的主要信号和机制是价格，市场通过价值和机制实现经济资源的优化配置。而教育市场不同于一般的商品市场。在教育中，没有与一般市场相应的价格关系，这与教育兼有“公共品”和“私人品”的双重属性有关。其中，对教育市场供求关系影响最为直接的是生源市场。此外，与一般商品市场不同，教育市场一般不以营利为目的，除教育服务外，其另一个产品——毕业生——并不作为商品定价、出售，而是主要利用劳动力市场上的供求关系来调节和制约自己的活动。这些特点都形成了教育市场独特的结构和竞争关系。

2. 教育市场是一个有限竞争的市场。即使在一般的商品市场中，要发现一个完全竞争的市场几乎是不可能的。由于教育生产的特殊性及其导致的教育市场体系的不完备性，现实中，教育市场的完全竞争是不存在的。在这种情况下，教育供求的均衡便依赖于政府的干预与调控，否则，任由“看不见的手”的教育价格来调节教育市场上的竞争，必然会导致教育领域“市场失灵”现象的发生。因此，教育市场的竞争只是一种有限的竞争、一种处于政府宏观控制下的竞争——政府不能将市场机制一股脑地全部搬入教育市场，更不能简单地回避市场机制的作用，而是必须通过严格、规范、系统的教育政策对教育领域的市场机制进行严格的规制。其中，制定和修改竞争规则是政府调节最为重要的目的，为此，政府应制订有利于教育市场发育与规范的规则，包括市场准入和退出规则等。此外，与一般市场一样，教育市场中的市场机制作用也有难以克服的局限性，这需要政府对教育市场进行调控，以克服教育市场的缺陷，比如为弱势群体提供经济资助——提供助学贷款，奖学金以及教育担保等。当然，政府的干预并不是完全的管制和严格控制，而是运用特有的政策、法规、信息、财政，弥补市场的缺陷，培育有需求的教育市场。

3. 教育市场是一个动态发展的市场，其内涵和外延随着经济与社会的发展而逐渐演进。与人们对“市场”的认识过程一样，对于“教育市场”的含义，如规模大小、体系完整性、内容丰富等也是不断发展和充实的。改革开放以来，我国对于教育市场的认识有着一个发展演变的过程，从“不承认教育市场”，到“市场机制介入高等教育”，再到“高等教育市场化”是个渐进的变化过程，这和我国改革开放以来经济和社会的发展是密不可分的。经济和社会的发展不仅带来了人们教育需求的巨大变化，也带来了政府职能的调整和财力的变化。在这种情境下，要满足民众不断增长变化的教育需求，政府在教育领域内的职能也会发生变化，财力的变化也为政府职能的发挥提供了物质支撑，这无疑使得教育市场的内涵和外延呈现出逐渐发展演变的特征。从这个角度看，教育市场并不是一成不变的，而是一个动态发展的过程。

（三）教育需求多元化带来教育市场的扩大

近些年来，随着经济的发展，社会对劳动力素质的要求也越来越高，人们受教育的愿望越来越迫切；加之终身教育、素质教育、优质教育理念在人们心目中的渗透，我国的教育市场呈现出巨大的发展潜力。同时，如前所述，由于人民收入水平逐步提高，教育支出在生活支出中所占的比重也在逐渐增加，这无疑使得教育领域成为我国一个巨大的潜在市场。

教育需求的多元化发展带来的教育市场的扩大在各个教育层次、各种教育形式中都有明显的表现，这可以从近些年来民办教育的“火爆”中有所体现。据《锦州晚报》（2003 年 11 月 11 日）的报道，锦州市民办学校约占其教育总量的 1/5，民办教育消费超过了亿元大关，民办教育被教育界誉为潜力巨大的“黄金产业”：一方面民办教育消费占家庭收入的比例已达 20% 以上，在有子女在中小学、幼儿园的家庭中，有 80% 的孩子曾参加过各种类型的兴趣班，成年人参加的短期教育培训消费份额也在不断地扩大，民办教育消费已成为市场消费的重要内容和亮点；另一方面锦州市民办教育市场也在以 10% 的比率逐年扩大，民办学校成规模发展的趋势非常明显，民办学校以特色办学的特征更吸引了高收入人群的教育消费。不仅在锦州，在我国许多地区，尤其是大中城市，民办教育的发展都如火如荼。这反映了我国民众日益多元化的教育需求带来的巨大的教育消费市场。可以预见，随着多元化趋势的日益明显，教育市场的发展空间必将更加巨大。

参考文献

[1]“各国构建终身教育体系策略”，《教育文摘导报》，2008 年 6 月 25 日。

[2]“择校难题困扰英国家长”，《环球时报》，2005 年 8 月 24 日。

[3]“城乡居民生活从贫困向全面小康迈进”，国家统计局网站，2008 年 10 月 31 日。

[4] 胡庆芳、程可拉：“美国高中课程未来发展的趋势分析”，《外国教育研究》，2005 年第 5 期。

[5] 黄日强、张霞：“英国职业教育与学习型社会”，《外国教育研究》，2005 年 4 月。

[6] 谷峪、邢媛：“印度农村基础教育述评”，《外国教育研究》，2004 年第 3 期。

[7]“人口素质全面提高就业人员成倍增加”，国家统计局网站，2008 年 11 月 5 日。

[8]“1978 – 2007 年我国高等职业教育发展情况”，中华人民共和国教育部网站，2008 年 11 月 13 日。

[9] 毛勇：“教育市场之探讨”，《高教探索》，2008 年第 3 期。

[10] National Center for Education Statistics, Distance Education At Degree – Granting Postsecondary Institutions: 2000 – 2001.

第五章 教育需求的多元化与教育形式的多元化

教育需求的多元化发展必然带来教育形式的多元化。在当前民众教育需求激增且多元化趋势明显的情况下，世界各国教育形式的多元化趋势不可避免。无论在发达国家还是在发展中国家，人们的需求和技术的进步推动着教育形式不断推陈出新。在传统教育形式的基础上，这些新的教育形式满足了当代社会日益多样性的教育需求，逐渐得到越来越多人的青睐。教育需求和教育形式的多元化发展反映了教育供给的多元化趋势，对教育成本分担机制的构建提出了新的要求。

一、教育需求多元化对教育形式多元化的要求

从教育学的角度来看，教育是教育者对教育对象施加影响的社会活动，是教育者、教育对象和教育影响相互作用的过程，通过这个过程教育对象或掌握某种技能，或获得某种资质，或完善自我人格，或陶冶自身情操。教育形式就是指教育活动过程中教育者、教育对象、教育影响的外部表现及其内在的相互关系。根据教育者及其与教育对象关系的不同，教育形式主要分为社会教育、学校教育和自我教育三种；从教育的不同影响来看，教育形式主要分为学历教育和非学历教育；从办学的角度来看，教育形式又可以分为政府投入为主的办

学形式、社会力量办学形式、合作办学形式、学校独立自主办学等形式。多样化的办学形式既能缓解教育供需的矛盾，又能充分发挥各种办学主体的特长，使教育的供给方式更加灵活，做到教育与产业相结合、教育与地方经济发展相结合、教育与国际化相结合。

从经济学角度看，“教育”本身也可以视作一种商品，“教育形式”包含两层意思，一方面它既是一种“教育商品”区别于另一种“教育商品”的外部形态特点；另一方面，它也是对“教育商品”供给方式的描述，比如说同样是学历教育，既可以采用公办高校的方式供给，也可以采用民办高校、二级学院、联合办学等方式供给。商品的供给（供给的内容和供给的形式）是由商品的需求决定的，因而教育形式的发展状况必然是教育需求的反映——教育形式只有与教育需求相适应才能保证教育供求数量上的均衡和结构上的稳定。

随着社会的发展和科技的进步，特别是在居民教育需求多元化的影响下，教育形式发生了广泛而深刻的变化，其多元化的发展趋势也越来越明显。原来以教师和课堂为中心的封闭、刻板的教育正在向以学习者为中心的开放、灵活的教育形式转变；原来从小学到中学再到大学的传统“线式教育形式”正在向着全天候的“网式教育形式”转变。不管是少年、青年、中年还是老年，也不管是就业或是待业，都能成为教育网中的一个结点。世界范围内多形式、多层次教育的发展和规模的扩大以及多种形式教育资源的组合和配置，使人们在整个人生不同阶段都能得到所需要的教育逐步成为可能。

（一）教育需求的终身化决定了教育形式的多元化

终身教育于20世纪60年代后逐渐成为一种影响甚广的教育需求，时至今日，其影响不退反进，与日俱增。终身化的教育需求使得人们接受教育已不仅仅限制在某个年龄、某个阶段，而是针对传统学校教育的封闭与僵化而提出了一种旨在建立一个富有弹性和活力的开放型教育体系。对于“终身教育”，学术界普遍认为是指“人们在一生中所受到的各种培养的总和”，它包括正规教育和非正规教育在内的教育体系的各个阶段和各种方式，包括人从生到死所受到的连续的有系统的教育。

迫于追求效率的需要，传统的学校教育将教育从社会大系统中独立出来，将受教育的时间从人生发展历程中单列出来，其直接危害就是使人们形成了这样的思维定式：教育就是学校教育，学校是进行教育的专门机构，接受教育是青年学生的事。这种观念使绝大多数社会成员将教育当作实现某种目的的工具，教育在目标实现后就失去魅力，走出校门的学生就不会想到或者不想再学习，失去了学习的潜力与动力。然而，社会的迅速变化要求其成员必须不断地学习，因此必须对传统的学校教育进行改造。如果我们以学校教育为立足点，就会发现终身教育采取的是这样的方略对传统教育进行改造的：从空间上进行拓展，从时间上进行延伸，建立一种大教育系统。从时间纬度上看，终身教育将学前教育、学校教育、学校后教育都统摄到教育中；从空间纬度上看，终身教育将家庭教育、学校教育、社会教育都涵括其中，使教育“无处不有，无时不能”。在这种情况之下，终身教育成为了持续一生的教育过程，这就意味社会应为受教育者提供各种可供选择的教育机会和教育形式。只有这样，在各个不同阶段，人们各不相同的教育需求才能得到最大程度的满足。所以，终身化的教育需求决定了教育的形式必须向着多样化的方向发展。

（二）教育需求的全民化决定了教育形式的多元化

教育需求的全民化体现了教育民主化的要求。全民教育思想认为教育是每个社会成员的权利，而不仅仅是青年学生的特权。教育作为一种义务已为我们所熟悉，但它将学习者置于被动、压制的地位，强调的是国家对教育的支配与控制，人的主动性与创造性难以充分发挥。全民教育将教育和学习视为人权，强调的是社会和国家有义务保证社会成员的这种权利，重视的是学习者的积极性、自觉性和主动性，强调的是学习者对教育的期盼，这样可以使学习者选择适合自己的教育形式及教育方式，实现自主发展。传统的教育系统是被行政机构高度组织化了的科层体系，学生是这一体系的最低层的受控制者。全民教育则强调学习者的自觉选择。1976 年，联合国教科文组织在非洲的内罗毕召开第 19 届大会上提出了建构以学习者为中心的教育制度；联合国教科文组织还在 2000 至 2001 年度计划与预算草案中把“全民终身教育”作为活动之一。

从上述角度来看，接受教育无疑是公民的一项权利，每个公民都平等的享有受教育的机会也是社会进步的一种表现。但是，随着公民教育观念的加强，一方面教育的需求量激增，另一方面教育资源却是有限的。所以让所有人都享有相同的教育水平是很难办到的，这样，在普遍受教育的前提下，受教育者必须根据自己的实际情况选择要接受何种教育，也就是说，教育的形式必须要多元化才能更好的满足人们的教育需求。例如，全日制普通高等教育只能满足那些达到分数线的普通考生的需求，而那些分数不够，或者已经工作了的考生他们想要获得同样的学历，就必须选择其他的教育形式，如自学考试、成人高考等。从这个角度看，多元化的教育形式可以降低教育进入的门槛，使大多数的教育需求都得到满足。在教育需求激增的今天，教育形式的多元化既是一种必然的趋势也是一种必要的选择。

（三）教育需求的国际化决定了教育形式的多元化

经济全球化把世界连成了一体，经济的国际化需求引发了人才的国际化需求，人才的国际化需求引发了教育的国际化需求。教育国际化既是一种客观的必然趋势，也是一种国际性的普遍现象。在世界经济全球化、贸易自由化的推动下，在国际教育贸易市场开放的前提下，教育资源在国际间进行配置，教育要素在国际间加速流动，教育国际交流与合作日益频繁，世界各国教育相互影响、相互依存的程度不断提高，各国教育相互交流，相互竞争，相互包容，相互激荡，共同促进世界的繁荣和发展，各国在人才培养目标的确定、教育内容的选择以及教育手段和方法的采用等方面不仅要满足来自本国、本土化的要求，而且要适应国际间产业分工、贸易互补等经济文化交流与合作的新形势。教育国际化需求的核心或者本质，说到底就是在经济全球化、贸易自由化的大背景下，各国都想充分利用国内和国际两个教育市场，优化配置本国的教育资源和要素，抢占世界教育的制高点，将自身培养成在国际上有竞争力的高素质的人才，为实现本国、居民的最高利益服务。

另外，当今的世界是一个全球化的世界，一方面，人力资本作为生产要素的一种，它在全球范围的流动性比历史上任何时期都要强，这就要求受教育者要具备全球性的视野、应对全球化的挑战。另一方面，由于科技的发展、国际间交流的加深，优质的教育资源也呈现出全球流动的趋势，受教育者既可以选择接受国内教育机构的教育产品，也可以选择国外的教育产品，教育产品的竞争日趋激烈。这样，单一的教育形式不可能满足国际化的教育需求和国际化的教育竞争，教育形式的多元化成为不可避免的，只有这样才能更加灵活的应对国外教育机构的竞争，才能最大程度地满足国内受教育者的国际化需求。

（四）教育成本的特点决定了教育形式的多元化

教育包括教学、科研、社会服务三大功能。在这三者之中，教学育人应该是教育的最主要、最本体的功能，因此关于教育效益的分析还是要从培养学生的质量来看。有了一流的学生才能创造出知识，才能有新的文明成果。所以培养优秀的学生是社会和个人都应该追求的合理教育效益。而与学生发展最直接相关的是学校各种教学资源的状况，只有具备了高质量的教育资源才能培养出高水平的人才。因此从规模经济的角度来看，研究教育的发展规律，考察的重点应该在教育规模扩大以后学校的教育资源配置情况，而这也恰恰体现出了教育的独有特点，即教育的发展没有规模经济优势的存在，学校不会因为入学人数的提高而明显地降低人均教育成本，相反学生数量的增多相应的要求配备更多、更优质的教学资源，而在目前形势下大多数学校还难以做到，因此教学质量的下降也就在所难免。教育效益的降低体现了教育规模不经济的现实。

所以，教育不同于一般的商品，它的单位成本并不会随着产量的扩大而下降，也就是说教育产业不存在规模优势。在利益多元化的市场经济社会中，教育作为一项于国于民都具有紧密利益关系的事业，已经日益显现出需求多元化倾向。根据当代社会和教育自身发展的状况，随着教育供给的增加，教育的成本也逐渐增加，原来那种单一的由国家出钱办学的形式已经不可能再继续维持下去，只有允许多种形式办学（如民办公助学校、私立学校、地方与学校合作办学、校企合作办学形式、中外合作办学形式）、鼓励多元化的资本投资于教育才是解决问题的唯一出路。因此，教育本身的发展规律也决定了教育形式必须向多元方向发展。

（五）教育手段的多元化深化了教育形式的多元化

在高速发展的信息时代，传统的教育手段面临着严峻的考验。传统的校内课堂教育需要大量的高水平教师和巨额资金，因此很难在短期实现大规模发展；传统的函授教育又很难保证教育的质量，因此当今社会迫切需要发展现代化的教育。“现代化”的关键是实现交互式多媒体通信技术的教学模式。随着互联网技术、通信技术、计算机技术和多媒体技术的发展，通过多媒体、计算机、网络等途径开展教育已成为现代教育技术发展的极其重要内容。多媒体技术集图、文、声、像于一身，实现了传播的一体化，开拓了人类学习的新方式。利用远程教育网进行教学可以让异地的学生加入同一个教室，教、学方式更加自然，学生们可以加入网络上的一个“虚拟教室”中进行学习、讨论，任何人均可得到一流教师、一流资源，可以最大限度地实现资源的共享。现代传播媒体的迅猛发展使广播、电视、网络、多媒体的组合等已广泛服务于社会、学校、家庭。现代科学技术与现代教育思想的有机结合，形成了大量的全新的教学手段。

将以高科技为核心的教育技术在学校中进行普及和应用是当今教学改革的

必经之路，也是提高教学质量的重要保证。由于教育的需求存在多元化，需要教育的手段增加科技含量并不断丰富。多样化的高科技教育手段具有覆盖面广、知识更新方便快捷、不受时空限制等特点，可以突破地理环境等因素的限制，缓解教师及资金的短缺，满足各种不同层次人们的需求。人们可以将学习安排在自己适当的时间和空间中，可根据自身的需要和可能选择课程，安排学习进度，满足多样化学习的要求。

二、教育形式的多元化发展

毋庸置疑，在当今社会教育需求的多元化早已成为社会的普遍现象。这就要求政府、教育部门积极努力，从教育层次、教育方式、教育内容等方面进行不断地改革，以适应这种不断增强的多元化趋势。从世界范围来看，除了传统的课堂教育外，还出现了学前教育、职业教育、在岗教育、特种教育、老龄教育、社区教育、家庭教育、民办教育、远程教育、跨国联合办学等多元化教育形式，从而彻底打破了传统型政府办学教育一统天下的局面。

表 5－1 列出了 1995 年和 2004 年 OECD（经合组织）国家中公共和私人支出占各教育机构支出的比例，可以看到的是，私人教育资金来源的重要性已经大大增加。OECD 各国公共总开支的平均 13.4%用于教育机构。2004 年各级教育开支平均有 87% 来自于公共资金。在有可比数据的所有国家里，整体而言各级教育的公共资金从 1995 年到 2004 年都有所增加。同时在近 3/4 的国家私人开支增加更多。高教开支的大约 24%，小学前教育开支的 20%来自于私人。所以，以往那种靠政府为主出资办教育，或者由全日制正规学校独揽教育职能的格局，早已无法满足社会经济发展对教育和人才的需要。

表 5－1　　1995 年和 2004 年 OECD 国家公共和私人支出占各教育机构支出的比例表

单位：%

项目	学前教育		小学、中学和中学后非高等教育				高等教育			
	2004 年		2004 年		1995 年		2004 年		1995 年	
OECD 国家	公共	私人	公共	私人	公共	私人	公共	私人	公共	私人
澳大利亚	69.3	30.7	83.2	16.8	85.5	14.5	47.2	52.8	64.8	35.2

续表

项目	学前教育		小学、中学和中学后非高等教育				高等教育			
	2004 年		2004 年		1995 年		2004 年		1995 年	
奥地利	70.0	30.0	95.3	4.7	96.2	3.8	93.7	6.3	96.1	3.9
比利时	97.1	m	94.9	m	m	m	90.4	9.6	m	m
加拿大	m	m	m	m	92.8	7.2	m	m	56.6	43.4
捷克	87.3	12.7	88.6	11.4	90.9	9.1	84.7	15.3	71.5	28.5
丹麦	81.1	18.9	97.8	2.2	97.8	2.2	96.7	3.3	99.4	0.6
芬兰	91.1	8.9	99.2	0.8	99.5	0.5	96.3	3.7	97.8	2.2
法国	95.8	4.2	92.7	7.3	m	m	83.9	16.1	m	m
德国	71.8	28.2	81.9	18.1	81.0	19.0	86.4	13.6	88.6	11.4
希腊	m	m	93.8	6.2	m	m	97.9	2.1	m	m
匈牙利	93.9	6.1	94.7	5.3	91.7	8.3	79.0	21.0	80.3	19.7
冰岛	64.9	35.1	96.5	3.5	m	m	90.9	9.1	m	m
爱尔兰	m	m	96.4	3.6	96.5	3.5	82.6	17.4	69.7	30.3
意大利	90.8	9.2	96.1	3.9	m	m	69.4	30.6	82.9	17.1
日本	50.0	50.0	91.3	8.7	91.2	8.8	41.2	58.8	40.2	59.8
韩国	37.9	62.1	79.5	20.5	m	m	21.0	79.0	m	m
卢森堡	m	m	m	m	m	m	m	m	m	m
墨西哥	80.5	19.5	83.4	16.6	83.8	16.2	68.9	31.1	77.4	22.6
荷兰	96.2	3.8	94.1	5.9	93.9	6.1	77.6	22.4	80.6	19.4
新西兰	57.6	42.4	87.5	12.5	m	m	60.8	39.2	m	m
挪威	86.3	13.7	m	m	99.0	1.0	m	m	93.7	6.3
波兰	87.1	12.9	97.6	2.4	m	m	72.9	m	m	m
葡萄牙	m	m	99.9	0.1	100.0	n	86.0	14.0	96.5	3.5
斯洛伐克	79.0	21.0	85.1	14.9	99.1	0.9	81.3	18.7	95.4	4.6
西班牙	82.5	17.5	92.5	7.5	87.6	12.4	75.9	24.1	74.4	25.6
瑞典	100	n	99.9	0.1	99.8	0.2	88.4	11.6	93.6	6.4
瑞士	m	m	86.4	13.6	89.1	10.9	m	m	m	m
土耳其	m	m	93.4	6.6	m	m	90.0	10.0	96.3	3.7
英国	94.9	5.1	86.6	13.4	88.5	11.5	69.6	30.4	80.0	20.0
美国	75.4	24.6	91.3	8.7	91.3	8.7	35.4	64.6	37.4	62.6
OECD 平均	80.0	20.0	91.8	8.3	~	~	75.7	24.3	~	~

续表

项目	学前教育		小学、中学和中学后非高等教育				高等教育			
	2004 年		2004 年		1995 年		2004 年		1995 年	
欧洲平均	87.9	12.1	93.7	6.3	~	~	84.0	16.0		
OECD 伙伴国										
巴西	m	m	m	m	m	m	m	m	m	m
智利	66.2	33.8	68.9	31.1	71.8	28.2	15.5	84.5	25.1	74.9
爱沙尼亚	m	m	m	m	m	m	m	m	m	m
以色列	77.2	22.8	91.9	8.1	93.1	6.9	49.6	50.4	59.2	40.8
俄罗斯	m	m	m	m	m	m	m	m	m	m
斯洛文尼亚	81.1	18.9	90.4	9.6	m	m	75.7	24.3	m	m

注："m"表示没有数据；"n"表示数字微不足道或为零；"~"表示平均值与其他层次教育相比无可比性。

资料来源：*Education at a Glance* 2007，OECD website.

（一）学前教育形式的多元化发展

在急剧变革的现代社会中，学前教育的发展受到了社会各种因素的影响与控制。社会中的经济活动、文化活动、人口变化、生活方式的变化等，都对学前教育的体制、观念、内容与方法产生深刻的影响与猛烈的冲击。原先单一的办学体制，单一的教育形式，单一的教育理念已很难适应不同经济和不同文化发展地区对学前教育的不同要求。所以，现代社会的学前教育在适应社会变革的过程中，其教育体制，办学模式，教育理论的发展必然向多元化方向发展。现代社会的学前教育机构，从办学体制看，有个体办、集体办、有家庭办、单位办、国家办等各种性质；从办学形式看，有转制的、承办的、公办民助的等各种方式；从办学组织看，有托儿所、幼儿园、儿童乐园、儿童玩具图书馆、流动幼儿园、游戏小组、家庭托儿中心等各种类型。而且随着社会的不断发展，学前教育机构在世界各国和各地区的发展更加丰富多彩。

在美国，社会各界对学前教育的关心支持大为增加。不少企业特别是一些著名大企业捐赠资金，支持学前教育事业。一些大企业还建立了专项基金，发展本企业的托幼事业。如美国最大的电脑商 IBM 建立了儿童托育资源发展基金，五年里投入了2500万美元，其中2200万美元用于托幼事业；美国电报电话公司AT&T也建立了托幼发展基金，1993年至1995年三年共投入1500万美元用于增设托幼机构，提高保教质量。从20世纪70年代起，美国资助、支持学前教育的企业不断增加，尤其令人注意的是企业办托儿机构的兴起与发展。1971年一家大的鞋业公司（Stride Rite）建立了一个日托中心，这是美国战后首家企业办托幼机构，1972年全美就增加到111所，而后进一步发展。同时，企业帮助职工解决子女入托问题的途径趋向多样化。到1986年采用不同途径、方式支持托幼工作的企业达2500家，而到了1993年增加到4500家。①

英国的学前教育在宏观管理体制上实行国家、地方、学校三级管理。国家负责制定幼教的方针、政策、法规、制度，地方负责国家政策法规的贯彻执行，学校负责日常事务的具体操作。英国学前教育以小学附设托儿所、小学附设幼儿班为主要形式。学校实行学校管理委员会领导下的校长负责制。幼儿教育的经费主要来自国会所核发的一部分税收金额。65%的经费由政府支出，分配给所属地方教育行政单位，不足的由地方教育当局从地方税收抽额补助。在具体形式上，有研究中心附设的托儿班，有志愿者机构，还有家庭看护等，但无论举办者是谁，只要接受并通过“教育标准办公室”的质量评估，就可以获得政府资金支持。这一举措，提高并保证了早期教育服务对于每个幼儿的可享受性和可获得性。

俄罗斯的情况也与此类似。俄罗斯的学前教育是国民教育体系的基础和有机组成部分，学前教育机构可以是国立或非国立的，政府鼓励和扶植学校私有化，俄联邦国家财产委员会还成立了一个“教育机构私有化”专门管理司。1994年9月，俄联邦教育部、国家高教委和国家财产委员会联合制定了《关于教育领域非国有化、非垄断化（草案）》，提出了实行教育券的构想，即政府将教育拨款以教育券的形式一次性拨给学生，以完成学前教育和全部的义务教育。

（二）基础教育形式的多元化发展

基础教育，作为造就人才和提高国民素质的奠基工程，在世界各国教育中占有重要地位。据联合国教科文组织公布的有关数据显示：第一级和第二级教育在校生人数在1980年至1990年10年间增长了1.06亿，占同期各级教育总

---

① 陈厚云、方明：“美国重视发展学前教育及其启示”，《学前教育研究》，2001年第2期。

增长人数的86%，而在1990年至1996年6年间又增长了1.30亿，占同期各级教育总增长人数的89%。[①] 基础教育在世界范围内的快速发展，表明了世界各国为此做出的巨大努力。因为，随着世界经济和社会的进步越来越依靠知识、技术、技能和能力，人力资源将成为国家在全球市场生存中的决定因素。在这种新的社会历史条件下，使所有儿童、青年和成人的基本学习需要真正得到满足，是世界各国旨在缩小差别、促进社会全面进步的一个必要手段。但仅仅依靠扩大现有的教育系统，采用常规的教育方式，并不适合人们的需要、生活模式和理想。扩大基础教育手段，实现教育多样化，特别是设计新的教学模式，适合被服务群体的特殊教育需要，是基础教育真正实现普及的必由之路。在这种情况下，寻求一种新的学校体制与办学模式，创建一种新颖的、享有充分自主权并适合民众多样化要求的体制已成为许多国家的共同趋势。有鉴于此，随着公共服务性事业出现日益扩大的私营化、民营化趋势，不少国家提出了公立学校与民办学校、私立学校相结合，寻求优势互补的新思路。美国、加拿大“特许学校”的诞生，英国“直接拨款公立学校”的涌现以及各国各类民办学校、转制学校的大发展正体现了这一改革的趋势。

美国“特许学校”是20世纪90年代以来基础教育改革的产物，是通过与州机构或当地学校委员会签订合同建立起来的新型公立学校。在合同期内为学校提供公共经费，给予充分的自主权，同时需要学校对合同规定所要达到的目标负责，合同期限一般为3至5年。特许学校作为一种“公校私营”的新办学模式在探索中逐步发展，虽然各州情况不同，但是仍有一些共同的特点，主要表现为：具有公立学校的性质、更多的办学自主权、规模较小、承担绩效责任、以及进入其中是自愿选择的结果等。从增长速度上来看，在1995年底之前特许学校的数量增长相对比较缓慢，自1996年始特许学校的数量呈现出快速上升的趋势，仅2005至2006学年，全美的31个州以及哥伦比亚特区就新增了424所特许学校，比前一年增长了13%，全美共有40个州、波多黎各岛以及哥伦比亚特区通过了特许学校法。与此同时，特许学校招生数量也在不断发展，学生数量由1998－1999年约30万飞速地增长到如今的100多万；美国公立学校招生以每年0.3%的比率增长，私立学校以每年0.5%的比率增长，而特许学校每年的招生增长比率可达到10%至15%，虽然特许学校本身基数小，

---

① 郭晓平、叶玉华：“国际基础教育发展现状与趋势”，《教育研究》，2000年第10期。

但是特许学校规模在迅速、持续扩大是显而易见的。[①]

英国1988年教育法中确定了直接拨款公立学校的政策，所有的地方教育当局管理的中学和具有300名学生以上的小学、中间学校，可以在自愿的基础上通过无记名投票征得大多数家长的同意，由学校董事会向教育科学部申报，经批准后可脱离地方教育当局的控制和管理，由中央拨款成为直接拨款的公立学校，并实行董事会领导下的校长负责制。这种视家长的意愿来决定学校的属性的做法，一方面体现了新自由主义消费者利益至上的观点，为家长通过学校董事会参与学校管理提供了一个机会，进一步扩大了家长的选择权利，另一方面，又可以使学校绕过地方教育当局，直接从中央政府获得办学经费，减少学校在财政上对地方教育当局的依赖，自由权又得到了进一步的加强。1996年英国大部分原公立中小学改制成为直接拨款公立学校。20世纪90年代起，英国还诞生了公立自治学校，这类学校比直接拨款学校具有更大的优势：可绕过官僚政府的干扰，在基建、教师招聘、教材编制、招生等各方面均享有办学自主权。

（三）职业教育形式的多元化发展

随着科学技术的进步，新兴、交叉职业不断涌现，知识结构单一的毕业生难以在竞争激烈的劳动力市场上找到位置，民众对于职业教育培训的需求也呈现了多样化的发展趋势，面对这一形势，世界各国的职业教育也在不断地进行着改革与创新，职业教育观念、职业教育形式与职业教育体制都在发生着多样性的变化。在这一过程中，欧美发达的资本主义国家不但加大了对职业教育的支持力度，提升了职业教育的办学层次和社会地位，而且加强了教育、培训、社会、就业四大领域之间的沟通与合作，涌现出了许多特色鲜明的教育形式（见表5-2），主要分为“双元制”、以学校为基础的模式和公共培训机构等不同的发展模式。

德国高等职业院校普遍实施“双元制”教育模式。“双元制”教育是指企业和学校以合作的形式对青年人进行职业培训，学生在职业学校接受专业理论和文化知识教育，在企业中接受职业技能培训。双元制教育的主要特征为：企业、学校两个培训教育的部门；培训教育依据两套法规，接受两个层次主管，即企业培训合同根据民法签订，企业培训由联邦政府主管，而学校教育遵照公

① 金添：“美国特许学校的最新进展研究”，《基础教育参考》，2006年第12期。

共教育法，教学由州政府主管；雇主与雇员组织的独立管理机构如行业协会及其委员会等掌握着职业教育的主要权力；职业教育经费方面，企业承担其培训费用，各州和乡镇承担学校费用，跨企业的教学工厂费用则由各主办单位承担。为了协调企业与职业学校之间的协作关系，德国制定了完备的法律法规如《教育法》、《职业培训条例》、《劳动促进法》等，对双方的职责进行了明确规定，实行依法治教。在双元制模式下，学生在学校所学的专业理论知识可以在企业培训中获得实训，并可以得到企业的生产和技术人员的现场指导。这种理论与实践并举、突出职业教育培训价值的教育模式使德国职业人才有着很高的质量保证。

表 5－2　　世界各国职业教育模式分类表

<table>
<tr><th colspan="2">制度模式类型</th><th>典型的国家</th><th>主要特点</th><th>不　足</th></tr>
<tr><td colspan="5">职业教育模式（教育分流与技能获取场所）</td></tr>
<tr><td colspan="2">双元制模式</td><td>德国</td><td>初中后分流；企业中的学徒在岗培训同以学校教育为基础的教育融为一体，实现从学校到工作的顺利过渡</td><td>传授原有的技能而不是新技能</td></tr>
<tr><td rowspan="2">以学校为基础的职业教育培训模式</td><td>法国模式</td><td>法国、前中央计划经济国家</td><td>初中后分流；技术传授和学校课程同步进行</td><td>不能灵活有效的适应市场经济的需要</td></tr>
<tr><td>北美模式</td><td>美国、加拿大等国家</td><td>高中后分流，基础教育阶段不做特别的专业选择；中学后教育多样化，向个人提供最大限度的选择；一批具有较高教育水平的人才有能力为自己的技能和培训进行投资；教育高度分权化</td><td>在提供技能方面，特别是提供中级技能方面做的不够，引进新技术的速度比较慢；整个国家技能基础两极分化</td></tr>
<tr><td colspan="2">公共职业培训机构模式</td><td>拉美国家</td><td>独立于正规教育体系，政府直接管理，其资金来源于提取的培训税</td><td>与正规教育几乎没有什么联系；面临培训数量、质量和筹资的挑战</td></tr>
</table>

资料来源：国际劳工局：《世界就业报告 1998－1999——经济全球化背景下就业能力培训的重要作用》，中国劳动社会保障出版社 2000 年版。

美国的职业教育由中等职业教育、高中后职业教育和高等职业教育构成。其实施机构主要为综合高中、地区性职业教育中心、职业技术学校、社区学院和企业办培训中心或学校等。其中，以社区学院为主进行的高中后和高等职业教育是美国职业教育的主要形式。因此，美国职业教育的主体为高中后教育，实施机构中最具代表性的是社区学院。其他还有：地区职教中心、各类职业技术学校、工会和行业（包括公司）提供的培训、企业办的培训中心、联邦政府资助的培训项目等。这些机构的归属、经费来源和管理均不相同，从宏观角度看，在这一系统中举办职业教育的不外乎社会和个人。进一步的分析则显示，代表社会的有联邦政府、州政府、地方当局、工商行会组织、工会、公司（企业）、其他社会团体等；代表个人的有直接办学者和间接助学者等。所有这些举办者在职业教育组织体系中所处的地位、承担的责任、发挥的作用、获得利益的方式，以及由此形成的职业教育运行机制，共同造就了美国独特的职业教育办学形式。

（四）高等教育形式的多元化发展

高等教育的大众化、普及化已成为21世纪的必然趋势。但要实现高等教育大众化、普及化需要设立大量的高等学校，需要巨额的教育经费的支撑。目前，各国政府包括经济发达国家的政府都无法保证这一数额庞大的投入，这已成为世界性的共同难题。在这种形势之下，世界各国政府都在广泛吸引和利用各类社会资源投资办学，形成了多元化的投资办学体制。公私立并举的多元化投资办学体制减小了各级政府的财政压力，也有利于形成满足人们不同需求、充满生机活力的中高等教育体系。以私立大学为例。据统计，2007年，美国私立大学已占其大学总数的72.7%，日本占73.6%，泰国占61.5%，菲律宾占80.2%，印度尼西亚占86.6%，韩国占82.2%，印度占73%。[①] 不仅发达国家如此，发展中国家的高等私立教育也得到很大发展。与此同时，各国的高等教育正逐渐减少对公共经费的依赖，增加非政府的资金来源，经费来源逐渐多样化。各国教育经费的来源随各国的政治制度、经济制度和教育制度的不同而异，但从整体上看主要包括几个方面：国家（包括中央政府和地方政府）支付；社会各部门和社会团体、组织以及私人等的资助或直接投资办教育；受教育者交纳的学费；通过其他形式筹集的教育资金；教学与教学活动有关的销售和服务收入；学校附属企业及其他经营活动收入等等。从教育经费结构变动趋势看，学费比例、捐赠收入比例逐年增长，政府拨款比例逐年下降；销售和服务收入呈不规则变化，但变动幅度不大。从公立学校和私立学校的对比看，私立学校的学费比例、捐赠收入比例明显高于公立学校，而政府拨款比例明显低于公立学校。

① 根据《联合国教科文组织统计年鉴》、《世界教育报告》、《教育统计报告》等资料整理后得到。

从世界范围来看，目前私立高等教育模式发展趋势主要有以下几个特点：一是政府鼓励公立大学转制为私立大学，如新加坡。一些国家由于历史原因，公立大学所占比重较大，但国家承担的压力也大，通过大学转制，有利于吸纳社会资源减轻政府日益增加的教育投资压力，通过转制，有的完全转设为私立大学，有的则共同举办大学。二是政府直接鼓励社会各界增设私立大学，如坦桑尼亚。目前鼓励民办举办私立大学的国家不仅有经济发达国家，近年来发展中国家也越来越关注、支持私立高等教育的发展，在亚洲这一趋势比较明显。三是政府扶持私立大学，比如中国台湾地区的私立大学的办学资金就是由举办者和政府按 1:1 配套投资。政府投入私立大学的教育经费的来源仍属纳税人，这部分资金属公共资源，作为私立大学的社会成员同样也有分享该部分资金的权力，而不仅仅限于公立大学。四是个人向私立大学的捐赠、投资不断加大。如美国的私立大学的办学经费相当一部分来自财团老板、校友的捐赠；日本私立大学的兴起和快速发展主要依靠社会力量和个人投资。

三、我国教育的多层次发展

随着经济社会的不断发展，尤其是改革开放 30 年以来，我国的教育事业取得了前所未有的进步，不仅形成了系统完善的多层次教育体系，教育形式也不断丰富。这在办学体制、办学形式等各个方面都有明显的表现。

（一）我国多层次教育的总体状况

改革开放以来，我国各层次教育的普及程度明显提高，已接近中等收入国家平均水平。2007 年，我国高等教育毛入学率达到 23.0%；高中阶段教育毛入学率 66.0%；初中教育毛入学率 98%；全国小学净入学率达到 99.5%。2007 年，高中阶段（包括普通高中、成人高中、中等职业学校）在校生人数已达 4527 万人，比 1980 年增加 2806 万人。适应我国经济发展进程要求的职业教育得到迅速发展，2007 年中等职业教育在校生达到 1987 万人，每年已有近

500万中等职业教育毕业生进入劳动力市场。[①]

同时，我国的教育基本已经形成了多样化的格局，即以政府办学为主体、社会各界共同办学的教育发展体制。在现阶段，我国基础教育以地方政府办学为主；高等教育以中央、省（自治区、直辖市）两级政府办学为主，社会各界广泛参与办学的体制；职业教育和成人教育实行在政府统筹管理下，依靠行业、企业、事业单位办学和社会各方面联合办学的模式。在教育经费方面，我国实行以国家财政拨款为主，多渠道筹措教育经费的体制。目前，属中央直接管理的学校，所需经费在中央财政拨款中安排解决；属地方管理的学校，所需经费从地方财政中安排解决；农村乡、村和企事业单位举办的学校，所需经费主要由主办单位安排解决，国家给予适当补助；社会团体和贤达人士举办的学校，所需经费由主办者自行筹措（包括向学生收费、向社会募捐等）。除上述经费来源外，国家提倡各级各类学校开展勤工俭学，通过向社会提供服务增加一些经费收入以改善办学条件。

近些年来，我国的办学形式不断丰富，特别是民办教育持续发展。2007年，全国已经有各级各类民办学校（教育机构）9.52万所（不含民办培训机构2.23万所），各类学历教育在校学生达2583.50万人。其中：民办幼儿园77616所，在园儿童868.75万人；民办普通小学5798所，在校生448.79万人；民办普通初中4482所，在校生412.55万人；民办职业初中6所，在校生2250人；民办普通高中3101所，在校生245.96万人；民办中等职业学校2958所，在校生257.54万人，另有非学历教育学生29.34万人；民办高校297所，在校生163.07万人，其中本科生21.12万人，专科生141.94万人，另有其他形式教育的学生22.36万人；独立学院318所，在校生186.62万人，其中本科生165.68万人，专科生20.94万人，另有其他形式教育的学生0.87万人；民办的其他高等教育机构906所，各类注册学生87.34万人。另外，我国还有民办培训机构22322所，有884.68万人次接受了培训。[②]

虽然我国的教育已经基本已经形成了多样化的发展格局，并且在此基础上取得了巨大的发展成就，但是对于人口众多、地区经济和文化发展极不平衡的中国来讲，教育总体水平还是比较落后的。从表5－3列出的2006年我国人口

---

① “大改革　大开放　大发展——改革开放30年我国经济社会发展成就系列报告之一”，国家统计局网站。

② 2007全国教育事业发展统计公报，《中国教育报》，2008年5月5日。

受教育程度抽样调查情况来看，中国的教育要满足国家经济和社会发展的要求，要满足青年人接受各个阶段，特别是大学阶段教育的愿望，还有很长的路要走。

表 5-3　　2006 年我国人口受教育程度抽样调查情况表　　单位：人、%

地　区	6 岁及 6 岁以上人口	未上过学	小　学	初　中	高　中	大专及以上
全　国	1118855	98335	370014	436273	144652	69581
比　例	100	8.79	33.07	38.99	12.93	6.22

注：本表是 2006 年全国人口变动情况抽样调查样本数据，抽样比为 0.907‰。
资料来源：根据《中国统计年鉴 2007》相关数据计算。

针对当前这种形势，我国应进一步办好各种类型尤其是各种层次的职业教育，继续优化教育结构体系。2007 年全国初中毕业生达 1963.71 万人，高中阶段各类学校（包括普通高中、成人高中、中等职业学校）共招生 1650.18 万人，其中各类中等职业学校招生 810.02 万人，但仍有 313.53 万初中毕业生不能升入高中阶段各类学校，这部分人口在进入劳动力市场前很少接受就业准备教育。同样，2007 年高等教育毛入学率为 23.0%，大量的高中阶段的毕业生不能进入大学接受更高层次的教育。① 社科院社会学所所长李培林 2008 年 12 月 3 日在 2007 年《社会蓝皮书》发布会上表示，到 2008 年底我国有 100 万大学生不能就业。2007 年全国近 500 万高校毕业生中，至今仍然有 100 万高校毕业生没有找到工作，2009 年我国还将有 592 万大学生毕业。另外，大规模的进城务工人员也存在着迫切的职业教育需求。因此，对大量不能进入高一级学校接受教育、或者暂时不能就业的民众给予就业前各种形式的职业教育和培训，对提高劳动者素质，满足多元化教育需求而言十分必要，而且也十分紧迫。

（二）我国各层次教育内部逐渐呈现差异性

由于我国人口众多、地域广阔、各地区经济文化发展极不平衡的实际国情，我国的教育虽然已经得到很大的发展，但各教育层次内部仍然存在着显著的差距和一些突出的问题。在教育进入新的大发展阶段之时，教育公平问题已经凸显。这主要表现为：由于社会、经济发展不平衡造成的地区差别；由于城市和农村巨大的发展差异造成的城乡差别；由于贫富差距和家庭社会、文化背

① 2007 全国教育事业发展统计公报，《中国教育报》，2008 年 5 月 5 日。

景不同所形成的阶层差异；由于历史和文化传统造成的男女性之间在教育上的性别差别；在汉族和少数民族之间存在的民族差别等等。

中国是世界上地区差异特征最显著的国家之一。在这一背景下，各地的教育差距仍然十分明显，且最发达地区和最贫困地区之间的差距仍在加大。以1998年我国“普九”的人口覆盖率为例，一片地区（东部）达到96.7%；二片地区（中部）达到81.87%，三片地区（西部）仅达到42.26%。当沿海发达地区已经基本普及初中教育时，西部地区则仍有2/3的县未达到85%的普及初中标准，西部贫困的少数民族自治县则尚未普及初等教育。[①] 据上海教科院智力所的研究，我国义务教育的差异度全国可分为五类地区，最发达的A类地区为北京、上海、天津；B类地区为辽宁、江苏、浙江、广东；最差的E类地区包括宁夏、甘肃、云南、贵州、青海、西藏。1994年，A、B、E类地区的经济发展水平（人均GDP）之比5.6∶2.9∶1.0，当年小学生生均教育经费之比为3.0∶2.0∶1.0，与1988年（这一比率为2.8∶1.5∶1.0）相比呈加大趋势。据对1782个县的统计分析，小学生和初中生生均经常性支出，东中部地区与西部地区之间，地区内县际差距大于地区间差距。比较而言，小学入学机会平等较令人满意；东中部地区与西部地区初中入学率差距比较突出，少数民族自治县与非少数民族县的初中入学率组间差距也较明显。由于初中教育的急剧发展，初中教育投资增长滞后的矛盾突出。

随着九年义务教育的逐渐普及，我国农村教育有了很大的发展，但整体仍然落后，教育机会不均等的现象依然严重存在。城镇和农村之间适龄儿童的小学入学率、初中入学率、在校生的比重差距明显。1995年，农村义务教育适龄儿童占全国适龄儿童总数的80%以上，而在校生占全体总数的比例，小学在校生占70.5%，初中在校生占57.1%。以1998年我国城乡普通中学的状况看，农村学生拥有初中教育份额约一半强，但在高中阶段在校生仅占一成四，城乡之间的差距，就高中教育而言，1998年比1995年上升了近4个百分点。农村学生辍学、流失率仍然较高，初中生辍学率上升。1998年全国初中在校生辍学率3.23%，达167万人，比1997年上升0.09个百分点；而农村辍学率为4.2%，高于全国平均水平0.97个百分点。有的地方农村辍学率高达10%以上。应当指出，就许多地方的实际观察，农村学生的流失辍学率比统计数字要高得多。

---

① “教育50年大事记”，中华人民共和国教育部网站。

由于义务教育阶段实际的教育收费不断增加，高中阶段教育和高等教育实行收费制，我国“弱势群体”的教育权利受到不同程度的影响，校园中“贫困生”群体成为社会关注的焦点之一。对农村大量出现的流失辍学的调查显示，贫困仍然是使许多人上不起学的第一位的原因。在城市化的过程中，全国数千万流动人口及其子女的教育问题凸显出来。由于大学、中专等非义务教育阶段的教育实行收费，校园中出现了一个不断扩大的贫困生阶层。据魏新的研究，即使是在20世纪90年代每年1000多元学费的条件下，全国普通高校在校生中尚有25%左右的贫困学生。这一研究还显示，1997年入学学生对普通高等教育需求的价格弹性系数为1.095，这意味学费增加10%时，约有11%的学生会困难以负担而放弃接受高等教育的机会。

（三）我国各层次教育之间的联系更加密切

为了不断满足社会全体成员对接受各层次教育的需求，我国开始构建社会化的终身教育体系，这就促进了学历教育与非学历教育、课堂教学与远距离教育、全日制教育与阶段式教育之间的相互补充、相互沟通，密切了各层次教育之间的内在联系。

在我国教育结构体系中，成人教育和各种非正规非学历教育一直占有重要地位。在1951年的学制中，我国就已经将幼儿园、工农速成初等学校、工农速成中学、业余初中、业余高中等都纳入了学制体系之中。改革开放以来，除成人中学、成人中专、成人高校各种形式的学历教育外，各种形式、各种层次的非学历继续教育、职业技术培训、短期进修、执业（职业）资格教育都先后出现。目前，我国由政府、地方、行业以及社会力量举办的各种学前教育、继续教育、职业培训机构都有了极大的发展，基于国际互联网的网络教育更是飞速发展，其影响范围已经覆盖教育结构体系的各个方面。2003至2007年，我国每年农民接受实用技术培训超过1亿人次，每年农村劳动力转移培训2000万人次以上；职业教育培训蓬勃发展，推动了行业企业的发展与进步，职工教育的年培训规模达到9000万人次，铁道、交通、钢铁、电力等不少部门行业的年培训率都在35%以上；干部教育培训快速发展，形成了多类型、多层次、多种形式的干部教育培训体系；社区教育与培训快速推进，目前全国社区教育实验区114个，社区教育示范区34个，社区居民的受教育培训率逐年提高，许多城区的居民全员培训率已经达到60%以上；老年教育与社会文化生活教育发展引人关注，有力推进了提高生活质量的进程；成人高等学历教育的改革发展，为各行各业培养了大批应用型高等人才。[①] 与此同时，我国的远程教育与继续教育也实现了快速发展。2007 年，普通高等学校办的成人高等教育本专科（函授、业余、脱产）共招生 167.73 万人，在校生 461.08 万人，毕业生 151.09 万人；成人高等学校办的成人高等教育本专科共招生 23.39 万人，在校生 63.07 万人，毕业生 25.35 万人；现代远程教育试点高校 69 所，网络教育本专科共招生 123.44 万人，在校生 310.48 万人，毕业生 82.82 万人；全国高等教育自学考试报考 956.27 万人次，取得毕业证书 54.23 万人；全国接受各种非学历高等教育的学生 252.89 万人次，当年已结业 412.61 万人次；接受各种非学历中等教育的学生达 5554.84 万人次，当年已结业 6810.82 万人次；全国共扫除文盲 95.78 万人，另有 103.76 万人正在参加扫盲学习。[②]

四、教育需求多元化、教育形式多元化与教育的供给

当前发展势头正猛的教育需求多元化趋势导致了教育形式发展的日益多元化。无论在发达国家还是在发展中国家，教育需求和教育形式都呈现出明显的多元化趋势，这对于教育的供给体制提出了新的要求——在教育需求和教育形式多元化趋势发展迅猛的情况下，构建教育成本分担机制、实现教育经费来源的多元化成为满足民众需求的必然之举。

（一）教育需求多元化决定教育形式的多元化

由以上分析可见，知识经济时代已经到来，教育对于社会个体来说已经不仅仅是提升个人素质的主要途径，更是维持生存和生活的必需，对于部分消费者而言教育还是某种娱乐和时尚。教育的消费者在权衡优质服务和教育成本之后，绝大多数消费者会倾向于“就高不就低”的教育消费心理，因此教育的需求出现了多元化趋势。需求的多元化有些是显性的，例如，人们选择优质教育服务，另一些需求是隐性的，例如，民众对于高等教育的热衷。这些直接推动

① 北京：《中国成人教育改革发展三十周年》，高等教育出版社 2008 年版。

② “改革开放 30 年，远程教育和继续教育成绩斐然”，中国教育新闻网，2008 年 10 月 8 日。

了教育形式、办学模式和经费来源的多元化。从我国的现实情况出发，教育特别是高等教育已进入到大众化发展阶段，精英教育阶段固有的一些理念、模式、途径等显然需要相应的创新与发展。探索和采用更加开放、更加灵活的多种办学模式与发展途径，已成为我国高等教育适应新形势、满足新要求的重要选择。这就要求教育形式必须具备投资主体多元、办学机制灵活、社会需求适应性强等突出优点，适应教育需求多元化的趋势。

（二）教育需求和教育形式的多元化要求教育供给主体的多元化

以往提供教育的机构主要是政府，但仅靠这一系统早已不能满足社会对教育特别是高等教育的需求。教育需求和教育形式的多元化要求教育供给的主体也要向着多元化的方向发展。纵观各国高等教育大众化的发展过程，都有一个共同的特点，就是发展新的办学形式，鼓励教育供给主体的多元化。因此，各国纷纷尝试设立新的高等教育机构，如开放大学、广播电视大学、成人继续教育学院等，以便向人们提供更多的高等教育机会。因为单靠精英阶段原有大学的规模扩张难以完成大众化的目标，必须以外延发展为主，实现办学模式的多样化。这里既有经费上的原因，也有培养模式上的原因——培养目标也要满足多样化的社会需求。

在欧美一些国家，私立高校与公立高校的区别主要是经费来源不同。公立高校的经费主要来源于政府财政部门的拨款，私立高校经费基本上由基金会或类似基金会之类的社会团体所提供。此外，公立高校从学生那里收取的学费要少于私立高校所收取的学费。厉以宁教授指出，发达国家由基金会或类似基金会之类的社会团体提供经费的学校可以被称为私立学校，但不能被当作是私人的学校或私有制学校。私立学校不属于某个私人或某些私人。学校既然是基金会之类的机构提供经费，并由董事会之类的组织来管理，那么它们就不属于某个私人或某些私人。从这个意义上说，私立学校是另一种类型的公立学校或公有学校。笔者认为，随着政府对公立高校财政拨款的减少和对私立高校的资助，各国私立高校与公立高校之间的界限变得越来越模糊，非要泾渭分明地区别二者意义已经不大，这是高等教育发展的最终目的，也是由高等教育由社会的边缘走入社会中心后在经济、政治、社会中的地位和作用以及高等教育自身的属性所决定的。但是，教育经费的多元化也已经是当今世界各国的共同趋势。随着国民经济的发展和教育管理体制的改革，我国教育投资主体多元化的格局正在形成，具有自身特色的教育经费多元化模式初具规模。教育和人才已经成为当代世界经济增长的决定性因素，以往那种靠政府为主出资办教育，或者由全日制正规学校独揽教育职能的格局已经无法满足社会经济发展的需要，政府、企业、社区、家庭共办教育的多元化模式便应运而生，从而彻底打破了以往传统型官办学校教育一统天下的局面。在这种情况之下，各个经费投入主体都相应的要求自身利益得到合理的反映，从而“上学缴费”也就理所当然。

（三）教育需求和教育形式多元化要求构建合理有效的教育成本分担机制

从各发达国家的实践经验来看，教育需求多元化和教育形式的多元化引起教育成本分担机制的多元化已是一个不争的事实，多元化的教育成本分担机制一方面能够极大地拓宽教育经费的渠道来源，使得教育供给更多地体现市场化的特性；另一方也能满足不同人群对教育的多层次需求，提高教育供给的质量。但任何事物都有两面性，教育分担机制的多元化本身也不例外，教育分担机制多元化本身不是万能的，只有通过与其他相应政策措施相配合，才能充分发挥其作用，这方面发达国家也有许多值得学习的经验和教训。

美国现代高等教育分担机制是以国家投资为主体，辅之以接受个人捐赠、受教育者个人负担、学校科研专利筹措、校企合作获得经费等多种手段，在教育分担机制的多元化过程中，教育成本不可避免地由国家向私人和社会进行了转移，这个过程中也出现了不少问题，比如：美国高等教育步入大众化阶段以后，学费占据高等教育经费的份额越来越大，并且学生及其家庭成为了主要的负担者，这使得个人用于教育的花费越来越大。20 世纪 80 年代末期，上完四年制私立大学并获得学位，只要花费 7 万多美元，上公立大学的费用只需 3 万多美元，上名牌大学也只要 10 万多美元。而到 2002 年，上述三组数字分别上涨为 13.4 万、5.2 万以及 30 万美元。[①] 同时，近年来，美国花费较高的四年制大学学士增长速度大大放慢，而全美 1200 所两年制的社区学院入学人数却大增。这也从另外一个方面反映出了教育成本向私人转移所造成的影响。为了解决这个问题，美国政府设计出了多种教育成本的补偿机制。如将缴纳学费的形式分为实时付费、预付学费、延迟付费三种：实时付费是指学生在每学期或每学年初一次性缴纳学费。预付学费是指学生接受高等教育之前按现行价格付清全部学费或者以储蓄形式预先储备学费。延迟付费是指学生以未来的收入或服

---

① 罗祖兵：“终身教育思潮及其现实意义”，《高等函授学报（哲学社会科学版）》，2005 年第 2 期。

务形式来支付现期的学费，主要形式有学生贷款、毕业生税、服务合同、奖学金等。学生采取何种方式缴纳学费完全依靠其个人的选择。另外，美国也拥有世界上最庞大、最完备的学生贷款资助计划以及最为庞大的子女教育基金计划，前者是联邦或州政府向那些有贷款需要的学生和家长提供长期无息或低息贷款，学生根据自己的还款能力决定自己贷款的金额、偿还形式以及偿还期限，并且凭借着完善的信用体系，此类贷款还款率极高。后者即由联邦州政府提供的免税教育基金计划，受教育者的父母可以事先将用于子女教育的资金交给专业的投资管理机构进行管理，使其保值增值，当然这也得益于美国强大的金融体系。

日本的高等教育体系由大学和专门学校两个层次、国立和私立两种办学形式构成，形成了独特的“二元双层结构”。特别是二战后，日本政府对私立大学的设置和数量规模的控制放宽，提出对私立大学提供一定比例经费补助，私立院校开始探索成为教育企业体的发展方向。在政府的支持下，日本私立大学迅速发展。20 世纪 70 年代，日本私立大学数和在校生数均占到大学总数和在校生总数的 80%左右，担负起了高等教育普及化进程中数量扩增的主要任务。与此同时，日本政府将有限的人力、物力资源投入到小规模的国立大学，以保证普及化进程中“精英教育”部分的国际竞争力和国际一流水平。值得注意的是，在大力发展私立大学的同时，日本政府还十分注重高等教育地区间布局和结构调整，引导院校向高等教育薄弱地区发展，平衡各地的教育水平，构建更为公平的教育环境。

从目前我国的现实情况来看，教育形式的多元化发展要求教育成本分担机制的相应变化。在以政府为主导的教育体制下，政府对教育的投资主要是为了满足国家的特定需要，如为了满足国防建设的需要，政府对国防、军事院校的投入较大，对其实行全免学费的政策；为了能获得综合素质较高的技术性人才，国家对培养这些人才的院校给予较多的拨款。而居民对教育的投入则无外乎出于两个目的：一是为实现自身价值的投入，与将来的物质收益挂钩；二是满足自身精神世界的需求，认为学的东西越多，内心就会越感到充实，与精神收益挂钩。在现代市场经济条件下，教育需求的多层次化成为我国居民教育需求的多元化的主要体现。

尽管存在着多层次的教育需求，但是目前我国对各教育层次的投资比例却处于一种失衡状态。主要表现为对高等教育（既有普通高等教育，又有技能培训性的高等教育）的总投入占较大比重，而对中初等教育的投入明显不足。具体来看，虽然国家对于中初等教育的绝对数并不低，但从生均经费来看，我国小学与中学的生均经费之比基本稳定在1∶2.5左右，而小学与大学的生均教育经费之比却高达1∶12以上。① 对于仍是发展中国家的我国来说，中初等生均教育经费明显少于高等教育，显然是不符合当前国情的，虽然政府对此也有一定的重视，中初等教育生均经费与高等教育生均经费之比一直处于下降的趋势之中，但至2002年三者之比仍为1∶2.5∶10。

教育投资比例失衡问题产生的原因在于我国教育投资主体的相对单一。如今，虽然我国的教育投资主体已经发生了很大变化，越来越多的社会资金开始注入教育，居民也逐渐成为教育成本尤其是高等教育成本的负担者，但是总体上来看，政府仍然是我国教育的主要投资主体，是教育成本的主要负担者，这显然已经不适应我国日益多元化的教育需求，而成为教育发展进程上必须完善和改进的方面。为此，必须建立起适合我国国情的多元化的教育分担机制。

参考文献

[1] 陈厚云、方明："美国重视发展学前教育及其启示"，《学前教育研究》，2001年第2期。

[2] 郭晓平、叶玉华："国际基础教育发展现状与趋势"，《教育研究》，2000年第10期。

[3] 金添："美国特许学校的最新进展研究"，《基础教育参考》，2006年第12期。

[4] 吴遵民：《现代国际终身教育论》，上海教育出版社1999年版。

[5] 罗祖兵："终身教育思潮及其现实意义"，《高等函授学报（哲学社会科学版）》，2005第2期。

[6] "大改革　大开放　大发展——改革开放30年我国经济社会发展成就系列报告之一"，国家统计局网站。

[7] "改革开放30年　远程教育和继续教育成绩斐然"，中国教育新闻网，2008年10月8日。

[8] Education at a Glance 2007，OECD website.

① 中央教科所成人教育研究中心：《中国高等教育：展望与选择》。

第六章 教育成本分担主体的多元化：理论与机制

随着教育需求多元化的迅速发展，教育形式日益呈现出多样性的发展态势，这无疑对教育成本的分担提出了现实的要求：多元化的需求使得教育的私人特征越来越明显，社会以及受教育者本人为接受教育而承担相应的成本已经成为教育需求多元化发展的必然结果。面对这样的时代背景，反观教育发展的历程，在当前的教育改革中，着力于构建科学、有效的教育成本分担机制，实现教育成本分担主体的多元化，成为满足民众多元化的教育需求、提高教育质量、促进教育事业健康快速发展的必然趋势。

一、教育成本分担与教育投资体制

教育成本分担意味着由国家、社会和个人共同承担教育投资的责任。其中，教育投资的多元化是最为核心的内容。通过采用适当的教育办学体制促进投资主体的多元化，这是构建科学规范的教育分担机制的重要途径，是面对教育需求多元化发展的必然选择。

（一）教育成本及教育成本分担理论

成本是经济学研究的范畴，它是指生产一种产品所需的全部费用。教育成本是指：“培养学生所耗费的社会劳动，包括物化劳动和活劳动，其货币表现为培养学生由社会和受教育者个人直接和间接支付的全部费用。”[①] 它包括教育的社会直接成本和间接成本、教育的个人直接成本和间接成本。教育的社会直接成本指各级政府通过财政支付的教育费用和企事业单位、慈善机构以及其他社会团体或个人对教育的捐款、捐赠等。社会间接成本指教育使用的土地、建筑物、设备的机会成本以及达到法定劳动年龄段的学生因上学而未就业让国家可能丧失的税收。教育的个人直接成本指学生本人、家庭、亲友为学生受教育直接支付的学费、杂费、书籍文具费、文体费、交通费、住宿费、生活差距费等。个人间接成本指达到法定劳动年龄段的学生因上学而未就业可能放弃的就业收入。这些是教育经济学的一般意义上的教育成本。但是，从成本分担与补偿的角度来看，教育成本的范围则窄得多。首先，政府、企业、个人及其家庭均所承担的数额可观的教育机会成本是不可量化的，它也不是对教育支付的实际费用，所以难以由各方参与分担。其次，就个人及其家庭所承担的那部分直接教育成本中，应区分“必须的家庭教育成本”（如学费、杂费）和“自愿的家庭教育成本”（如生活差距费、交通费等），真正计入成本分担意义上的教育成本只是“必须的家庭教育成本”。

“教育成本分担”是一种诞生于20世纪80年代的理念，目前已经成为多数学者所接受的理论，并在许多国家付诸实践。自从美国经济学家鲁斯·约翰斯顿1986年首次提出了著名的教育成本分担理论以来，教育成本（经费）分担的理念便广为流行，并与一系列相关理论紧密联系。从教育收益理论看，由于各个层次的教育收益率各不相同，因而每个教育层次的成本分担主体所分担的教育成本应该是不一样的，而且是随着教育层级的不同而变化的；同时，同一层次教育的相同的成本分担主体所包含的个体之间对于成本的分担也应该是不同的。这一观点与人力资本理论不谋而合。此外，教育公平理论和第三部门理论也都从社会公平和第三部门发展的角度提出了构建多元化教育筹资体制的观点。

——教育成本分担理论。1986年，美国纽约大学校长、经济学家布鲁斯·约翰斯顿出版了《高等教育的成本分担：英国、联邦德国、法国、瑞典和美国的学生财政资助》一书，提出了著名的成本分担理论，该理论认为，高等教育的教育成本应当由在教育中获得益处的各主体分担。这一理论从资源供给主体的角度出发，提出教育资源供给主体应遵循两条原则：一是“利益获得”

① 《教育大辞典（第6卷）》，上海教育出版社1992年版。

原则，即谁从教育中获得好处和利益，谁就应当支付教育经费，它要求得到教育利益的各方都要负担教育成本，受益多者多负担，受益少者少负担，没有受益不负担；二是“能力支付”原则，即能力强者多负担教育成本，能力弱者少负担教育成本。据此，教育成本分担理论认为，教育成本的承担者应包括纳税人（政府）、学生、学生家长和社会人士（捐赠）。这一理论此后成为世界各国制定高等教育学费政策的重要理论依据。

——教育收益理论。这一理论认为，教育成本是能够带来收益的，并且这种收益主要可分为社会收益与个人收益两方面。因此，政府和个人应根据各自获得的收益对教育成本进行合理分摊，收益大的多分摊，收益少的少分摊。由于教育的外部性和特殊性，几乎所有政府都对教育进行大量投资，这种投资一般又主要来自公民的税收收入，但每个公民的纳税额并不相等，这样，接受教育就等于无偿享受到了未接受高等教育者所缴纳的税收，这一方面提高了教育的个人收益，而另一方面却降低了社会收益。

——人力资本理论。1960 年，舒尔茨在美国经济学年会上发表了题为《人力资本投资》的演说，对人力资本观点做了系统的论述。这篇演说成为人力资本理论体系奠基的重要标志，并很快被很多西方国家所接受。这一理论认为，教育投资是一种生产性投资，是使隐藏在人体内的潜能得以增长的生产性活动，可以获得预期的经济效益；人们受教育水平越高，其收入水平也越高，人力资本是劳动者时间价值收入提高的最主要来源。在这一观点看来，劳动者接受教育和掌握知识的过程，在价值上表现为各种投入的消耗，而劳动者则以一种既定资本存在的形式存在，他可以创造出远远超过过去投资量的产量和收入流量。人力资本增长速度比一般物质资本增长速度快得多，从长期看，人力投资比物质投资能赚得更多的利润，更能推动经济持续发展。

——教育公平理论。在这里，教育公平主要是指教育权利的公平和接受教育机会的均等，其实质是教育机会的均等。但是，现实社会并没有赋予所有社会成员相同的起始禀赋：在高昂的学费面前，贫困阶层在享受教育方面处于更加弱势的地位，造成了接受高等教育机会的不公平。而要改变这种接受高等教育机会的不平等，推进和完善合理的教育多元化筹资体制的构建、建立一个强有力的教育公平保障体系便成为社会发展的必然。

——第三部门理论。按照现代社会科学的有关理论，整个社会主要由三类组织构成，即政府组织、企业组织和非营利组织，它们分别是政治、经济和社会领域的主要组织形式。其中非营利组织所从事的是政府与私营企业“不愿做、做不好或不常做”的事。这一理论认为，随着教育规模的不断扩大，在教育领域尤其是高等教育领域，教育经费危机的产生是一种必然，其主要责任在于政府的投入不足。有些学者认为，“全球各地的政府对业已扩大的高等教育的支付能力都有下降，面对此种情况，将来有可能重新界定国家和大学的作用，给教育机构更大的自治和自主权”。[①] 按照这种观点，为了让大学更好地提供公共利益，应将高等教育独立为社会第三部门。这个“第三部门”的经费来源包括政府投入、私人捐赠和服务收费等。可见，第三部门理论也为教育多元化筹资提供了理论基础。

（二）教育投资体制

构建教育成本（经费）分担机制，强调教育投资或投入主体多元化，必须要有相对完善的教育投资体制，以广开投资渠道，充分调动国家、社会各界和个人的力量，实现国家、社会、企业和受教育者个人的多元投入。从狭义上讲，教育投资体制就是指教育投入或教育经费分担机制；而广义上看，教育投资体制则包含了教育办学体制和成本分担机制两项重要内容。本书从广义角度探讨教育投资问题。

从各国实践来看，教育投资体制的改革具有十分重要的意义。本质上讲，教育投资体制的改革主要是关于教育经费的投资主体及其与投资客体关系的变革，以及它们的职、权、利的重新划分，其目的是要使教育资源能合理配置，从而能加大教育经费的投入，保证教育事业的发展。它关系到谁来办学、办什么样的学以及如何办学的根本问题，因而教育投资体制的改革将与办学体制改革，领导管理体制改革，招生、就业制度改革，以及校内管理体制改革等紧密相联。因为教育经费就是办教育的资源，任何教育工作活动没有相应的资源条件作保证都将成为泡影，所以教育投资体制改革，作为教育资源配置的改革，是整个教育体制改革体系中的基础改革，它的改革成效将制约着其他一系列改革以至整个教育事业的发展，因而教育投资体制改革的意义至关重要。

在教育投资体制的改革中，最为重要的当属办学体制的改革了。从现实中看，各国教育办学体制有着诸多不同的模式，集中分为三类：一是政府包揽办学，采用公共生产的模式，私人部门不予市场准入。长期的计划经济体制下，我国就采用这种模式，直接导致教育服务供给短缺、效率较低，好处则是政府

---

① 邬大光、王建华：“第三部门视野中的高等教育”，《高等教育研究》，2002年第2期。

直接管理控制，便于实现教育公平和落实政府教育理念；二是完全由私人办学，由企业或个人投资办学，采用私人生产的模式。在我国漫长的封建社会时期，就主要采用这样的模式，教育服务供给充足，办学自主、灵活、形式多样、效率较高，但不易实现教育公平；三是公私立并举的混合模式，办学形式多样化。这其中既有我国追求的“以政府办学为主体、社会各界共同办学”的体制，也有更重视发挥私人部门办学作用的体制。如今，世界许多国家的高等教育办学体制都采用这种模式。

教育办学体制和成本分担机制共同形成了一国的教育投资体制，也就构成了教育服务供给的两项核心内容。教育办学体制讲的是教育服务由谁“生产”的问题，成本分担机制则探讨教育服务“由谁提供”即资金补偿问题。教育办学体制与成本分担机制存在着密切的联系，一方面，多元化的教育办学体制可以竞争地、有效率地供给教育服务，可以提供多样化的、各种价格的、满足群众不同层次需求的产品，可以降低教育的成本或投入，会大大促进社会和私人资金对教育的投入，推动科学合理的成本分担机制的建立。另一方面，合理的成本分担机制则可以保证教育投资办学资金得到补偿，有效促进国家、社会、私人部门投入教育服务供给，科学合理的成本分担机制是构建多元化的教育办学体制的基础，为多元化的教育办学体制的构建提供了可能。

二、教育成本分担主体多元化的重要意义

我国教育领域目前存在的诸多问题使得建立科学有效的教育分担机制、实现教育成本分担主体的多元化有着深刻的必要性，而教育的混合品性质和教育成本分担的相关理论为教育成本分担主体的多元化提供了有力的理论支撑。不仅如此，实践中，结合我国拉动市场的大政方针，以及民众教育需求多样性和政府财力有限性的现实状况，促进教育成本分担主体多元化的实现更有着极为重要的意义。

（一）教育的混合品性质：教育成本分担主体多元化的理论支撑

目前，随着社会的发展，知识的属性发生了一种在人们谈论教育投资时很少意识到的变化：在工业经济及前工业经济时代，知识作为非独立生产要素，

一直通过土地、劳动和资金等独立生产要素起作用，除其特殊形式如专利权等外，都依附于物质产品和服务进行交换。这一形态的知识，从总体上说，还不能完全成为可独立进行交换的商品。因为知识对经济社会发展的促进作用主要是通过知识的公益性来体现的。所以，为获取知识所必须的投入，即教育经费的绝大部分理应由政府（或社会）负担。但是，在人类逐渐走向知识经济的过程中，知识已渐渐演变为一种头等重要（排在土地、资本之前）的独立性要素，在继续保持固有的公益性属性之外，其所有者属性正在逐步强化。知识正逐步成为一种资产。当法人或自然人拥有的知识资产已经成为他们拥有的总资产的重要组成部分时，通过知识资产与一般社会资产的等价交换，所有者可以获得收益。在这种情况下，获得知识所必须的投入，即教育成本，再全部或绝大部分由国家或社会负担，已不再具有合理性。因此，人们对超过社会平均提供给每个社会成员的公共教育资源部分的占用，理应有偿使用，等价交换。

教育的混合产品性质要求其投资主体的多元化。从教育所具有的巨大公益性角度看，政府无疑应该承担起教育的供给责任，一视同仁地为全体社会成员提供教育“服务”，满足大众的教育需求。但是，由于各个层次教育的公益性程度并不相同，政府没有必要为所有层次的教育“买单”。只有那些具有很强的公益性、几乎可以被看作纯公共物品的教育层次或教育形式如小学教育、初中教育、部队教育（军校）、高校师范生和国防生教育、关键性高新技术研发人才的培养等才应该由政府承担几乎全部的供给责任。对于其他层次或其他形式的教育来讲，政府只宜根据其公益性程度承担部分责任而与受教育者个人、社会分担教育成本——因为这些教育层次或教育形式具备更多的私人产品特征。现实中，一些教育层次或教育形式的私人产品特征非常明显，这就要求受教育者必须为其付费。例如，对于大部分高层次教育以及各类教育中的“精英教育”来说，其受益者主要是受教育者本人——这使其具有很强的私人产品特征，因而其成本应主要由受教育者自己承担。

教育成本分担主体多元化在机制上的主要体现是教育产品的“生产”制度。根据公共产品理论，作为混合物品的教育事业，理所应当地，既可以公共生产，也可以私人生产，还可以混合生产，这就要求实现办学主体多元化。当然，我们也应当根据不同的教育阶段，明确不同的办学主体。从义务教育来讲，由于具有巨大的外部性，而且关系到一个社会的起点公平问题，是每个公民都应当享有的权利，因此，它几乎可以被看作纯公共产品，应主要由政府办学，社会和私人办学作为补充。而高等教育和职业教育，由于其私人产品性质明显，因此，办学主体不应局限于国家政府，必须采用多元化的投资渠道，在保证政府投资的基础上，放宽教育投资进入的门槛，鼓励企业、社会组织团体、个人投资的加入，形成多元化办学体制。

实际上，现实中的各类教育“产品”极少是纯公共品或纯私人品，而更多的是兼具双重特征的混合品，因此，总体而言，教育的投资主体应当包括政府、个人和社会等各方受益者。至于在各类教育“产品”中各方的投资（或付费）比例如何，则应根据教育“产品”的公益性和私人性特征的强弱而定。

（二）意义之一：满足民众多元化需求

随着经济社会的不断发展，人们的教育需求日益呈现出多元化的发展趋势，而教育成本分担主体多元化则成为适应这种趋势的必然选择。

民众教育需求的多元化是时代发展的必然结果。从当今时代特征来看，市场经济的快速发展带来了愈加激烈的竞争，也对个人素质提出了更高的要求；知识经济时代的到来更需要人们进行更为广博、更为深邃的知识积累；更为剧烈的社会变革也使得知识成为个人生存发展的基础。在这样的时代背景下，作为积累知识谋求发展的必经之路，教育成为越来越多人的“消费”选择，教育支出的规模也越来越大。据我国教育部 2003 年发布的《中国教育与人力资源问题报告》显示，我国城市居民的教育支出已成为第二大支出，我国农村居民的教育支出也超过衣着，成为继食品和居住支出之后的第三大支出项目。更为重要的是，在这样一个教育备受重视的时代，接受教育早已不是尚未工作的年轻人的“专利”，教育主体更多地涵盖了已经参加工作的庞大人群——这显然对传统的从小学到中学再到大学的“线式教育形式”提出了挑战。与接受教育人群层次的日益丰富相适应，如今的教育正在向着全天候的“网式教育形式”转变，所有的人——无论是少年、青年、中年还是老年，也不论是就业或是待业——都成为这个教育“网络”的一个结点。得益于经济的发展带来的人们收入水平的提高，人们比以前更有能力支付教育的成本；得益于科学技术的进步，“走进教室现场听课”的教育形式不再成为必需，人们可以通过网络等多种途径接受他们所需要的教育，这使得已经拥有工作岗位的庞大人群接受教育成为可能。在渴求知识的内在动力、激烈竞争的外在压力以及技术发展、收入提高等因素的综合作用下，人们的教育需求日益呈现出多元化的发展趋势。

在我国，民众教育需求的多元化发展有着明显的表现。首先是民众对教育形式的需求日益多元化。随着经济社会的不断发展和竞争的日益加剧，人们的教育观念也在逐步发生变化，终身教育的理念如今已经为大多数人所接受，而传统的“线式教育形式”显然不能满足人们的终身教育需求。在这种情况下，越来越多的人开始寻求新的、更为适用的教育形式，由于获得知识的途径更为便捷，学习的内容更具针对性，非学历教育、职业教育、网络教育等新型教育形式已经成为人们的教育消费的重要内容。据统计，2004 年，我国的非学历高等教育结业生数为 318.40 万人，而到 2005 年，这一数字就增加到 373.39 万人；[①] 参加其他形式教育的人数也在不断增加。其次，人们对教育质量的要求越来越高。当今时代，素质教育已经成为普遍接受的教育观念，在我国，追求优质教育、精英教育的潮流更是势不可挡。无论是传统教育形式中的小学、中学还是大学，也无论是参加培训和辅导，选择一个“好”的学校或办学机构成为人们普遍持有的观念。这种“就高不就低”的心理导致了居民在教育消费方面出现两种倾向：高收入家庭对“贵族学校”的选择和普通大众对高层次教育机构的追求。最后，服务教育、自愿性教育需求大幅增加。出于对知识的重视和对未来的渴望，我国许多家长或者为孩子报名参加各种课外辅导班、兴趣班、加强班、聘请家教，或者为他们自己事业的发展和职业的需要购买课外书籍、参加网校的学习。这些对于服务教育、自愿性教育的支出近年来不断增加，成为我国居民教育支出的又一重要领域。

面对着迅猛增长的、日益多元化的教育需求，单由政府提供教育“产品”显然既无必要亦无可能。无必要是因为这些教育需求中许多属于私人需求，如精英教育、自愿性教育等；无可能是因为政府财力终归有限，不可能满足所有的教育需求。在这种情况下，由个人、社会、政府根据各类需求的性质分担教育成本便成为一种必然。

（三）意义之二：提升教育质量

作为一种直接关乎民生的公共服务，教育的质量至关重要。教育质量提升的实质在于教育供给效率的提高——这需要必要的竞争机制。在教育服务的供给中，优胜劣汰的竞争机制对于其供给效率——教育质量的提高至关重要。很难想像，一个缺乏竞争的教育体制会为民众提供高质量的教育；只有在允许适度竞争的体制下，教育质量才可能得到最大程度的提升。为此，必须打破政府对教育供给大包大揽、一统天下的传统观念，构建科学有效的教育成本分担机

① 资料来源：中经网统计数据库，http://db.cei.gov.cn/。

制，实现教育成本分担主体的多元化。

在我国，高度集中的教育管理体制对整个教育行业形成了绝对的垄断。一方面，它垄断了整个社会的教育资源，这种资源不仅包括国家对教育投入的资金、土地、实物等有形资源，还包括政策等无形资源；另一方面，它还垄断了教育的消费市场，民众的大部分教育支出只能通过这一教育体制得以实现。这种高度垄断的体制限制了民间资本的流入，抑制了教育市场的竞争，因而导致了教育质量的下降。

在这种情况下，社会力量办学很难与公立高校抗争，这就限制了教育领域的竞争，导致了我国高等教育办学的层次和形式的单一，单一的国立高等教育形式使得我国高等教育输出能力与高等教育社会需求之间处于严重的不平衡状态；使得国家财政性投入不集中，且缺乏必要的优胜劣汰机制，这使得我国的高等教育质量逐步呈现下降趋势，一些高校扩招后教育质量降低已成为不争的事实。而通过发展民办教育适度地引入竞争机制则是提高教育质量的重要途径。发达国家的教育发展实践也证明，高等教育免费制度是导致教育质量下降的重要原因之一，而大力发展民办教育，促进教育领域的竞争则是提高教育质量的重要途径。

除提高教育质量外，教育尤其是高等教育阶段成本分担主体的多元化还能通过以下两方面作用提高教育供给的效率。一方面，对于受教育者来说，适当的学费负担能够在客观上加强学生的成本意识，提高其在进行教育选择过程中的理性化与学习过程中的努力程度。另一方面，从教育需求者与教育供给者的关系上看，教育成本的多元化分摊有利于在学生和学校之间形成一种生产——消费的关系，有利于学校进行管理体制的改革，并在社会、学生个人和家庭的压力下进行课程、教学方面的改革以满足不同的教育需求。

（四）意义之三：扩大内需、拉动市场

教育成本分担主体多元化不仅是满足民众教育需求多元化的必然选择，更是拉动消费、激活市场、刺激经济的重要手段。2008 年中期，随着国际金融危机在全球范围内的快速扩散和蔓延，我国经济也面临着前所未有的挑战。在这种情况下，实施积极的财政政策、保证国民经济的平稳较快增长成为中央政府的第一要务。2008 年 11 月初，国务院推出了以增支、减税为主要内容的十项措施。之后，中央政府又积极采取措施拉动社会投资和民间消费。由于受全球性危机的影响，企业的投资行为更加小心谨慎，加之我国居民注重储蓄的传

统观念以及由此带来的相对保守的消费传统，刺激社会投资和居民消费成为中央政府一项重要而艰巨的任务。为应对危机影响，中央采取了一系列拉动市场的举措，这些措施及时、到位，为我国经济的发展注入了强劲的动力。但是在教育领域，我国潜在的、巨大市场却仍未得到开发。

在我国，教育领域存在着巨大的市场。中国人历来特别重视教育，舍得为教育花钱，即使在危机的影响下，民众的教育消费热情依然不减。2008 年 10 月，当国际金融危机蔓延势头正猛时，北京中国国际教育交流展览会的出国留学却仍然火爆。我们可以从中看到中国教育市场的潜力。在当今计算机网络视频技术高度发展的时代，我们完全有能力在国内举办中外合作办学，占领这个巨大的、极富潜力的市场。但是，在我们的教育主管部门，有上千份申请中外合作办学的报告放在那里几年来却得不到批准。在国内举办中外合作办学，既有中国共产党的政治教育保证正确的政治导向，又可以学到国际领先的知识和技术、引进国外先进的教学方法、取得国际认可的学历，还能开拓教育市场、进一步扩大内需，何乐而不为！此外，外国留学生的教育市场、我国的学历教育、终身教育、培训教育等都有着巨大的市场空间。

据教育部 2003 年发布的《中国教育与人力资源问题报告》显示，我国城市居民的教育支出已成为第二大支出，我国农村居民的教育支出也超过衣着，成为继食品和居住支出之后的第三大支出项目。搜狐教育频道2006年所作的大型网络调查教育分析报告则进一步指出，教育消费促使我国半数以上的家庭积极储蓄，同时也让四成家庭背上了债务。这表明，教育已成为我国多数家庭必备的高档消费品（如图 6－1 所示）。另据中国人民银行 2004 年进行的关于城乡居民储蓄的目的调查，“攒教育费”已经成为我国居民储蓄的首要目的，依次是“养老”、“买房装修”和“预防意外”，占比分别为 18.9%、14.1%、11.8% 和 10.7%。这些调查数据彰显了我国教育领域存在的广阔市场。但是，

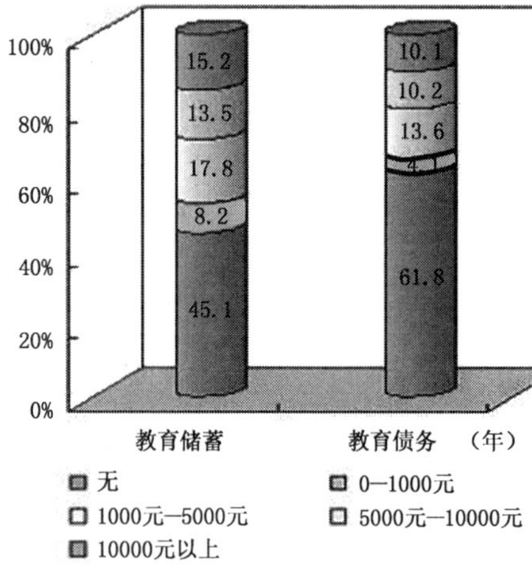

图 6－1 教育储蓄、教育债务各金额范围内的家庭比例

如此巨大的市场在我国却只处于潜在状态、远未得到开拓，其原因就在于教育主管部门领导不能划清公共财政与市场的界限，政府“大包大揽”式的管理使得社会资本很难流入上述领域，这些领域本来潜力巨大的市场被生生压制在极端有限的范围内。这对于市场的打击是非常巨大的。

从公共财政学理论来看，教育市场的开拓与教育的公益性并不矛盾。如前所述，从性质来说，一方面，教育具有明显的公益性，它对于社会经济、公共管理、社会环境及其他社会成员都具有明显的益处；另一方面，教育又具有强烈的私人受益特征，这是因为教育直接带来的是个人收益。这就决定了教育的“混合品”特征。而从资源配置角度看，作为一种稀缺性资源，教育资源供求的均衡和配置的效率同样受着成本、价格等因素的影响，这更需要教育市场的完善与发展。在政府全力以赴拉动内需的政策导向下，在教育领域内划不清公共政策与市场的界限对市场的打击应引起重视。可以想像，如果任由这种趋势发展，其对市场的危害必将迅速扩大，终使政府拉动市场、刺激经济的努力大打折扣；反之，如果我们积极开拓教育这个潜在的、巨大的市场，必将会对我国扩大内需、刺激经济增加强劲的动力。从这个角度看，教育成本分担主体多元化的作用已远远超出了教育领域的范围，惠及整个社会经济的发展，可谓意义深远。

（五）意义之四：缓解财政压力

政府财力的有限性也决定了实现教育成本分担主体多元化的客观必然性。随着社会的发展，教育、科技对经济增长的贡献越来越大，国家的综合实力和国际竞争力将越来越取决于教育发展、科技进步和知识创新的水平。简而言之，未来国家间的竞争最根本的将是教育竞争。然而，与世界各国相比，目前我国教育落后的状况仍然十分严峻。就高等教育来讲，我国高等教育的毛入学率1993年为3%，1999年为10.5%，2000年在高校普遍扩招后达到11%。到2005年，高等教育毛入学率达到21%，比2000年提高了10个百分点，可以说，进入了国际公认的大众化发展阶段。但与发达国家相比，差距仍然较大。美国高等教育的毛入学率1994年为96%，德国为49.5%，韩国为50.8%，日本为59.6%。按照我国目前教育事业发展的规划，到2020年高等教育的毛入学率可以达到40%，而这仅为发达国家20世纪90年代的水平，由此可以看出我国教育事业落后的严峻形势。为了扭转教育科技的落后局面，我国近些年来不断加大对教育的投入力度，逐渐提高了中央财政支出中教育经费所占的比例。然而与世界其他国家相比，我国仍然是世界上教育经费占 GDP 比重较低的国家之一。教育经费占国内生产总值的比重，世界平均水平为 4.9%，发达国家为 5.1%，欠发达国家为 4.1%，[①] 而我国的水平不仅低于发达国家，也低于世界平均水平，具体情况见表 6-1。有限的财政资金投入根本满足不了高等教育日益增长和参与国际竞争的需求。在我国，除北京大学等少数高等院校和一些大中城市的重点中小学校外，其他各类学校普遍认为自己经费不足，特别是边远山区的农村，教育资源更是严重不足。1995 年，我国颁布的《中华人民共和国教育法》第五十条规定："国家建立以财政拨款为主，其他多渠道筹措经费为辅的体制，逐步增加对教育的投入，保证国家举办的学校教育经费的稳定来源。"虽然我国教育尤其是高等教育多渠道筹措教育经费的格局已经基本形成，但是，我国的教育发展仍然长期受到经费短缺问题的困扰。尤其是自 1990 年以来，高等学校为了满足社会发展对高等教育的需要，持续的扩招使教育经费更显紧张。在这种情况下，动员社会、私人资金对教育的投入、建立科学合理的教育分担机制、实现教育成本分担主体的多元化便成为必然。

表 6-1　　我国的教育经费及其占 GDP 比重

年份 / 项目经费	1985	1990	1995	2000	2001	2002	2003	2004
教育经费合计（亿元）	226.9	659.4	1877.9	3849	4637.7	5480	6208	7243
教育经费占 GDP 比重（%）	2.5	3.6	3.21	4.31	4.8	5.4	3.32	4.53
财政性教育经费（亿元）	224.9	548.7	1411.5	2563	3057	3491	3851	4466
财政性教育经费占 GDP 比重（%）	2.5	2.96	2.41	2.87	3.19	3.41	3.28	2.79

资料来源：根据历年《中国统计年鉴》相关数据整理得到。

三、教育成本分担主体多元化的实施原则

教育成本分担主体多元化的实施需要通过科学、有效的教育成本分担机制来实现，这在现实中表现为多元化的教育投入机制。多元化的教育投入机制有

① 本部分数据引自历年《中国统计年鉴》。

效运转的前提条件之一是必须对各投入主体的权责予以界定，界定的标准就是权责划分的基本原则。一般而言，教育成本分担主体多元化的实施应遵循以下几条原则。

（一）受益原则

受益原则即利益获得原则，也就是“谁受益、谁付费”，它是指为了有效地分担教育成本，使成本负担合乎社会公平，在教育领域内实现“受益公平”——教育成本的支付应与收益相配合。教育对国家、社会和个人都是有利的。因此，教育投资也应该由国家、社会和个人三者分担。社会收益率较高的教育层次应以政府投入为主，私人长期收益率较高的教育层次应以私人投资为主；受益多的人应分担较多的成本，受益少的人分担较少的成本。英国古典经济学家亚当·斯密曾经指出：“教育机构的支出分明是对整个社会有利的，其费用由社会一般收入开支并无不当。可是，这费用如由那些直接得到教育收益或宗教收益的人支付，或者由以为有得到教育收益或宗教收益必要的人自发地出资开支，恐怕是同样妥当的，说不定还带有若干好处。”

——国家是教育的基础受益者之一，从教育的外部性来看，几乎各个层次、各种类型的教育都会使国家受益。因此，国家应在教育成本分担机制中发挥基础性作用。国家分担教育成本的主要形式包括：财政拨款；税收减免，这是政府在教育领域内的“税式支出”；专项补助，如对于重点学科、重点专业的补贴等；学生资助，如给予学生的奖学金、助学金、贷学金等；科研拨款。

——企业通过上交税金，支付人力资源培养费，为高智能劳动力提供高薪等方式，投资于教育。随着企业教育需求的愈加旺盛，一些有实力的企业已经开始了直接投资于教育的尝试。

——受教育者个人及其家庭承担教育成本。作为教育的直接受益者，受教育者个人及其家庭无疑也应当负担的教育的成本。从经济学角度看，受教育者个人及其家庭承担的教育成本包括两部分：一是私人支付的学费和生活费的直接成本（显性成本），二是达到法定工作年龄的学生因放弃就业而形成的机会成本（隐性成本），即其由于就学期为参加工作而减少的收入。

受益原则要求在各种层次或形式的教育供给中，各个受益主体按照其受益程度分担教育成本。对于那些私人受益特征明显的教育层次或教育形式来说，如果其成本全部由社会或国家负担，势必造成少数人受益、多数人（纳税人）负担的不公平状况。以高等教育为例。据统计，在1978年我国的国民收入中，个人份额为49.6%，到1995年已高达65.7%，而当时的高等教育费用主要是由国家负担的。1995年，国家财政收入占国民生产总值（GNP）的比重已经从1978年的32.2%下降到12.1%。[①] 个人高比例占有国民收入、低比例负担高等教育成本的政策使国家背上了沉重的包袱。另一方面，对于财力窘迫的发展中国家来说，由于政府的能力有限，如果高等教育成本全部由国家负担，加之不断膨胀的需求——如我国高等教育由精英教育向大众过渡阶段，提高大学入学率，这将使国家不堪重负。这显然违背了受益公平的原则。

（二）能力原则

能力原则要考虑的是：接受教育的人是否有能力承担应付的教育成本。从理论上讲，教育投资最终来源于国民收入，因此，谁占有国民收入，谁就应该负担教育投资。不占有国民收入的，也不可能负担教育投资，因此，能力原则亦即“谁占有国民收入谁负担”的原则。如果说，受益决定了负担教育投资的必要，那么占有国民收入则决定了负担教育投资的可能。在社会主义条件下，一定时期内的国民收入经过分配和再分配，形成了国家财政收入、企业税后利润和劳动者个人收入。既然国家、企业和劳动者个人都占有一定份额的国民收入，那么他们就应该而且可能负担一部分教育投资。从这个角度看，教育成本分担的能力结构取决于一定的经济发展水平下的财力分配结构，即财力在政府与个人之间的集中与分散程度。反过来说，财力分配结构不仅决定了社会和个人对教育成本分担的能力结构，而且决定了各自的成本分担份额。但是，占有国民收入份额高者不一定愿意投资于教育，愿意投资于教育的可能又没有或暂时没有能力占有更多的国民收入。因此，在一定的财力分配格局下，教育成本分担的能力结构还取决于各自的支出水平和支出结构：对政府而言，教育这种“混合品”成本的社会分担份额取决于其提供纯公共产品公共后的剩余能力；就个人而言，在一定的收入水平下，其分担能力取决于家庭的支出水平与支出结构。

在依据能力原则确定成本分担标准时，首先应该考虑社会和个人的平均分担能力或总体分担能力，即成本分担水平的确定应该符合社会大多数人的普遍分担能力，使分担标准能为大多数人接受。其次，还要参考成本分担能力的差异，即能力强者多分担一点，能力弱者少分担一点。再次，还要考虑社会和个

---

① 方宜：“简论高等教育的成本分担原则”，《华东经济管理》，2001年第8期。

人收入的增长潜力，这是对未来的成本分担能力的一种预测，这种增长潜力是适当提高成本分担水平的基本依据。最后，还可适当参考社会和个人的融资能力。①

从本质来看，受益原则和能力原则都属于社会公平的范畴。受益原则要求受益程度不同的主体负担不同的教育成本，体现了纵向公平；而能力原则要求教育分担机制的构建必须考虑各主体的负担能力，这在一定程度上体现了社会的横向公平。

（三）效率原则

除受益原则和能力原则外，效率原则也是构建科学、有效的教育分担机制必须遵循的原则之一。从经济学角度看，效率是指资源的配置符合帕累托最优的实现条件。对于教育这种特殊的社会产品而言，其效率主要体现在资源的最佳利用上，具体可以分为三个不同的层面：一是教育质量的提升，使各主体的教育付出“物有所值”；二是满足民众（消费者）的教育需求，实现教育的供求平衡；三是符合政府在教育领域内的大政方针（教育发展方向与策略）。这三个层面紧密联系在一起，形成了教育资源效率体系的主要框架。

对政府而言，财政用于教育的支出应“物尽其用”，最大程度地发挥其应有的功能。在科学、有效的教育分担机制下，有限的政府教育财力应该得到最有效的利用：通过教育市场的逐步放开，既可以满足不同层次、不同形式、不同类型的教育需求，办人民满意的教育，促进教育市场的供求均衡，又可以促进竞争，从整体上提高教育的质量；通过对重点学科、重点专业科研、教学力量施以“有的放矢”的财政支持，促进高新技术的研发，培养符合时代要求的新型人才；通过有针对性的地区转移支付、构建完善的贫困生扶助体系等途径促进社会公平。

对个人而言，科学、有效的教育分担机制应促使其珍惜来之不易的接受教育的机会，努力学习，提高自身综合素质。在政府一统天下的教育体制下，民众只是教育的被动接受者，不仅其特殊的教育需求得不到满足，更重要的是，这种政府大包大揽的体制极易在民众观念中形成“等、靠、要”的思想。而在民众为接受教育而支付相应成本的情况下，这种“等、靠、要”的思想便会在

---

① 冯文全、夏茂林：“高等教育成本分担的理论依据及原则选择”，2006年全国教育经济学年会会议论文。

一定程度上得到消除。至于消除程度如何，一个重要的因素便是教育成本分担机制的科学性。

因此，从效率角度考虑，教育分担的结构必须科学规范。这主要涉及两个层面的问题：一是教育的各相关主体付费比例问题；二是教育分担制度的设计问题。前者需要根据受益程度和现实状况来决定，而后者则主要是科学、有效的机制如何与原有传统和国情的有机融合问题。

（四）责任原则

责任原则，即谁有发展教育或接受教育的义务谁负担的原则。发展教育事业是国家的职能和义务。我国宪法第十九条规定："国家发展社会主义教育事业，提高全国人民的科学文化水平"、"国家鼓励集体经济组织、国家企业事业组织和其他社会力量依照法律规定举办各种教育事业"。因此，国家、集体经济组织、企业事业组织都应该负担教育投资。受教育，既是每个公民的权利，也是每个公民的义务。我国宪法第四十六条规定："中华人民共和国公民有受教育的权利和义务。"因此，受教育者个人（或其家庭）也应该负担一部分教育投资。

（五）各原则之间的关系

从宏观角度看，国家的教育发展方向和策略是指引和导向，教育分担机制则是实现教育发展目标乃至国家宏观政策的重要途径。在这一根本原则的框架下，上述几条原则的根本目标是一致的。虽然这几条原则各有侧重，但是，即使从微观角度看，它们也并不彼此孤立、相互分割，而是相互联系、并行不悖的：受益原则和能力原则同属社会公平的范畴，二者在一定程度上相互补充，共同形成了教育公平的基石；而公平与效率是经济社会发展两大永恒的主题，不可或缺，因此，效率原则在教育领域尤其是教育成本分担机制的构建中的重要作用不容忽视。此外，责任原则实际上体现了教育成本分担责任的"法定性"，因而是其他几项原则的重要保障。

虽然这些原则存在着如此紧密的联系，但其侧重点却有所不同，在一个国家构建其教育分担机制的过程中，其坚持原则的侧重点也会有所不同。这主要取决于国家经济社会发展所处的历史阶段、国情、教育发展状况及其教育体制传统。

四、各教育层次成本分担主体多元化的实施机制

要实现教育成本分担主体的多元化，一个科学、有效的教育分担机制必不可少。在这个分担机制中，根据不同教育层次的性质确定各主体的成本分担责任是最基本的原则。不同阶段的教育，其公共性有所不同：从初等教育到中等教育，再到高等教育，还有成人教育和职业教育，教育的目的性在不断增加，与每个人职业的相关性也越来越强，其公共产品的属性在逐渐淡化，私人产品的属性在不断增强。因此，在一个科学、有效的教育分担机制下，政府对不同教育阶段的教育投资和成本分担比例也应该是不同的：义务教育应主要由国家投资办学并提供经费来源；非义务教育阶段，应采用多元化的投资渠道，鼓励企业、社会组织团体、个人投资的加入，形成多元化的投资办学体制和经费分担机制。

（一）义务教育

义务教育对于一个国家的教育体系起一个“地基”的作用。对于义务教育可以从以下几方面看。

从国家的角度来看，义务教育具有很高的国家受益性，因此，国家提供义务教育的供给是一种不可推卸的责任。如果经济实力允许，国家应对义务教育实行全免费；如果国家经济实力不足以支撑，则可降低义务教育的年限，或是实行一定的成本分担机制，但国家必须占绝对的主体地位，并且国家应该公平地提供给全体国民。另外，考虑到教育的多样性需求，为满足部分选择性需求，可以允许部分高质量的私立学校存在。

1. 在义务教育的成本分担中，政府必须占主体地位。为此，政府应尽力提高对义务教育的重视程度，将义务教育摆在优先发展的位置，加大对义务教育的转移支付力度。同时，应建立起义务教育经费的有效保障机制，形成征收、预算、分配、管理、监控一体化的完善的拨款机制。同时，还要规范、建立各级政府在义务教育中的支出责任，在强调各级政府的责任意识的同时，中央政府应加大对发达地区、贫困地区义务教育的支持力度，并通过专门的预算

程序规范财政用于义务教育支出资金的使用，以保证财政资源的使用效率。

2. 在义务教育层次上，适度发展私立学校，满足民众对优质教育资源的需求。随着人们生活水平的逐渐提高，人们对义务教育的要求也越来越高，越来越多样化。正因如此，在义务教育领域适度发展私立学校有着深刻的现实必然性。在鼓励私立学校发展的同时，政府应建立起规范有效的监管制度体系，对私立学校的设立、收费、教育质量予以监控，发挥其应有的职能和作用。

从个人来看，接受义务教育是一种责任也是一种权利。由于义务教育具有极大的国家收益性，国家会强制适龄人口接受义务教育，对于受教育个人来说接受义务教育是一种责任，同时义务教育是人获得发展权的一种前提，因此对受教育者个人来说也是一种权利，是国家必须满足的一种一般性需求，与此同时还应该允许受教育者个人保留对教育的选择性需求，即承认义务教育阶段需求的多样性。

从世界各国的现实情况来看，义务教育阶段的投资主体无疑是国家，虽然英美等国家在 20 世纪 70 年代后都不约而同地改革了原来义务教育“就近入学”的办法，采取了“家长选择学校”的制度，引入了市场化的管理模式，但这一市场化运作的模式仍然是建立在公立教育为主体的基础之上的。以不同类型在校人数为例，2003 年美国义务教育阶段营利性私立学校在校人数也只占小学阶段总在校人数的 10.8%，英国为 4.9%。而这一数值在韩国为 1.3%，日本为 0.9%，法国为 0.2%。

（二）中等教育

我们这里所说的中等教育是 OECD 所界定的中等教育，它包括 3－4 年的初级中等教育和 2－4 年的高级中等教育，相当于我们国家的高中教育。从中等教育的性质看，一方面，其在消费上具有一定程度的竞争性和排他性。在既定教育规模下，中等教育消费的边际成本为正，不可能使所有希望接受教育者都如愿以偿；另一方面，中等教育的受益性与基础教育阶段相比有分散化的趋势：中等教育不仅使受教育者本人受益，还能产生巨大的外部效益，比如可以推动经济增长、提高民众文化素质等等。从国家的角度来看，中等教育是基础教育和高等教育之间的桥梁，没有一个合理的中等教育，基础教育将不知所去，高等教育将不知从何而来；从社会受益性的角度来讲，中等教育特别是其中的职业教育可以为企业培养大量的具有技能的劳动力，从而直接服务于生产；从个人的角度来说，通过接受中等教育特别是职业教育可以掌握一门技能，获得一种谋生的手段。中等教育特别是职业教育是人们从学校走向工作岗位进行知识储备、掌握必备劳动技能的必要阶段——掌握一技之长、解决就业问题既是受教育者个人受益，又是政府的重要责任，因此，中等教育兼有私人产品和公共产品的性质，属于混合产品。

根据中等教育的这些性质和特点，在其成本分担机制中，政府、社会、个人均应成为负担的主体。其中，政府应承担其中半数以上的成本，其中包括为中等教育拨款、补助以及构建贫困生扶助体系等多项内容。这是因为一方面中等教育具有较强的国家受益性，另一方面就业问题已经成为多数国家职能范围的重要内容。社会和个人也应为中等教育付费，这不仅是其从中受益的必然选择，更是提高中等教育供给效率、提升中等教育质量的必然要求。

《2004年世界银行中等教育报告》指出，作为教育民主化的结果，中等教育的发展出现了一种新的趋势：即无论是从课程设计、教学实践、法律框架、教师聘用筛选还是学生的背景和地位等方面，中等教育由原来的完全依附并伴随高等教育的变革而变革，到现在出现了与初等教育、基础教育越来越密切的关系，中等教育随着基础教育在各国的普及，其需求在世界范围内出现了不断扩大的趋势。世界银行的数据也表明，中等教育已经成为提高受教育年限的瓶颈，在过去的40年间，贫困和富裕国家接受过小学教育的人口比率差距是在缩小的，但接受中等教育的人口比率差距却是在不断拉大的。以我国为例：1998年至2002年，高等教育的升学率上升了37.4个百分点，达83.5%，而初中升高中的升学率却仅仅增长了7.6个百分点，2002年为58.3%。因此，一些发达国家，包括拉美、非洲、中东、亚洲的一些相对不太发达的国家都将中等教育纳入了全民教育的部分，政府投资在中等教育阶段的作用也越来越明显。

（三）高等教育

高等教育与其他阶段的教育相比有着较高的社会和个人受益性，而且这种受益性通过劳动力市场能够比较精确的衡量。从经济学角度看，高等教育产出的是人力资本。受过高等教育而具有专门知识和技能的人力资本服务于社会，一方面给个人带来了直接的回报——较高的职位、优厚的薪资福利以及远大的发展前景等，这些回报往往可以通过特定的方式得到较为精确的计量；另一方面也给社会带来福利（他创造的产品）——知识和技能转化为产品和服务时具有外在性。但是，与其对于国家和社会的外在性相比，高等教育的私人受益程度更为强烈。因此，根据受益原则，高等教育的各方受益主体——尤其是受教育者个人——均应参与高等教育的成本分担。

从供给方来说，高等教育不具有规模优势，其边际成本随着教育供给量的不断增大而升高，并且高等教育的生均成本远远大于其他教育阶段。随着基础教育和中等教育的普及，适龄人口对于高等教育的需求越来越大的，这也加剧了对于高等教育的需求。

从需求方的角度来说，一方面，高等教育作为人们改变自身命运的一种最主要的手段，人们对它的需求从心理层面来说是就高不就低的，要满足所有人对高质量的高等教育的心理需求并不现实。但另一方面，由于高等教育生均成本很高，许多具备学习能力的学生因为其家庭的经济状况而不能接受高等教育。

高等教育的以上特点导致以下情况的发生：

1. 高等教育阶段教育的市场化、成本分担机制向私人的转移不可避免。一方面，单凭政府的力量不足以满足需求的膨胀式增长；另一方面，单一的行政性垄断也不利于高等教育资源的配置。在高等教育的成本分担机制中，作为主要受益主体的个人和用人单位应成为教育成本的主要负担者。从个人角度看，其之所以愿意接受高等教育，是因为高等教育能为受教育者本人带来多种直接或间接的预期收益：受过高等教育的人知识面宽、工作能力强、职业适应性强，在防止失业和减缓失业的持续时间方面，高校毕业生总体上比未接受高等教育的人具有明显的优势；受过高等教育的人有更多的机会获得与较高社会地位和知识层次的人进行交流的机会，享受社会尊重的满足，提高日常生活的品味，欣赏更高层次的文化产品，得到精神的充实和满足等。因此，个人应该成为高等教育成本的主要承担者。从用人单位角度看，其要想提高工作效率，必须更多地使用高素质人才，高校毕业生往往是用人单位的首选目标。尤其在当今知识经济的背景下，企业间的竞争在一定意义上说，就是技术的竞争和人才的竞争，企业拥有劳动力和专门人才的数量、质量是其生存和发展的重要条件。从这个角度看，用人单位也应参与高等教育成本的分担。

2. 国家对于高等教育的投入必不可少。主要分为两部分。一是投入要体现国家的发展策略，市场配置资源往往存在短视行为，因而需要国家的参与，国家应该负责提供那些对于国家发展具有重要作用的专业以及一些高质量的精英型教育。二是投入要体现公平性，其中既包括对受教育者的公平，也包括对不同类型学校（包括公立、私立）的公平。为此，政府一方面要制定高等教育发展的规划、教育服务标准、高等教育市场竞争的“规则”等内容，并监督其执行和实施情况，保证高等教育的发展、市场的竞争达到国家预期的效果；另一方面要优化高等教育财政支出的结构，通过适当的机制保证高等教育财政支出的效率，保证高等教育财政资源“钱花在刀刃上”，用于最能体现国家教育政策、最能反映政府大政方针的教育支出领域。同时还要建立完善的高校贫困生扶助体系以在一定程度上保证社会公平。

（四）学前教育

学前教育的特点决定了它与各个家庭的实际情况有着密切的关系，包括家庭成员的组成、知识层次、社会地位、经济状况、工作状态以及家长的闲暇时间等。随着各个家庭对学龄前儿童启蒙教育重视程度的提高，对于启蒙教育也有着多样性的需求，这造成了各个家庭对于学前教育的需求具有多样性的特点，因此，如果完全由政府来提供学前教育很可能造成需求多样性与供给的单一性的矛盾，而且，还很有可能影响到对于其他教育领域的资金投入。所以在很多国家私人投资在学前教育里扮演了非常重要的角色。如：韩国、日本、新西兰、澳大利亚、美国等。这一方面满足了多样性的需求，另一方面也形成了竞争性的市场能够供给，提高了教育的质量。

但是，这并不意味着政府在学前教育层次不必承担任何的责任。从学前教育的性质来看，儿童启蒙教育不仅关系到其个人未来的成长与发展，而且关系到国民素质的提升和经济社会的进步。此外，随着市场经济的发展，家庭收入的差距也在逐渐加大，对于一些低收入家庭来说，其根本没有能力为孩子提供平均水平的学前教育，这在一定程度上导致了社会公平的丧失。因此，政府需要担负起为社会所有成员、所有家庭提供基本的、均等化的学前教育服务的责任。此外，考虑到学前教育领域规模庞大、差异明显的民众需求，政府还需要尽力维持一个比较竞争的市场，其核心是出台和完善相关的法律法规，具体内容包括：进入资格的限制，其中包括对资本、教育人才的要求；学前教育法人主体的认定，其权利义务；学前教育教学行为的规范等。

（五）成人教育

成人教育是传统学校教育向终身教育发展的一种新型教育制度，对于提高全民素质、促进经济社会发展有着重要的作用。从受益原则看，成人教育的主要受益者是受教育者本人，因此，个人应成为成人教育成本的主要承担者；从能力原则看，参加成人教育的人一般都已达到一定的年龄，具有一定的劳动能力和劳动经验，具有一定的经济收入，具有为接受成人教育付费的能力。因此，对他们来说，是否参加成人教育、参加何种形式的成人教育、以及参加成人教育的时间有多长完全可以根据自己的经济状况而定；从效率原则看，成人教育的完全市场化运作既可以满足民众的需求，又可以在很大程度上保证教育的质量。因此，成人教育必须逐步建立起符合自身特点的解决经费的路子，应主要依靠社会力量来办。政府除给予必要的奖励与扶持外，原则上这类教育的办学经费应由办学者和受益者合理承担。

世界各国的教育发展史表明，成人教育是国家教育体系的重要组成部分，亦是教育体系中非常活跃的部分。在发达国家的教育体系中，成人教育是规模最大、办学形式最灵活多样、涉及内容最广泛的一种教育形式。20 世纪 90 年代以来，随着科学技术的迅速发展、生产结构和产业结构的不断调整以及教育系统自身的不断变革，成人教育有了质的发展。促使成人教育的快速发展的一个非常重要的原因在于民众终身教育理念的形成。在联合国教科文组织的推动和美国社会各界的宣传号召下，终身教育已成为许多发达国家流行的教育思潮，并逐渐成为国家的基本教育策略和政策。在此基础上，终身学习和学习社会已经被越来越多的人所接受，并逐渐成为社会现实。因此，为了满足人们终身学习的需要，各国政府应逐步建立起一个人人终身学习、以学习者为中心的社会、一个适应各年龄阶段社会成员、无学习障碍的社会、一个以终身教育体系为基础的社会。

参考文献

[1] 张宇宏："我国高等教育经费来源多元化问题研究"，《东北师范大学硕士学位论文》，2007 年 5 月。

[2] 肖如恩："中国高等教育成本补偿现状及完善措施探析"，《南昌大学硕士学位论文》，2007 年 12 月。

[3] 邬大光、王建华："第三部门视野中的高等教育"，《高等教育研究》，2002 年第 2 期。

[4] 方宜："简论高等教育的成本分担原则"，《华东经济管理》，2001 年第 8 期。

[5] 冯文全、夏茂林："高等教育成本分担的理论依据及原则选择"，2006 年全国教育经济学年会会议论文。

[6] 夏永红："我国义务教育成本分担的理论分析和机制探讨"，《国家教育行政学院学报》，2008 年第 3 期。

[7] 皮江红："论高等职业教育成本的社会分担"，《浙江工业大学学报》，2007 年第 9 期。

[8] 陈岳堂、浣坚："浅谈高等教育成本分担机制"，《当代教育论坛》，2008 年第 5 期。

第七章 教育多元化发展的国际实践

在经历了最初的私人投资办学到政府承担教育供给职责的转变之后，教育的发展迎来了新的时代。如今，面临着不断增长的、日益多样性的教育需求，政府捉襟见肘的教育财力越来越不能满足教育发展的巨大需求。在教育成本分担理论以及一系列社会的、政治的现代发展理论的激励下，世界各国广泛地开始了教育多元化发展的实践，逐渐实现了教育成本分担主体的多元化。经过多年的实践，这些国家的教育成本分担机制建设、教育的多元化发展取得了显著的成绩，这些成绩给我们提供了宝贵的经验，同时，其改革过程中的挫折与失误也使我们认识到了教育改革的艰辛。

一、教育多元化发展的国际概况

随着教育需求的日益多元化，世界许多国家的教育形式、教育成本的分担主体也逐渐呈现出多元化的发展趋势。为应对不断增长的、日益多元化的教育需求，许多国家都将发展多元化教育作为自己教育改革的主要趋势和方向。这一趋势和方向集中体现在各国教育成本分担机制的变迁上。从历史发展来看，教育成本分担机制的发展经历了私人投资办学、政府对公民教育负责、建立多元化的办学体制三个阶段。从现状看，各国教育成本分担机制采取的模式各有不同。

(一)教育投资办学和经费分担机制的历史演绎

国际上，教育投资办学和经费分担机制经历了三个不同的历史时期：

第一个时期：18世纪以前，教育主要由私人投资办学，经费主要由受教育者承担，政府管理上放任自流。18世纪以前，虽然也存在政府投资办学和主要承担教育经费的现象，如古希腊时期，斯巴达为7岁至18岁的男子设立兵营式的教练所，为18岁以上的男子设立青年“士官团”(即“埃弗比”)，借军事编制行尚武教育。但主流却是私人办学，受教育者自费承担教育经费，就学任选，政府不求整齐划一。如古雅典由私人设置了包括体操学校、音乐学校、文法学校、修辞学校、哲学家学校等多种类型的学校；早期东方的中国、日本等国则主要实行私塾教育；早期欧洲的教会和其他宗教团体举办的学校教育也很有名。

第二个时期：19世纪开始，政府逐渐对公民教育负责，实现了教育由私人投资办学体制到国家控制下的多元化办学体制的转变，国家在教育中的地位凸显。早在1763年，德国(普鲁士)就率先开始实施义务教育政策。19世纪开始，政府应该对公民教育负责的观点在欧美被广泛接受，美国(马萨诸塞州)于19世纪50年代，英国、日本于19世纪70年代也分别开始实行义务教育。19世纪的德国更进一步将初等学校、中学和大学教育逐渐改由国家管理，并于1872年的德意志帝国的教育规章中，明确将6岁至14岁的8年初等教育定为强迫义务教育阶段。二战后，许多发达国家大力推行福利国家政策，各级政府不仅实施年限更长的免费义务教育，而且实施高等教育大众化的政策，为数量庞大的大学生提供几乎免费的教育，从而使教育成了许多国家财政开支最大的部门。

第三个时期：20世纪70年代以来，一方面各国发展多元办学体制，下放办学自主权，积极发展私立学校和实行学校私营政策；另一方面，政府教育经费拨款减少，学校教育经费多渠道筹措。美国一方面大力推进特许学校政策，重新改造现行公立中小学体制，实行自主管理，吸引财团或企业合作办学；另一方面试行教育券制度，支持中小学生在公私立学校之间选择就学。英国撒切尔夫人的“援助计划”和学校自我管理的政策，则在财政和管理权方面给私立学校的发展创造了良好的空间。

（二）教育投资办学和经费分担机制的三种模式

教育投资办学公私立并举，教育经费由财政、社会、个人分担既是世界各国的现状，也顺应时代发展的潮流。但各国教育投资办学和经费分担机制，由于历史条件、人文环境、经济发展水平以及人口因素的不同而存在一定程度的差异，大体可以归并为三种模式：

1. 高福利模式，重政府集权、轻市场竞争，国家在教育经费上投入较多，不仅负责义务教育，也承担了非义务教育的主要经费。典型国家包括德国、法国、瑞典、前苏联等。以德国高等教育为例，在德国联邦制架构中，大学主要由州财政资助。联邦和州两个层次的高等教育拨款都依法行事，并受5年期的规划指导。1969年之后，联邦政府通过颁布《高等院校基本建设促进法》和《高等教育总法》等教育政策方面重要法律，确定了政府与大学的关系，成立了高等院校建设规划委员会，强调对特别项目进行支持，一般负责大学建设的一半资金（用于基本建设和配备大型设备），另一半则由州政府负担。联邦政府还通过诸多的科研资助方案对大学给予科研拨款。此外，联邦政府还向德国研究协会、马普协会、弗劳恩霍夫协会等机构提供科研资金，而这些资金的相当一部分拨付给了大学。与此同时，联邦外交部、教育部、科技部还通过德国学术交流中心、洪堡基金会等机构向高等学校提供资助。德国科学委员会作为一种有效的渠道，负责就高等教育基本建设向联邦和州提出建议，以使学术界对民主决策和预算过程产生影响，预算管理和执行依照传统的会计和审查方式由联邦和州的审计署负责控制。收支纳入不同的账目，拨付用途明确，控制检查严格。

随着两德合并和欧洲一体化进程的加速以及高等教育市场的开放，高福利的教育政策导致德国高等教育公共资源严重不足。20世纪90年代中期以来为缓解这种状况，德国在削减教育经费的同时，扩大了高等教育机构资金筹措、管理、使用方面的自主权。世界上许多此种模式的其他国家也都纷纷实行了改革，如英国、澳大利亚等国家也已由原来教育的高福利模式慢慢向部分市场化的模式转变。

2. 第二种模式的典型代表是美国、日本，政府主要负责提供义务教育，而高等教育的市场化程度是比较高的，且无论公立或是私立学校都能获得国家的资助，并且以法律形式规定下来。以美国为例，美国奉行的“公私立并举”的国家教育方针，使得美国的高等教育形成投资办学主体多元化的特点。美国联邦政府对高等教育的财政拨款是以国会立法的形式确定的，其目的主要是为了实现教育机会均等、教育大众化以及民主化，并使一些重要学科的教育适应国际竞争的需要。私立大学经费来源主要是接受捐赠和收取学费，还可以通过科学研究、经营及其他服务获取一定收入。美国鼓励大企业家兴办教育，美国税法规定捐给教育或其他公益事业的钱可以抵税。

3. 第三种模式的典型代表是韩国和中国台湾等，这些国家和地区特别重视教育对科技和经济的促进作用，一方面政府对教育的投入较高；另一方面特别重视私人力量和资金对教育的投入。以韩国为例。韩国是近几年来教育事业发展最快的一个国家，其2004年人均GDP达到15916美元，在30个OECD组织成员国中仅排第24位，但其对教育的总投入却占到GDP的8.2%，在OECD组织成员国中排名第一位。值得注意的是，在占GDP 8.2%的教育投资中韩国政府的公共资金对教育的投入仅为4.8%，在所有OECD组织成员国中排名14位，而来自占GDP 3.4%的私人教育投资将韩国的教育投资占GDP的比重推到了世界的最高峰。据OECD统计，韩国完成高中教育的人口占适龄入学人口的比重由40年前的31%，在OECD组织中排名24位，提高到现在的95%，在OECD组织中排名第1位。受高等教育的人口占适龄人口的比率由40年前的11%，提高到10年前的25%，在OECD组织成员国中的排名也由原来的第19位提高到10年前的第5位。韩国教育市场化程度很高，如表7-1所示，国家主要投资于义务教育阶段，市场化则只是解决义务教育阶段教育需求多样性的补充形式；普通高中和职业高中教育部分，私立中等教育约占一半；高等教育（初级学院和高级学院）部分，政府主要负责举办一些精英大学，75%-80%高校属于私立。韩国教育的市场化参与程度是很高的，大部分的学生都就读于私立大学，而且从趋势上来看，高等教育的市场化参与程度也是逐年加强的。

表7-1　韩国各阶段学生就读私立学校的比重　　单位：%

年　份	小　学	初　中	普通高中	职业高中	初级学院	大　学
1970	1.1	48.6	60.4	48.1	57.0	75.4
1980	1.3	38.8	61.8	56.5	83.7	71.5
1990	1.4	28.6	61.7	61.7	91.7	75.5
2000	1.3	22.1	57.1	50.9	95.9	77.7
2004	1.2	19.6	50.9	49.0	95.7	78.4

资料来源：KEDI，*Statistical yearbook of education*.

二、各国教育投资多元化的结构

虽然各国实施的教育成本分担模式和机制并不相同，但是从教育投资多元化的结构来看，无论是教育投入结构、教育资金来源结构，还是不同教育阶段的资金结构，各国教育成本分担机制的发展都呈现出一些共同的特点和趋势。

（一）教育投入结构

从教育投入来看，虽然各国对高等教育的投入要远远大于对其他教育的投入，但高等教育生均成本的下降却是一个不争的事实。从总量的投入来看，对高等教育的投入量以及投入的增长比率要远远大于对小学、中学、技能教育（post－secondary non－tertiary education）的投入增长比率。这一点可通过图7－1得到证明。图7－1的第一幅图是以小学、中学、包括中学后的技能教育的投入与GDP做比较。第二幅是以大学教育的投入与GDP作比较。图中，黑条纹代表以1995年为基数值（100）的2002年的GDP数据，白条纹代表1995年为基数值（100）的2002年各阶段教育总投入量的数值。通过比较可以发现，各国对大学教育总投入的增长速度要远远大于对其他教育的投入，并且各国对高等教育投入的增长速度普遍快于GDP的增速，这主要是因为高等教育的生均成本要远远大于其他教育阶段的缘故。

小学、中学、中学后的技能教育投入与GDP的比较

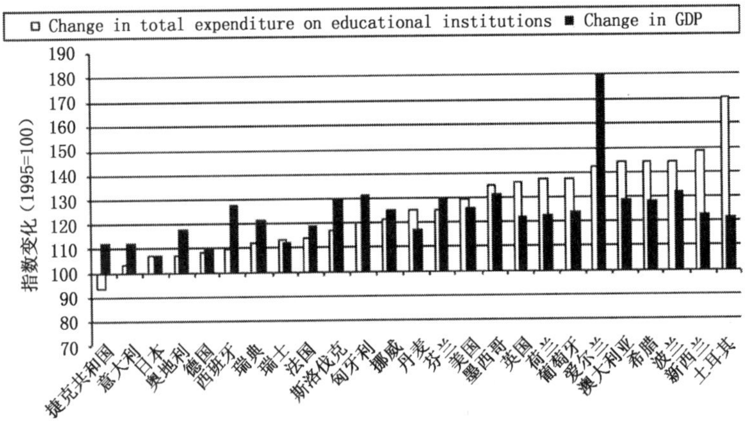

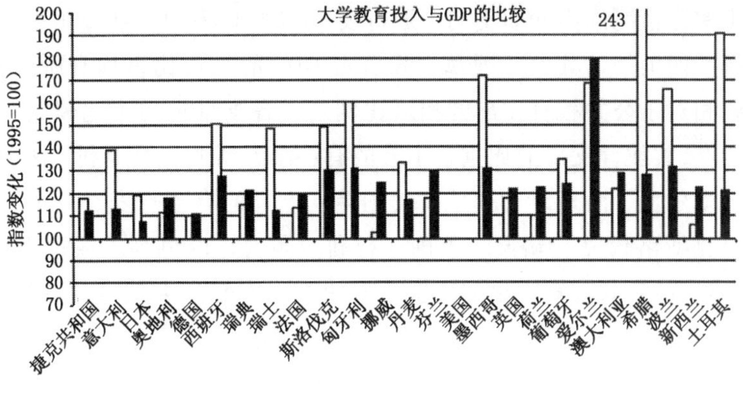

资料来源：OECD Table B2.1b. See Annex 3 for notes（www.oecd.org/edu/eag2005）

图 7－1　各国对教育的投入与 GDP 的比较

但是，从生均成本来说，高等教育阶段的生均成本却是逐年下降的，这与其他阶段生均成本的逐年上升形成了鲜明的对比。从 2002 年 OECD 提供的数据横向来看，OECD 国家学生均平均支出以美元计分别为学前教育 4294 美元、小学教育 5313 美元、初中教育 6089 美元、高中教育 7121 美元、职业教育 4602 美元、高等教育（不包括科研经费）7299 美元，如以 1995 年和 2002 年的数据比较，在澳大利亚、希腊、爱尔兰、新西兰、波兰、葡萄牙、西班牙和土耳其，非高等教育生均成本提高了 30%或更高。而在高等教育领域，某些国家生均成本则下降 10%以上，这种情况既出现在入学人数迅速增加的捷克、波兰和斯洛伐克共和国，也出现在增加较慢的澳大利亚和瑞典。

从世界范围看，这主要是因为日益扩大的高等教育需求引起了高等教育系统规模的扩大，从而使本已承受着巨大压力的公共预算面临了更大的开支负担，正是这种支出的压力导致了高等教育生均成本的削减。而在小学和中学教育中情况却是恰恰相反，由于存在某些人口方面的原因造成了入学人数下降的情况，而且许多发展中国家也已经意识到基础教育或者说是义务教育对于一国教育体系至关重要的作用，有意识的加大了对这些教育阶段的投入，因此世界上不论发达国家还是发展中国家，他们的小学和初中教育的学生人均开支均呈现出上升的趋势。

（二）教育资金来源结构

从教育资金的来源看，政府投资总体数量（即各个教育阶段投资的总数量）与私人投资总体数量（个人家庭负担、社会投资等）的比例关系的变化根据各国家实际情况的不同而不同。通过表 7-2 可以看出，除爱尔兰、西班牙、美国、挪威四国外，其他各国私人投资占 GDP 的绝对比重均有所上升。但从私人投资相对于公共教育支出的相对比例来看各国呈现出了比较大的差异性。私人投资/公共教育支出的比重，下降的有：澳大利亚、奥地利、法国、德国、匈牙利、爱尔兰、西班牙、挪威、美国等；上升的有：丹麦、日本、墨西哥、荷兰、捷克斯洛伐克、瑞典、英国、智利、印度、以色列。通过观察可以发现，私人投资/公共教育支出的比重上升的有许多是过去教育领域的高福利国家，如英国、瑞典、丹麦。还有一点应该引起我们的注意的就是，许多发展中国家和新兴工业化国家的私人教育投资/公共教育支出的比重也都有所上升：印度从 1995 年的 0.045 上升到 2002 年的 0.412，上升了近 10 倍，墨西哥、智利、韩国等国也有不同程度的上升。

表 7-2　部分 OECD 及其合作国家私人投资占 GDP 比重以及私人投资/公共教育支出的数值变化

国　家	2002 年		1995 年	
	私人投资	私人/公共	私人投资	私人/公共
奥地利	0.3	0.047091	0.3	0.053963
澳大利亚	1.5	0.343578	1.2	0.267458
丹麦	0.3	0.040864	0.2	0.036026
法国	0.4	0.066593	0.4	0.071049
德国	0.9	0.199876	0.9	0.204086
匈牙利	0.6	0.113178	0.6	0.12387
爱尔兰	0.3	0.069597	0.5	0.112051
日本	1.2	0.341994	1.1	0.326422
墨西哥	1.1	0.221563	1.0	0.21087
荷兰	0.5	0.097326	0.4	0.088889
挪威	0.3	0.039322	0.4	0.055057
斯洛伐克	0.2	0.049519	0.1	0.028289
西班牙	0.5	0.124957	0.9	0.187734

续表

国 家	2002 年		1995 年	
	私人投资	私人/公共	私人投资	私人/公共
瑞典	0.2	0.026204	0.1	0.018033
英国	0.9	0.182873	0.7	0.145195
美国	1.9	0.354893	2.2	0.442231
智利	3.2	0.792426	2.2	0.77193
印度	1.4	0.411765	0.2	0.04491
以色列	1.7	0.226826	1.5	0.217391

注：数据整理于 OECD *Education at a Glance 2005* Indicator B2：Expenditure on educational institutions relative to Gross Domestic Product.

（三）不同教育阶段的成本分担结构

从不同的教育阶段来看，各国教育分担结构呈现出一定的规律性：义务教育和高中教育国家投入占绝对主体地位，学前教育和高等教育较多实行市场化运作。图 7 - 2 是 OECD 统计的不同教育阶段教育投资的来源情况，分别是学前教育阶段、基础教育与中等教育阶段和高等教育阶段，它清楚地反映了这一趋势。

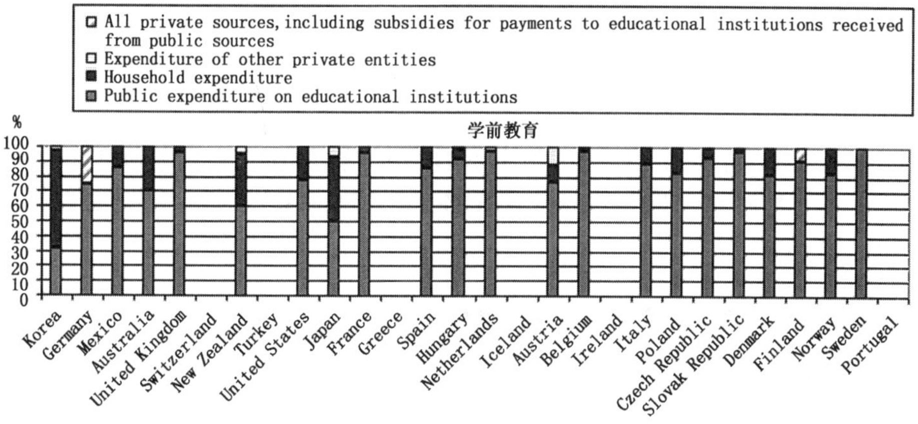

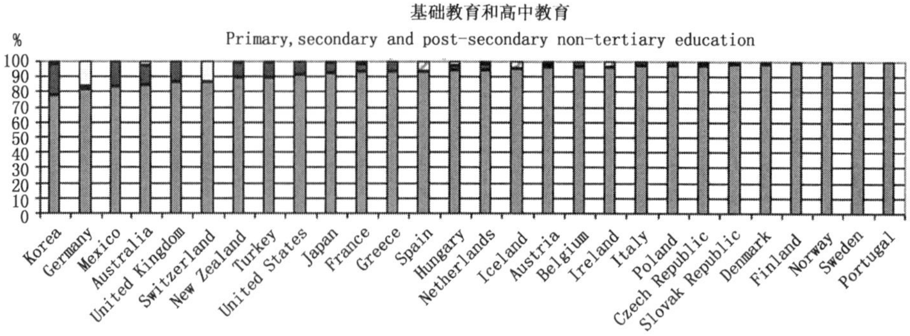

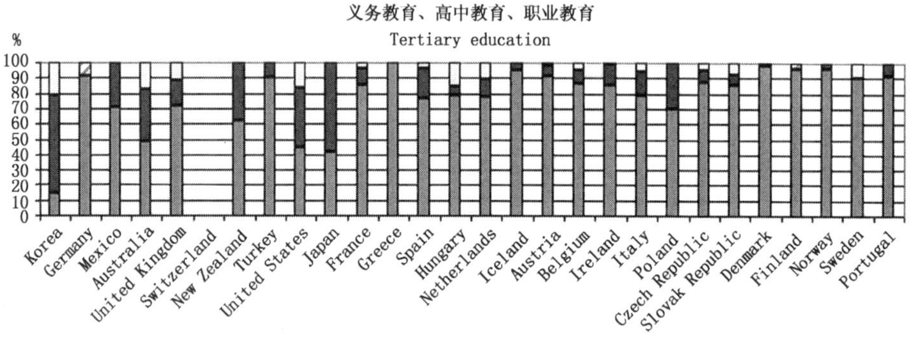

图 7－2 Distribution of public and private expenditure on educational institutions（2002）

资料来源：OCED.

三、典型国家（地区）发展多元化教育的实践和经验教训

从各国而言，由于国情不同，其发展多元化教育的机制——教育成本分担机制也各不相同。这里，选取美国、日本等国家以及我国香港、台湾地区的实际做法进行分析。

（一）美国教育投资现状与政策分析

美国的社会经济发展得益于美国高质量的教育，在这一过程中，社会和受教育者都得到了相应的实际利益。美国更是在其宪法中规定，教育是美国各州的保留权利。教育是美国政府开支比较大的项目。据美国教育统计资料显示，2007年美国财政教育投资共计9720亿美元，占美国GDP的7.4%左右，其中基础义务教育支出占总支出的62%，高等教育支出占38%。美国教育总投资在1997－2007的10年间增长了40个百分点，基础义务教育支出增加了38个百分点。[①] 州与地方政府（学区）对教育的投入远大于联邦政府，且有增长趋势。因为美国宪法规定，教育是各州的保留权力。据统计，1999年，教育经费占州和地方政府支出的35%左右。美国政府对中小学教育的拨款多于高等教育的拨款。

1. 中小学教育经费来源与分配。美国在基础义务教育阶段的教育经费全部由政府承担。经费来源包括联邦、州和地方（学区）三级政府拨款，其中以州和地方提供经费为主。据2004年的数据显示联邦政府教育支出仅占总支出的9%左右，而州政府和地方政府（学区）则承担了更多的经费，分别为47%和44%。虽然政府对中小学教育投入占总体的份额并不大，且联邦政府主要通过专项拨款实现对其州和地方学区教育发展的影响和教育政策的引导，但其作用和数量却是巨大的。它在很大程度上保证了教育机会的均等和义务教育的普及，特别是对条件不利地区人群的义务教育有重要的扶持作用。联邦、州和地方政府对教育的拨款大多来自政府预算，即政府日常收入所依赖的各项税收。个人所得税和消费税是联邦和州政府支持中小学教育的主要经费来源，财产税是地方政府支持中小学教育的主要经费来源。但因各地财产状况差别很大，所以同样税率所产生的财产税往往相差甚远。

尽管美国各州的义务教育方面的投入情况和水平存在差异，但各州的平均投入水平仍居于世界前列。在义务教育投资的管理上，美国以州为核心，依托于学区，直接服务于学校，并争取联邦的支持，形成了责权分明、管理层次清晰的有效管理体制。

2. 高等教育经费来源与分配。美国的高等教育十分发达，规模巨大，各种类型的高等学校近4000所。长期以来，美国高等教育形成了多渠道经费筹措体制。公立和私立学校在虽然在经费比例结构上有所不同，但经费获得途径基本相同。如表7－3和表7－4所示，各级政府的拨款、学生承担的学费和学校的服务收入是美国高等学校的三大经济来源。虽然近年来这三项收入的合计

---

① 资料来源：U.S. Department of Education, National Center for Education Statistics, digest of education statistics 2008。

占总经费的比例稍有下降，但仍占有主导地位。例如，2000 年这三项收入占全部经常性经费的比例，在公立高等学校高达 90%以上，私立高等学校只有 80%以上。其中，政府拨款是公立高等学校最大的一项经费来源，而学杂费收入是私立高等学校的首要经费渠道。

表 7-3　　1995-2001 年美国公立高等学校经费来源结构　　单位：%

年　份	合　计	学　费	联邦政府	州政府	地方政府	捐赠收入	服务和销售收入	其　他
1995/1996	100	18.8	11.1	35.8	4.1	4.7	22.2	3.3
1996/1997	100	19.0	11.0	35.6	3.9	4.9	22.2	3.3
1997/1998	100	18.9	10.6	35.7	3.8	5.2	22.2	3.7
1998/1999	100	18.9	10.7	36.0	3.8	5.4	21.8	3.5
1999/2000	100	18.5	10.8	35.8	3.8	5.5	21.6	3.9
2000/2001	100	18.1	11.2	35.6	4.0	5.8	21.6	3.7

资料来源：National Center for Education Statistics digest for education statistics tables and figures 2005.

表 7-4　　1997-2003 年美国私立高等教育经费来源结构　　单位：%

年　份	合计	学费	联邦政府	州政府	地方政府	捐赠收入	投资收益	服务和销售收入	其　他
1997/1998	100	27.8	11.7	1.0	0.5	13.9	23.4	17.4	4.2
1998/1999	100	29.3	12.1	1.1	0.6	14.9	10.6	18.3	4.1
1999/2000	100	24.6	10.1	0.9	0.5	13.7	31.3	15.3	3.7
2000/2001	100	38.1	16.3	1.4	0.6	19.3	-4.4	23.5	5.1
2001/2002	100	39.6	17.5	1.5	0.6	18.3	-7.8	24.4	5.7
2002/2003	100	34.1	15.7	1.4	0.5	13.6	8.8	20.6	5.2

资料来源：National Center for Education Statistics digest for education statistics tables and figures 2005.

关于政府拨款，美国联邦政府在 200 多年间通过了一系列高等教育法案，逐步完善了高等教育立法体系。在这些法案当中，1976 年发生在美国加利福尼亚州的瑟拉纳诉普瑞斯特案例（Serrano v. Priest）具有划时代的意义，它引起了国家对地方公立学校筹集资金的关注。最终法院裁决，任何把公立学校学生人均支出与该地区财产税基联系的筹集公共教育资金的计划都是违背国家宪法“公平保护”条款的行为。这一判决迫使加州政府实行了新的学校筹资体系。如今，从总体上看，政府拨款仍是高等教育经费来源的重要组成部分。近年来，政府对高等教育的投资占总体经费的比例虽有下降，但投资总量仍在不断增长。

政府主要通过立法拨款、科研拨款和设立奖、贷学金的方式为高等教育提供资助。联邦政府的拨款依据是高校的科研水平高，能在公开的招投标竞争中取胜，而不是高等学校的类型是公立还是私立。这种办法不仅有助于各高校开展竞争，提高科研水平，而且有助于使科研更好地为国家战略利益服务。联邦政府对高等学校的财政资助主要包括：对贫困学生的资助补贴，科研经费拨款和设立科学研究助理和有偿赠款或合同性拨款等。其中对学生资助和科研拨款为主要项目。联邦政府对私立高等学校的拨款比例高于公立高等学校。对于私立高等学校，政府拨款主要来自联邦政府。如今，美国联邦政府对高等教育的投资在公立大学和私立大学的收入来源中都超过10%的比例，近几年在私立大学中的比例都超过了公立大学，如表7－3显示，2000－2001年和2001－2002年两个年度中联邦政府的投资比例，私立大学分别为16.3%和17.5%，而公立大学为10.8%和11.2%。

在各级政府拨款中，州政府拨款占绝对优势，因根据宪法，州政府对高等教育具有保留权力。而在私立高等学校中，政府拨款位居第三，如1996年占总经费来源的比例仅为16%。美国州政府对高等学校的拨款管理比联邦政府更直接。各州对高等学校的拨款有明确规定，包括拨款标准、拨款程序、拨款重点与范围，以及拨款经费的使用方向等。州政府拨款方式各不相同，体现了美国社会的多元化特点。但总的来说，拨款方式大体可分增量拨款法、合同拨款法和公式拨款法等。

3. 资助体系。美国政府、高等学校对大学生的资助，经长期演变，形成了目前世界上较全面的以助学金、学生贷款、奖学金和半工半读为主的混合资助制度（如表7－5所示）。混合资助方式能使各方利益达到相对动态的平衡，使各种资助方式都能发挥有效功能。助学金制度由联邦政府设立，以保证经济困难的学生不因付不起学费而放弃学业。学生贷款经费来源主要是联邦政府。由于大学学费不断攀升，使许多贫困学生无法支付，为完成学业不得不贷款。贷款也能使学生有经济能力就读收费较高的名牌大学或热门专业，由于学生从这些学校或专业毕业后更有可能找到收入较高的工作，所以更具有偿还能力。奖学金是以学生学习成绩为标准的资助形式。美国各州都设立了多种多样的奖学金，作为激励因素以鼓励学生提高学业水平，同时也可吸引优秀人才。半工半读类似我国的勤工俭学，主要由联邦政府基金资助。半工半读既可培养学生自立能力，又增加了学生的实践机会。

表 7-5　　美国学生资助项目概要

项目类型	资助项目	特　点	项目细则和对象	每年的资助额度
助学金	佩尔助学金	无须偿还	获得者几乎全是本科生 符合资助条件的学生都可以得到所申请的数额	2004/2006 年为 400 美元 - 4050 美元 2005/2006 年根据项目资金确定
	补助教育机会助学金	无须偿还	针对特别困难的本科生 优先考虑获得佩尔助学金的学生；资助的获得依据所在的学校	100 美元 - 4000 美元
勤工助学	勤工助学	入学后获得，无须偿还	为本科生和研究生 工作可以在校内外 要支付学生最低工资	无最低和最高资助额度
学生贷款	帕金斯贷款	必须偿还	利率为 5%，针对本科生和研究生；贷款偿还给负责发放的学校	最高贷款数额：本科生 4000 美元，研究生 6000 美元；没有最低限度
	资助型联邦斯泰福贷款或直接斯泰富贷款①	必须偿还	注册在校学习时间不低于学校规定时间的一半的学生；美国教育部支付借款者在校、宽限期和展期的利息	2625 美元 - 8500 美元，根据年级不同而不同
	非资助型联邦斯泰富贷款或直接斯泰富贷款②	必须偿还	注册在校学习时间不低于学校规定时间的一半的学生；借款者支付贷款期间利息；经济困难不是必要条件	2625 美元 - 8500 美元，根据年级不同而不同（包括同期获得的资助型贷款数额）
	联邦本科生教育贷款或直接的本科上家庭教育贷款	必须偿还	注册在校学习时间不低于学校规定时间的一半以上且经济非独立的本科生的家长	最高数额是入学成本减去其他学生资助，没有最低限额

注：①此类斯泰富贷款来自联邦家庭教育贷款项目，通常称为联邦斯泰富贷款或联邦家庭教育斯泰富贷款。

②此类斯泰富贷款来自威廉·D. 福特联邦直接贷款项目，通常称为直接贷款。

资料来源：Federal Student Aid Information Center. The Student Guide 2005 - 2006 Financial Aid from the U.S Department of Education. Washington DC：US Government，2005.2.

4. 经验与教训。

（1）完善的、多元化的经费来源体系保障公私立学校健康发展。一方面，美国政府充分利用税收政策保证教育资金的来源。美国各州政府不仅用各种税收中所得的经费资助本州的公私立学校，同时，联邦和各州政府还制定了专门的税收法律来鼓励社会各界资助教育。另一方面，美国长期以来实践形成了一套行之有效的高等教育募款机制，由独立的部门、专业的人员、多渠道的进行募款。同时美国高校募款过程中非常注重捐款人与学校之间的经济利益，也就是通过对捐赠资产进行保值、增值和利用国家对教育倾斜的税收政策，如对私立学校的捐赠实行税费抵扣等多样化的募款计划，使捐赠人与学校双方获利，强有力地支持了私人教育。这种长期稳定的捐赠机制和法律保障，让捐款人“名利双收”，在学校与捐款人之间创造出“双赢”的局面。

（2）美国中小学教育投资体系注重于教育投资的平等性，忽视了教育的效率。近年研究发现，虽然教育经费与学生受教育的机会紧密联系，但教育经费的多寡并不直接决定学生成绩的好坏。教育财政研究的重要课题是通过有限的教育经费提高教育产出，而在 NCLB 法《不让一个孩子落后（No Child Left Behind)》通过后，各州更致力将投入与教育绩效责任（Accountability）联系。

虽然美国政府对中小学教育投入经费越来越多，但并没有换来学生成绩的提高，事与愿违。一些研究者认为，造成这种现象的原因比较复杂，但主要由于美国公立教育处于垄断地位，缺少竞争机制，从而造成了经费使用效率低下。为此，有些地方引入竞争机制，改革体制弊端，给予家长和学生具有充分选择学校的权力。学校为能够吸引更多的生源，采取多种办法，并提高教育经费的使用效率，从而使教育质量得到整体提高。

（3）政府和高等学校的决策者面临的挑战是如何把握好高等学校的发展与遵循市场规则的关系，处理好市场利益与高等学校所承担的神圣职责的冲突，调节“供求关系”，真正使大学适应社会的发展，为公众变化的需求服务。美国社会建立在自由市场经济基础之上，崇尚和鼓励自由竞争。美国高等学校自诞生起就在竞争环境中求生存谋发展，其教育系统鼓励革新，以适应社会需求变化，并致力于因时势的发展作出迅速反应。自治、竞争的机制使得美国高等学校能够适应形势变化，作出灵活反应。然而，当市场力量过于“入侵”高等教育时，平衡将被打破，从而导致决策者的战略性选择更多的被市场左右，而非从教育发展的长远目标出发，带着功利主义色彩。比如，随着人才竞争日益激烈，大学某些学科（如医学等）的发展、研究计划也变得庞大，不堪重负，这样就需要有更多的资助，企业对高等学校进行经济援助的同时，难免对其学科发展带来人为的干扰具有越来越多的控制权，使得学科教育受短期的市场利益左右。同时，市场化使得高等学校可能过于商业化，造成对基础学科的忽视懈怠，以及高等学校内部资源分布不合理，浪费惊人。

（二）日本教育投资现状与政策分析

1. 日本的财政教育投资。日本现行的教育行政管理体制是由宪法和教育基本法决定的。宪法规定教育是人民的权利。从1970年至1982年，日本公共教育经费年增长率为15.8%。公共教育费在国民收入中所占的比率从1970年的4.7%上升到1982年的7.2%。从国际上看，这个比率，与美国不相上下，略低于英国的7.5%，高于法国、西德。即使在经济发展的低速增长或停滞时期，教育经费的投入也保持了较高的增长率。例如，1981年国民收入增长4.4%，而教育费仍保持在1.4%的增长率。在经济发展不景气的年头，日本政府紧缩行政开支，降低消费性开支，以保证教育投资。2002年，日本国民所得为3628499亿日元，教育经费占国民所得的6.62%。2002年，日本国家财政负担的教育经费是111788亿日元，占当年教育经费总额的46.5%，这其中包括国家负担的教育经费、补助金和地方交付税。而地方政府负担教育经费为128417亿日元，占经费总额的53.5%。最近10年，日本的教育经费在整个国家预算中一直占有8.3%－9.1%的比例。据统计，1998年度日本国库直接负担的教育经费占政府年度财政预算的8.74%，地方教育经费在地方财政预算中占有20.1%的较高比例。通过对2000年度对日本各都道府县和市町村级教育财政预算的抽样分析表明，在都道府县（相当于我国的各省和直辖市）级的财政预算中，教育经费所占比例一般在25%－28.5%之间；而在市町村级的财政预算中，教育经费所占比例一般在15.3%－17.6%之间。不同地区和不同年度的教育经费在同级财政预算中所占比例有所不同。1997年的30.08万亿日元中，6.89万亿日元是中央拨款，占22.7%；16.9万亿日元出自地方，占55.8%；在地方资金中，16.18万亿日元是由地方财政支出的，占日本教育经费总额的53.3%，都道府县拨款9.0万亿日元，占29.7%，市町村拨款7.15万亿日元，占23.6%；学校法人等筹款的6.35万亿日元，占21.5%。在各级教育中，上述的比例大不相同，在高等教育的7.46万亿日元中，中央拨款占39.63%；地方款项占8.13%；学校法人等的资金占52.34%。在专修学校和各种学校的1.04万亿日元中，中央拨款占0.29%；地方款项占8.23%；学校法人等的资金则高达91.48%。

2. 政府主导的义务教育。日本一向重视基础教育和义务教育，义务教育一直是日本教育投资的重点。无论是战后初期日本经济崩溃、百废待兴的年代，还是经济恢复、高速增长时期，或者是经济低速增长的不景气时期，日本政府都坚持把教育经费的 50% 左右投向义务教育。因而，日本很快就普及了九年制义务教育，巩固了义务教育的成果。

日本的义务教育为免费教育，其经费主要有中央政府和地方政府承担。根据日本《教育基本法》、《义务教育费国库负担法》和《义务教育诸学校设施国库负担法》等相关法令的规定，日本义务教育经费主要由国家财政负担，其中包括由国家财政直接出资部分和地方财政中以转移支付形式分担的部分构成。其中地方的义务教育学校和公立学校教育费用，分别由都道府县和市町村二级财政按教育财政法令规定各自负担。所有公立中小学编内教职人员的人头费以及学生人头补助费和特殊补助费的 50%，由国库直接负担；同时日本《义务教育诸学校设施费国库负担法》规定义务教育各学校计划内新增建筑、新增基本设施费用的 1/2 和危险建筑翻建改建费用的 1/3 也由国家财政直接负担。其余部分则由各公立学校的设置机构——都道府县及市町村级财政分担。而地方财政所分担的公立学校教育经费的主要财源是转移支付金，即国家为了平衡和支持各地区自主发展和执行政务，按一定比例将地方交付税返还给地方行政团体，以平衡各行政区域间的财源和发展。同时，这些法律更进一步明确了国家及地方政府在教育经费分担上各自的职能作用，即国立学校由国家负担，公立学校由地方政府负担。这些法律还规定，国家每年度向公立中小学支付义务教育所需经费的 1/2，如表 7-6 所示，国家财政主要集中于对义务教育阶段的公立学校教师工资、退休金、行政人员工资及补贴等人头费用。

表 7-6　　日本义务教育经费国库负担的内容及比率

负担项目	负担比率	负担项目	负担比率
教职员工资	1/2	地方公务员灾害补助金	1/2
退休金	1/2	地方公务员	1/2

资料来源：马陆亭、徐孝民：《国际教育投入与学生资助》，高等教育出版社 2007 年版。

在这样的义务教育管理体系下，日本义务教育阶段的小学和初中绝大多数是国立和公立的。从表 7-7 中可以看到，国立和公立小学占所有 23633 所小学中的 99%以上，占所有 11134 所中学中的 93.7%。而日本幼儿园的 60%、高中的 24%、短期大学的 83%、大学的 72%、专修学校和各种学校的 90%均为私立。

表 7－7　　2003 年日本基础教育阶段的学校构成情况

	小　学	中　学	高　中
国立	73	76	15
公立	23381	10358	4117
私立	179	4117	1318
总计	23633	11134	5450

资料来源：马陆亭、徐孝民：《国际教育投入与学生资助》，高等教育出版社 2007 年版。

3. 多元化的投资办学体系。日本的高等教育结构体系按照设置者、管理者和经费来源的不同，可以分为国立、公立和私立三部分。日本的国立和公立大学的日常经费主要来自中央、地方政府。国立大学只要遵循《教育基本法》、《学校教育法》等有关法规，符合《大学设置基准》，就可获得日本政府拨发的维持学校正常运转所需的日常经费资助。公立高等院校系地方政府设置，属于地方公共事业单位，其教育经费由地方政府财政负担，中央政府给予一定的补助。国立和公立大学的教育经费中有超过 80% 来自政府投资，学费收入占 10% 左右。

近年来，日本开始实施大学法人化制度，加大对科学技术经费的支出。从表 7－8 中，我们不难看出，从 2003 年到 2005 年间，国立大学的教育经费比法人化之前减少了 10% 左右，政府奖学金的支出也减少了 0.3%。而科学技术经费支出则从 2003 年的 7852 亿日元上升到 2005 年的 8318 亿日元，增长了 5.9 个百分点。

表 7－8　　日本高等教育经费变化　　单位：亿日元

项　目	2003 年度	2005 年度	增加率
国立大学	15180	13618	－10.3%
科学技术	7852	8318	5.9%
私立大学	3218	3293	2.3%
奖学金	1154	1151	－0.3%

资料来源：http//mext.go.jp/a－menu/yosan－ahtm.

与此同时，日本私立高等教育占有非常重要的地位。私立高等教育主要包括私立大学、私立短期大学、私立高等专门学校三个层次。截至 2005 年，日本私立高等教育的学校数 992 所，占全部高校 1277 所的 77.7%；在校生数

223.7万人，占全部在校生总数300.6万人的74.4%。[①] 日本积极鼓励财团、教会、企业和个人进行办学，并进行国家政策补助支持，努力发展多元化教育投资办学体系。

日本在1970年成立了日本私学振兴财团，颁布《日本私学振兴财团法》，规定财团法人的资金全部由政府负担，加强了政府对私立大学的财政补助支持。之后，1975年又制定公布了《私立学校振兴援助法》，开始在法律上明确了政府资助私立高等教育的政策。其中规定国家“对设置大学或高等专门学校的学校法人，就该校教学语研究上的经常性费用，国家可以补助1/2以内。”政府开始了更大幅度的对私立大学的补助。同时在1975年对《私立学校法》进行了修订，增加了新的条款，规定：从1976年至1980年的5年间，不承认新设置的私立大学；在1981年3月31日以前不许私立大学新增学部、学科和任意增加招生人数。这样一来既改善了私立大学的运营状况，同时又有力地控制了私立大学的发展规模，从而对提高私立高等教育的质量起到了一定的作用。

日本政府支持私立高等学校所采取的措施除了给予补助外，还向私立高等院校提供长期低息贷款。私立高校在购置设施、维修及其他经营方面所需资金时，可以通过私立学校振兴财团得到优于从民间金融机构贷款的低息贷款。财团的基本资金主要是国家拨款和财政融投资资金等。所以，对私立高校而言，这种贷款也可以理解为政府的间接财政资助。除上述两种方式外，国家和地方政府还对借贷助学金事务也进行援助，并采取免除纳税义务等优惠措施资助私立高校的发展。

日本政府的这些措施形成了其私立学校的多元化经费来源（如表7-9所示）。不仅如此，在各个教育层次上，日本都采取积极鼓励私人办学和国家补助的政策。在日本，除义务教育阶段的小学和初中绝大多数是国立和公立的之外，幼儿园的60%、高中的24%、短期大学的83%、大学的72%、专修学校和各种学校的90%均为私立。这些学校的经费主要靠学校自筹资金和学生的学费收入。政府根据《私立学校振兴补助法》对其经常费予以补助。此外，还通过私立学校振兴财团向私立学校予以长期低息贷款。

---

① 资料来源：http：//www.mext.go.jp/b_menu/hakusho/html/hpba200501/shiryo/.

表 7-9　　2003 年日本私立高等教育投资来源　　单位：10 亿日元

学校类型	收入总额	学　费	佣金收入	捐赠	补助金	资产运营收入	出售资产	事业收入	杂项收入	借　款
大学	3225900	2360424	96814	52069	323866	44064	172276	52298	68369	55701
短期大学	334798	250805	6192	2935	35328	3342	13661	4895	11021	6620
专修学校	33817	629578	10855	9286	25436	6295	28366	45777	13229	64995

资料来源：*Japan statistical yearbook* 2003.

4. 经验与教训。

(1) 重视立法和执法，从法律途径保障教育投资与教育经费的合理使用。日本通过建立完善的教育投入法律体系，避免了各级政府责任转嫁或投入不到位等现象的出现。通过对教师、学校设施设备、学生用教科书等教育基本物质条件和偏僻地区、困难儿童就学补助等各个方面进行详细的法律规定，日本有效地保障了普及义务教育事业和发展高质量高等教育的顺利进行。同时，日本政府明确认识到，由私立高等教育机构提供的大众化高等教育为社会的公共利益作出了重要贡献，因而政府应该从立法和政策等各个方面支持私立院校。在这样理念下，日本的私人办学积极性得到了尊重、维护和鼓励。同时，公私立学校相互竞争、并存发展是市场经济的自然反映——竞争可以激发公立学校的责任感和成本意识，加速其改革步伐。

(2) 教育投资办学多元和实行经费分担。除义务教育外，日本的义务后教育坚持多元化投资办学体制，并构建相对合理的分担机制。财政投入首先保证义务教育，随着经济的发展，国家财力的提高，再逐渐强化国家的教育责任，提高国家对义务后教育的支持力度。大力支持私立办学，给以经常费财政补助和其他财政援助措施，个人教育投资成为教育经费的一项重要来源与补充。多元化办学模式推动教育投资多元化体制的建立，形成国家、集体和个人共同参与教育投资，共同承担教育经费，共同分享教育投资利益的多层次的教育投资格局。

(3) 对于财政经费使用效率的控制不足。当前日本高等教育财政面临的问题之一就是：以往单一的以定量为基准的统一分配制度已经无法适应时代的要求。这迫切需要形成一种以效率为基准的资源配置模式，在高等教育经费预算中提高绩效成分，合理确定评估机制，提高高等教育投资的使用效率，避免造成巨额浪费，最终使这种模式能够有效地发挥政府投资杠杆的作用，引导教育实现可持续发展。

(三)我国台湾教育投资现状与政策分析

1. 我国台湾的教育概况。我国台湾现行的教育制度分为正规教育和职业教育两大体系。正规教育分为“国民教育”、高级中等教育、高等教育三个阶段;职业教育由职业学校、专科学校及技术学院组成。

我国台湾的“国民教育”(即初等教育,亦称中小学教育)实行义务和自愿义务教育,就学率较高,适龄儿童基本上都受到九年义务教育。“国民教育”是台湾塔型教育的“底座”,是中等以上各级教育的基础。高级中等教育学生的在学年龄以15-17岁为范围,分为高级中学(简称高中)3年和高级职业学校3年两种。高等教育是台湾塔型教育的塔尖,由大学与院校研究所、独立学院、专科学校组成。正规高等院校的学制一般为4年,法律、建筑专业为5年,医学专业为6-7年。台湾计划将现行的“国民义务教育”正式延长至12年,并自2003年度起正式实施。

职业教育为我国台湾正规教育的两大体系之一,在台湾整个教育体系中占有重要地位。台湾自20世纪50年代起开始推行以培养各级“实用型”技术人才为目标的职业教育,目前,已初步形成由职业学校、专科学校和技术学院所构成的职业教育完整体系。高级职业学校以培养有一技之长的基层技术人才(技工)为主要目标。招收“国中”毕业生或同等学历者,修业2-4年,课程设有工、农、商、医、海(事)、家(事)等六大类。专科学校以培养应用科学与技术实用专业人才(技士)为目标。学制分2年制、3年制、5年制三种,其毕业生可获得相当于大专学历证书,课程设有工业、农业、商业、管理、海事、家政、师范、艺术、体育、新闻等15大类。技术学院以培养高级实用专业技术人才(技师)为目标。招收工业专科学校和工业职校毕业生,分别修业2年和4年,毕业生可获得学士学位。

目前我国台湾地区在校人数约530万余人,各级各类学校总数达8071所,其中大专院校已发展到约150所。以1990年至2000年为例,10年之间共计增加1328所学校,增幅为19.7%,教师则增加26.2%。其中大专院校增加25所,在校生数达99.4万人,增长45.9万人,增幅达85.8%;博士生、硕士生分别增长2.2倍和2.5倍。10年来大专毕业人数累计183万人,已受高等教育人数显著增加,并向高等教育普及化发展。

2. 我国台湾的教育经费投入情况。1990年以来,我国台湾整体教育经费投入逐年增加。表 7－10 显示，台湾的公共教育经费由 1993 年的 4011 亿元上升至 2002 年的 6086 亿元。其中，“政府”对公立各级教育经费的支出由 1993 年度的 3324 亿元上升至 2002 年的 4381 亿元；对私立各级教育经费的支出由 1993 年的 686 亿元上升至 2002 年的 1705 亿元。虽然整体教育经费投入逐年增加，但其整体教育经费占 GDP 的比例却是逐年下降，由 1993 年的 7.14%下降至 2002 年的 6.25%（占 GNP 的比例由 1993 年度的 6.98%降低至 2002 年度的 6.09%）。[①] 其中，高等教育教经费占 GDP 的比率介于 1.3%－2%之间，稍低于美国、加拿大和韩国。[②]

从教育经费投入的结构来看，“政府”逐渐减少对公立各级教育经费的补助，1993 年公立各级教育经费占整体教育经费的比例为 80.39%，2002 年时该比例只剩 71.98%。相对地，“政府”对私立学校教育的投入却日渐增加，其占 GDP 的比重由 1993 年的 1.22%上升到 2002 年的 1.75%（见表 7－10）。

表 7－10　　各级公共教育经费支出以及其占 GNP、GDP 比率

会计年度	金额（NTS 百万元）			占 GDP 的比率（%）			占 GNP 的比率（%）		
	合计	公立	私立	合计	公立	私立	合计	公立	私立
1993	401130	332463	68667	7.14	5.92	1.22	6.98	5.79	1.20
1994	428110	350053	78057	6.92	5.66	1.26	6.80	5.56	1.24
1995	449691	366902	82789	6.68	5.45	1.23	6.57	5.36	1.21
1996	500863	407596	93267	6.83	5.56	1.27	6.72	5.47	1.25
1997	533673	420905	112767	6.69	5.27	1.41	6.61	5.21	1.40
1998	550310	430676	119634	6.34	4.96	1.38	6.29	4.92	1.37
1999	581536	453090	128446	6.36	4.96	1.41	6.31	4.92	1.39
2000	534289	401537	132752	5.53	4.16	1.37	5.45	4.10	1.35
2001	570795	409307	161488	6.00	4.31	1.70	5.89	4.22	1.67
2002	608629	438074	170555	6.25	4.50	1.75	6.09	4.39	1.71

注：自 2000 年起，公立各级教育以教育经费编列与管理法定义范围计列。私立各级教育经费仅含私立学校用于教育的经费支出。

资料来源：“教育部”，www.edu.tw.2003 年 11 月 30 日。

近年来，随着我国台湾产业结构的调整，对知识经济社会下的高素质技术

① 资料来源：http：//www.edu.tw，2003 年 7 月 30 日。

② 1999 年高等教育占 GDP 的比例：中国台湾 1.4%，美国 2.3%，韩国 2.4%，加拿大 2.5%。资料来源：http：//www.edu.tw，2003 年 7 月 30 日。

人才需求的不断扩大，“政府”加大了对高等教育的投资比例。从表7-11中，可以看出，高等学校获得的公共教育经费由1993年的22.83%上升到2002年的33.99%。2002年，公共财政对高等教育的投资比例仅次于国立小学教育支出。而财政对教育行政、幼儿园、社会教育等经费支出则逐年减少，到2002年已减少到了3.6%。

表7-11　　　　我国台湾各级教育经费结构表

会计年度	总　计	“国小”	“国中”	高中（高职）	高等学校[①]	其　他[②]
1993	100.00	24.38	16.04	14.46	22.83	22.29
1994	100.00	23.90	16.09	14.83	22.78	22.41
1995	100.00	24.43	16.50	15.05	22.20	21.81
1996	100.00	24.53	16.11	15.56	21.05	22.77
1997	100.00	23.20	15.42	16.51	23.57	21.30
1998	100.00	23.28	15.01	15.97	22.54	23.20
1999	100.00	24.64	15.12	16.73	22.86	20.65
2000	100.00	32.86	18.45	20.90	24.32	3.46
2001	100.00	32.06	16.00	16.83	31.84	3.27
2002	100.00	31.09	15.50	15.01	33.99	3.60

注：①此处高等学校包括公私立一般大学院校、公私立专科学校。
　　②其他：包括教育行政、幼儿园、社会教育以及其他不属于上述者。
资料来源：“教育部”，www.edu.tw.2003年11月30日。

3. 我国台湾教育投资的特点。

（1）重视职业教育。20世纪60年代台湾建立了5年专科教育制度。20世纪60-80年代，由于加工出口工业的迅速发展，促进了各类高级职业学校和专科学校的发展，形成了由职业学校、专科学校、技术学院所组成的职业技术教育体系。目前共有58所5年专科学校，在校学生近20万人，其中私立学校学生占85%以上。

（2）坚持公私立并举办学方针，私人办学比重大。据统计，我国台湾的中学、初中以公立为主，私立学校不足1%；职业学校中私立学校占54.6%；专科学校中私立学校占81%；大学及独立学院中私立学校占65%，私立学校的学生数占全部大学生数的60%以上。政府负担私立与公立学校学生的学杂费差额，补助私立学校办学经费。自2000年起，私立幼儿园与托儿所幼儿每人每年补助新台币1万元教育券，补助私立高中高职学生教育券，改善私立学校教师待遇并改革私立学校教师退抚制度，自2000年起实行新的《公私立学校教师退休资遣抚条例》，私立教师退抚比照公立学校标准改为储金制。

（3）财政教育投入。台湾地区“宪法”规定：每年教育、科学、文化的经费占预算总额的比例：“中央”为15%、省为25%，县、市为35%。2000年“立法院”更通过《教育经费编列与管理法》，明确规定各级“政府”教育经费预算合计应不低于该年度预算筹编时之前三年度决算岁入净额平均值之21.5%，并自2002会计年度开始实施时，按规定该年度各级“政府”教育经费合计数最低为4243亿元。目前“中央政府”的教育经费下限为占国民生产总值的6.7%。为配合实施12年国民义务教育的经费支出，台湾“教育部”计划拟定“教育经费编列保障基本法”草案，把教育经费下限提高至国民生产总值的7%，以有效解决实施12年国民义务教育的经费问题。现在台湾地区的各级教育经费主要部分来自政府所列的预算，除此还有以下来源与筹集的方式：地方教育捐；教育文化基金，包括特种教育基金和教育建设基金等。

（4）教育投资重点合理转移。我国台湾地区根据经济发展的需要确定各个时期教育投资的不同重点。在经济恢复和准备起飞的20世纪60年代，教育投资重点是普及国民义务教育；提高整个人口、劳动力的素质；在经济调整的70年代，教育投资的重点放在职业教育上，而在80年代初随着产业水平的上升，重化工业的发展，又迅速地发展高等专科教育，把职业技术教育提高到工业学院（大专层次）的水平；80年代中后期以后，台湾当局为改善产业结构，加速技术和工业升级，提高生产力，以强化对外竞争力，又开始着手扩展高等教育，提高高等教育的质量和科研水平，高等教育经费增加迅速，它在政府教育经费支出中的比例始终保持在20%左右。

4. 经验与教训。

（1）规范法律体制，明确了各级政府的相关职责。除“宪法”和《教育经费编列与管理法》外，“中央政府”还制订了大量关于私立学校和高等教育方面的法律、法规，如《大学法》、《大学法实施细则》、《私立学校法》、《私立学校法施行细则》、《私立学校投资基金管理办法》、《财团法人私立学校兴学基金会组织及运作办法》、《私立学校建立会计制度实施办法》等。通过这些立法，“政府”对私立大专院校进行管理就有了明确的法律保障，既可以依法监督又实行资助，又确保了私立高等教育的利益和发展。

（2）大力扶持私立高等教育。2006学年度，我国台湾全岛有163所高等院校，其中私立高等学校有108所，占台湾高校总数的66.3%。这108所私立院校中，有大学55所、独立学院40所，专科学校13所。全台在校大学生人数为131万人，私立高校学生则有91万人，占台湾高等学校学生总数的69.6%。[①] 台湾当局实行公私立大专院校“并行发展”、“地位平等”的发展战略，大力扶持私立高等教育的政策，私立大专院校的数量和在校生数比重都已大大超过公立大专院校，成为高等教育的重要组成部分。

同时，台湾最高教育行政部门对高等院校的财政拨款补助，实行校务基金制度。以资金用途区分为教学研究补助（经常支出为主）、增置固定资产（资本支出）等两种补助款。实施校务基金制度至今，财政拨款补助校务基金学校的经费总额逐年增加，这是因为实施校务基金的学校逐年增多的缘故，若以其占总收入的比重来看，高等学校依赖财政拨款补助却在逐年减少，2001年时该补助只占总收入的57.43%。[②] 换言之，当52所高等学校全面实施校务基金制度的第一年，学校自筹经费（含学杂费）占学校资金来源总收入中的比例为42.57%。

台湾当局还积极出台鼓励政策，对教育捐资给予政策支持。其中主要包括是给捐款人提供适当的税收减免等。台湾教育体系吸纳了多种的私立资源，开拓了教育资金来源多样化最有力的渠道，使得公、私立教育相互促进，共同发展，从而促进了国民整体素质的提升和人力资源水平的提高。

（3）教育经费负担仍较重，财政的压力仍较大。以教育经费与国民生产总值的比例与国际比较。发达国家的教育经费大多占其国民生产毛额（GNP）的6%以上，发展中国家大多占3%以下，台湾近3年来的平均值则在4%以上，相较起来，台湾教育经费占“国民生产总值”的比例算是中等以上。各级政府的教育经费占每年的财政支出相当惊人。2008年台北市所有的支出当中，38.49%是用在教育经费，高雄市是26.82%，各县市地方的政府平均是42.82%，而中央政府则是用掉其总支出的18.61%。换句话说，各级政府的岁出有1/3以上，甚至到42.82%是用在教育经费。

（4）教育经费分配不合理。

人事费在教育经费中比例过大。中等以下学校的教育经费，其中经常费的支出从民国89年占整个预算的86.8%，一直提高到民国92年的94.8%；资本

① 资料来源：台湾教育部门统计处。http://www.edu.tw/EDU-WEB/web/STATISTICS/index.php.

② 根据台湾地区总预算法案2001，《院校务基金附属单位预算：非营业部分》2001汇总计算所得。

费从13.2%降到5.2%。人事及退抚这两项经费，已经占了地方政府——也就是各县（市），包括台北市及高雄市——整个教育预算的90%－98%。相较于邻近的日本、南韩两个国家：日本去年教育经常费的支出占整个教育费用的88.8%，资本费是11.2%；南韩教育费用的经常费是81.2%，资本费是15.8%。我国台湾的教育经费，每年以人事费用为主要负担以后，几乎没有什么钱可以用来从事教育硬体的投资。

教师退休金的薪资所得替代率不合理。一般欧美国家，退休老师的薪资替代率大概是70%－75%，而台湾教师的薪资替代率，超过100%的有一半，最高的甚至达到130%。

教育经费合理的分配，人事费应该占所有教育经费的75%以下，硬体建设的投资应该在15%－20%之间，其他的才是在办公费、水电费、维护费等等。应该设立一个专门的退抚基金来支付退抚金，不能将退抚金编列到教育预算里面，让退抚金严重地排挤到其他教育经费。教师人力的供需，应该要尊重市场的机制，各教育阶段要订一个合理的师生比例，不能无限制的降低班级学生人数和教师授课时数。此外可以考虑开放学校公办民营，让民间管理的效率，以及经营方式提升教学的品质，同时减轻政府教育经费的负担。

（四）我国香港教育投资现状与政策分析

1. 我国香港教育投资状况。自20世纪60年代以来，香港地区经济进入加快发展的高速增长期，其增长速度无论在发展中国家和地区，还是在整个世界范围内，都是名列前茅的。香港经济高速增长有着诸多的影响因素，而首当其冲的是香港以大量的投资促进教育之发展，而教育的发展又促进了经济的腾飞，由此形成良性循环。据80年代世界银行的统计资料表明，香港教育投资的增长率高于人均国民生产总值的增长率。1980－1985年，教育投资的年增长率，世界平均水平为2.8%，亚洲为3.5%，发展中国家为0.8%，而香港的增长率则高达20.6%，可以说，当时香港教育投资与经济增长率相比是以超前速度增长的。

香港目前的教育制度包括学前教育、九年免费教育、高中及预科教育、专上教育（大学大专教育）几个阶段的内容。

学前教育。香港的学前教育大致可分为幼儿园和幼稚园两种，都是私立的。经营者有以商业形式运作、以大集团形式运作的幼稚园集团，也有由教会或社会服务机构筹办的非牟利团体兴办的幼稚园。香港的幼儿园的服务对象是未适合进入幼稚园的幼童，为家长提供托儿服务；而幼稚园的服务对象则是3－6岁的幼童，让他们在学校环境里学习群体相处，以及接受最基本的教育。幼稚园由教育统筹局管理，而幼儿园则由社会福利署管理。现在不少幼儿园都兼营幼稚园相同的业务，使幼童在0－6岁都可以在幼儿园内接受教育。

九年免费教育。包括六年小学教育和三年初中教育。1971年9月，全港儿童均接受了免费的小学教育。同时香港政府授权教育司，任何家长若无正当理由不能拒绝让其6至11岁子女读小学。1974年香港政府又发表了《香港政府未来十年内之中等教育白皮书》，进一步指出，政府的主要目标是要使所有儿童均能接受九年资助教育：即六年小学教育及三年中学教育。在1978年，全港的小学毕业生均可修读三年初中课程，而且全部公立及资助类别学校的初中班级都不再收取学费。从目前状况看，香港的小学教育分为一到三年级、四到六年级两个学习阶段，每一个学习阶段完结时，学生都要参与一个由教统局主办的全港性系统评估，用以为全香港的学生作出评核，了解他们能力上的差异。初中三年强迫免费就读，学生需要以校内考试成绩作评级，决定能否升读高中（中四、中五）。

高中及预科教育。高中课程（中四、中五），大致上会分开文、理、商三个项目。在修毕中四及中五课程后，所有学生均需参加“会考”，以决定能否升读预科课程（中六、中七）。香港中学会考成绩均被广泛接受，若考生考获E级，则被视为中学毕业生求职时必须拥有的最低资格。而大部分会考科目，若考获C级或以上，则会被视为等同英国普通教育文凭海外考试的普通程度（GCE‘O’Level）及格。经历过“会考”、顺利升读预科课程的学生，修毕中六及中七课程后，所有学生均需参加“A－level”考试，以决定能否升读高等院校学士学位课程。香港高级程度会考成绩均被广泛接受，若考生考获E级，无论是AL或AS程度，均会被视为等同英国普通教育文凭海外考试的高级程度（GCE‘A’Level）及格。香港政府现时正筹划把中四至中七的四年课程浓缩成为三年的高中课程，以便与世界主流接轨。但学界现时普遍担心新课程由于不再与英国的GCE接轨，而国际间现时尚未有一个普遍通行的预科文凭标准，使将来学生出国升学时会有认受性的问题。

大学教育。主要为三年制（医科五年、教育四年）。香港目前有高等院校15所，其中公立高等院校10所，私立院校5所，私立大专院校占高等院校的33%。私立大专院校学生总数6000多人。受政府资助的有：香港大学、香港中文大学、香港科技大学、香港理工大学、香港浸会大学、香港城市大学、香港教育学院，由政府建立但经济上自负盈亏的：香港公开大学。在私立高等院校中，发展最成功的当属香港树仁大学。香港树仁大学原称香港树仁学院，是香港首间私立大学，当时因坚持提供四年制大学课程，一直受到港英政府的冷落。它只能以学院名义营运，港府也不提供经济资助。2006 年，树仁学院终于获得香港特别行政区政府正式承认的大学地位，成为香港首间私立大学，并于 2007 年正式更名。可以说，批准香港树仁学院升格为本港首间私立大学，是肯定其在过去 35 年对高等教育作出的努力和贡献，是香港大学教育的重要里程碑。

职业教育和训练。主要由职业训练局（政府拨款成立）开办的专业教育学院提供，可以全日制（中三或中五入学）、兼读学习。成人教育主要由香港公开大学、其他大学及大专院校或其他机构、中心、团体提供。

2. 香港教育投资的特点。

(1) 政府财政投入大。1995 年度，香港教育经费财政预算为 303 亿港元，占政府全年支出的 16.6%，其中基础教育 167 亿港元，高等教育 97 亿港元，工业教育和训练 12 亿港元，其他 27 亿港元，高等教育经费在教育经费中约占 1/3。据香港教育统筹局最新公布的统计数据显示，2002－2003 财政年度，教育方面核准的政府经常开支和总开支分别达 493 亿元和 594 亿元，同占政府经常开支总额和政府开支总额的 23.8%。学生总人数已超过 120 万名，其中包括 14.3 万名幼稚园学生、48.3 万名小学生、46.5 万名中学生和 14.2 万名大专学生。①

为进一步推进高等教育发展，特区政府采取了一系列措施：立法会财务委员会批准发放 12.5 亿元的免息贷款，供香港大学、香港理工大学、香港浸会大学、明爱教育机构在政府以象征式地价批出的土地上兴建校舍；还批准成立“十亿元等额补助金”，为大学教育资助委员会资助的院校筹到私人捐款后，给予 1:1 的配套资金。

(2) 办学体制多元、经费来源多样。办学体制多元：政府（公立）中小学；教会；天主教—香港教区、其他天主教教会如耶稣会嘉诺撒修女会，基督教—圣公会、中华基督教会、浸信会，佛教联会，道教联会，伊斯兰教教会；团体：慈善团体—东华三院、保良局，商会—荃湾商会、建造业商会。经费来源多样：公立学校—政府；资助学校—政府；直接资助学校—政府及学费；独

---

① 香港特别行政区教育情况简介：http://gaokao.hadoe.gov.cn/2007/03/29/1175154335429.html。

立私校。

香港财政司司长在 2003 - 2004 年度财政预算案演辞中又建议，把现行的慈善捐款免税上限，由应评税收入或利润的 10% 提高到 25%。这些举措鼓励了社会各界捐助资源投资教育，减轻了政府的财政赤字压力，为香港高等教育开拓不同渠道的经费来源。

四、各国（地区）教育多元化发展的共同特征和趋势

通过以上典型国家和地区发展多元化教育的实践分析，可以清晰地看到其教育成本分担机制存在的共同特征，值得我们借鉴和发展。同时，随着教育需求日益呈现出多元化的发展趋势，教育投资多元化已经成为许多国家教育分担机制发展的共同趋势。

（一）各国教育成本分担机制的共同特征

1. 完善教育立法，明确政府责权，促使经费管理法制化。以上列举的国家和地区都无一例外地通过立法，明确政府财政对教育的义务与责任范围。运用法律作为保障政府对教育支出的有效手段，明确各级政府对教育的义务和承担的相应份额。如美国高等教育的立法基本都涉及到经费的资助问题，并且都以大量的篇幅来规定资助的项目，拨付经费的多少，如何分配、申请、使用、监督等内容；日本则通过《教育基本法》、《学校教育法》、《私立学校振兴援助法》等，在明确政府义务的同时还在法律上规定了政府资助私立高等教育的政策；再如我国台湾地区的《中华民国宪法》、《大学法》、《私立学校法》，香港特区的《特别行政基本法》、《大专学院条例》等，还对私立高校资金使用与管理做出了明确的规定，以保障私立高等教育的利益得到保障和发展。

2. 给予私立学校政策优惠，鼓励私人投资教育领域。各国还积极运用优惠政策，鼓励教育间接性投入。美国、日本、我国台湾和香港都出台了相应的对私人教育投资或捐赠的税费抵扣和减免政策。香港通过减免税收和实施土地等优惠政策，以低廉的价格向学校提供土地；日本通过设立基金会向私立学校提供经费和低息贷款，为私立学校的学生家长减免税收等。同时政府也向私立

学校提供一定的建校经费，给予私立高校学生资助；通过增加助学金数量和范围，完善国家助学金制度等形式；或通过评估，对办得较好的民办高校拨给图书仪器费等直接资助。政府的政策，有利于对地方教育的宏观引导，提高社会对各私立学校的认可和重视程度。

3. 促进教育经费来源的多元化。美国通过多年的实践，发展出了一套完整、独立的教育募款机制。在发展教育的同时，让高校利用自身优势和工商企业结合，为社会提供销售和服务，使企业和学校之间实现“双赢”。日本的私立高等院校经费还有一些其他类型的收益性事业收入，包括社会服务费、大学医院收入、从公积金提取的收入、不动产租用费等。而这些也成为日本高等教育经费的重要来源。我国港台地区私立大专院校的经费尽管均是以学生缴费作为其主要收入，但各校办学主体日益凸显多元化，积极创造有效的营运服务收入，资金来源渠道也日益凸显多元化。

4. 鼓励个人企业对教育的捐赠。美国高等教育的捐赠历史很悠久。美国联邦和州政府为了鼓励企业、慈善机构和个人捐助教育，以补政府经费之不足，还制定了专门的税收法律，规定凡是向非营利机构（其中主要是高等学校）捐赠基金款项设备和不动产等的机构和个人都可享受一定比例的所得税优惠。这大大地促进了非政府机构和个人捐助高等教育的热情。在日本，政府对向学校法人（主要指私立学校）捐赠物品或捐款的个人及法人实行免税或扣除部分所得金额，捐款作为亏损等减免税金的政策，鼓励个人或法人的捐赠。同时，近年来，港台地区社会对教育的捐赠显现出新的特点，如捐赠收入不断扩大，社会团体和个人积极捐赠或设立基金会；捐赠形式多样化，既有现金、证券捐赠，也有动产不动产捐赠；政府政策导向化，政府通过制定有关私立大专院校捐赠的税收减免政策，充分调动捐赠者和受益者内在积极性。教育的捐赠补充了政府教育经费投入的不足，大大改善了学校的办学条件，成为私立大专院校经费的一个重要来源。

（二）教育经费分担机制的国际发展趋势

纵观国际上教育投资办学和经费分担机制的历史演绎，横向比较几个典型国家教育投资办学和经费分担机制的实践，我们发现，面对着不断增长的多样性的教育需求以及日益加剧的国家间的竞争，为缓解不断膨胀的教育支出压力，较高市场化的教育投资办学和经费分担模式已成为各国的共同追求。

1. 政府在政策和资金上积极支持私立学校（尤其是中高等学校），鼓励公私立学校平等竞争。除基础教育尤其是义务教育能够获得必要的国家投资保证外，各国广泛吸引和利用各类社会资源投资办学，形成了多元化的投资办学体制。公私立并举的多元化投资办学体制减小了各级政府的财政压力，也有利于形成满足人们不同需求、充满生机活力的中高等教育体系。例如，美国拥有一大批世界一流大学，其中有公办的州立大学，而更多的则是私立大学，这些大学不仅很好地满足其国内培养人才、发展科技的广泛要求，发挥了社会经济发展“发动机”的作用，而且对世界高等教育发展也产生了重要影响。日本、韩国等也通过立法、政府资助，大力扶植和发展了私立高等教育。2001年，韩国私立本科院校在校生比例为62.8%，初级学院达到96.1%；日本4年制大学在校生私立占73%，短期大学占91%。

2. 教育尤其是高等教育正逐渐减少对公共经费的依赖，增加非政府的资金来源，经费来源多样化。各国教育经费的来源，随各国的政治制度、经济制度和教育制度的不同而异，但从整体上看，各国教育经费的来源主要包括几个方面：(1) 国家（包括中央政府和地方政府）支付；(2) 社会各部门和社会团体、组织以及私人等的资助或直接投资办教育；(3) 受教育者交纳的学费；(4) 通过其他形式筹集的教育资金；(5) 教学与教学活动有关的销售和服务收入；(6) 学校附属企业及其他经营活动收入，等等。

从不同教育层次看，发达国家义务教育阶段的经费，基本上由各级政府，特别是州（省）和地方政府提供；而学前教育和义务教育后阶段，特别是高等教育的经费，大多经多种渠道筹集。从教育经费结构变动趋势看，学费比例、捐赠收入比例逐年增长，政府拨款比例逐年下降；销售和服务收入呈不规则变化，但变动幅度不大。从公立学校和私立学校的对比看，私立学校的学费比例、捐赠收入比例明显高于公立学校，而政府拨款比例明显低于公立学校。

以大学为例，由于政府（纳税人）的投入越来越少，高等教育正逐渐减少对公共经费的依赖，增加非政府的资金来源，如来自家长、学生、捐助人、校办企业。伯顿·克拉克将这些经费来源称之为“第三条渠道”——相对于政府基于公式计算的和基于绩效的拨款（第一、第二渠道）来说，并写道：“世界范围的趋势表明，大学的收入从几乎完全依靠第一个渠道转变到更多地依靠一系列来源，特别是……第三个渠道。”

3. 教育投资创新实践：等级学费、学费税收优惠、教育券、学生贷款等制度。随着科技革命的迅猛发展，国民经济和社会各方对教育提出了更高的要求，不仅受教育的人数大大增加，而且对教育的水平、层次和质量也要求大大提高或改善，从而使各国教育经费开支普遍大为增加。为解决财政拮据，同时也为提升教育效率实现教育社会公平，各国纷纷开展教育创新实践。第一，等级学费。根据学生家长收入状况，将他们分成若干等级，收入越低，缴纳学费越低；收入越高，缴纳学费越多。第二，学费税收优惠。采用此种办法，学生家长可以获得税收减额，在公立或私立学校上学均包括在内。由于学生均有权获得一份减税额，因而，子女上学越多，家长获得的也就越大。第三，教育凭证制度。教育当局发给适当年龄的学生各种有名义货币价值的凭证，家长用凭证支付全部或部分学费，教育局或其他有关机构根据凭证向学校兑现收入。凭证可以按家庭经济能力发放，家长收入越多，名义价值相对减小，反之，家长收入越少，名义价值越大。第四，改进或实施学生贷款制度。基本做法是：对学生提供无息贷款，使他们得以上学，待毕业工作后再还本付息。学生贷款制度既可以解决部分家境贫寒但有能力深造的学生的入学困难，又解决了教育经费合理负担的问题。因为，受过高等教育的人未来的收入高于未受过这些教育的人，因而让纳税人完全支付他们的上学费用是不合理的，他们自己也应通过借贷等形式承担一部分费用。美国早在 20 世纪 80 年代初便实施了学生贷款制。后来英国和澳大利亚也成为实施学生贷款制的国家，特别是澳大利亚，已形成了一套比较完善的制度和办法，效果较为明显。

各国教育投资实践证明：多元化的教育投资体制，是教育改革深入发展的突破点，也是达到教育与社会经济发展一致性的必经途径。事实上，构建多元化的教育投资体制，就是部分地运用市场法则和机制来引导各类教育机构的运作和发展。构建多元化的教育投资体制不仅为了打破资金瓶颈，更好发展壮大教育事业，更是为了通过引入竞争机制，促使学校决策层牢固树立“名牌意识”、“特色意识”，办出高水平和有特色的学校。

参考文献

[1] 刘永瑞：《经济教育学论纲》，人民出版社 2004 年版。

[2] 叶茂林：《教育发展与经济增长》，社会科学文献出版社 2005 年版。

[3] 何秀超：“美国教育投资体系现状与政策”，《光明日报》，2005 年 8 月 31 日。

[4] 彭述林：“日本教育投资多元化对我国的启示”，《日本问题研究》，2005 年第 2 期。

[5] 何斌：“日本教育投资对我国的启示”，《比较教育研究》，2005 年第 3

期。

[6]“祖国宝岛教育考察纪事:喜忧参半的台湾教育”,《现代教育报》,2006年6月30日。

[7]“我国台湾教育制度及其改革的审视”,http://www.labahua.com/kechengyanjiu/xinkecheng/xinkecheng_4196.html.

[8]“台湾发展教育的基本经验”,http://www.121ty.cn/article/jxxd/1061.html.

[9]马陆亭、徐孝民:《国际教育投入与学生资助》,高等教育出版社2007年版。

第八章 我国教育投资体制的发展

教育成本分担理论和世界各国发展教育多元化的实践为我们指明了进一步深化教育改革的方向。从新中国成立至今，我们的教育领域实施了一系列意义重大的改革举措，经历了从政府包办到初建教育成本分担机制的重大转变。尤其是改革开放30年以来，我国的教育改革可谓天翻地覆，教育事业取得了前所未有的成就。应该说，教育是我国近些年来改革中受益最大的领域。但是，面对着日益多元化的教育需求，面对着依旧存在的一系列问题和亟待进一步规范的教育管理体制，我们在教育领域内的改革任务依旧非常沉重。回顾我国教育改革的历程，反思我国教育改革的成败得失，对于我国构建多元化的教育体系、促进教育成本分担主体的多元化和教育事业的健康快速发展有着至关重要的意义。

一、我国教育体制的改革历程

纵观我国改革开放30年国家教育体制改革的发展脉络，可以发现，我国教育体制改革更多地表现为对政治经济领域改革的适应性：从传统计划经济的桎梏中解放出来，到中国特色社会主义市场经济体制的确立及深化，反映出我们对市场机制的认识不断深化的过程。受此影响，我国教育领域对市场机制的认识也存在着一个由浅入深、去伪存真的过程。

（一）改革开放以来我国教育体制的探索

从某种角度看，我国改革开放30年的教育体制改革，实际上是对市场经济条件下办教育的不断探索过程。

1. 教育体制改革的恢复期（1978－1984年）。“文革”前，我国经过艰难探索初步建立起了与当时国情相适应的教育管理体制。1952年、1963年先后颁发过《中学和小学暂行规程（草案)》、《全日制中学和小学暂行工作条例(草案)》，保障了正常的教育教学秩序。但“文革”期间，这一体制遭到了严重破坏。“文革”结束后，邓小平同志提出要“尊重知识、尊重人才”，随后，停止10年的高等学校本科和研究生全国统一招生考试制度得到恢复。

邓小平在1978年召开的全国科学大会上指出：“四个现代化，关键是科学技术现代化”、“科学技术人才的培养，基础在教育”。这明确指出了：只有依靠科学和技术的进步，才能提高劳动生产率，带来国民经济的高速发展；而科学技术的传播、发展、应用并转化为生产力，依赖于教育；经济要转型、民族要崛起，必须大力发展教育。1982年召开的党的第十二次全国代表大会，把教育和科学作为实现今后20年经济发展目标的三大战略重点之一。

1978年召开的全国教育工作会议也强调要恢复被破坏的规章制度，识别和选拔领导干部，整顿领导班子，整顿好学校。同年7月，教育部修订并颁发了《全日制小学暂行工作条例（试行草案)》和《全日制中学暂行工作条例(试行草案)》，规定“全日制小学由县（市属区）教育行政部门统一领导和管理”。实践表明，无论是高考制度的恢复，还是全日制中学和小学工作条例的修订颁发，都在“文革”后迅速稳定教育秩序中发挥了关键作用。

2. 教育体制改革的突破期（1985－1991年）。1985年，《中共中央关于教育体制改革的决定》出台，标志着我国教育体制改革全面启动。这个决定推出的背景是：有计划的商品经济理论确立，全国进行着以不断扩大地方政府与企业自主权为核心的改革。遵循“解放思想、实事求是”的精神，《中共中央关于教育体制改革的决定》明确了教育体制改革的基本方向：“教育为社会主义建设服务，社会主义建设要依靠教育”。同时阐明了教育体制改革的必要性，指出：“必须从教育体制入手，有系统地进行改革”，从而揭开了教育体制改革的序幕。《中共中央关于教育体制改革的决定》的出台，在我国教育体制改革中具有里程碑式的重要意义，成为我国教育体制的分水岭。在此之前是与计划经济体制相适应的、具有“计划性”与“集中性”特征的教育体制；在此之后是逐渐探索并建立起与市场经济体制相适应的从中央向地方分权、从政府向社会渗透的新型教育体制。自1985年开始，我国围绕着办学、管理、投资体制全面进行教育体制改革的探索。这一时期，基础教育阶段的教育体制改革主要有以下几个方面：

（1）分级办学、分级管理体制的形成。在基础教育阶段，为了适应财政包干的新体制，《中共中央关于教育体制改革的决定》中明确提出实施“地方负责、分级管理”的基础教育管理体制。在具体的实施过程中，分级办学、分级管理形成了县、乡、村三级办学，县、乡两级管理的模式。

（2）办学体制多元化的探索。随着以市场为导向的社会主义商品经济的不断深入，在经济领域逐步形成以公有制为主体、多种经济成分共同发展的新格局。这种经济格局为多元化办学体制的兴起创造了条件。从20世纪80年代中期开始，我国逐步探索与改变单一的国有化办学体制，允许和鼓励企事业单位、社会团体及公民按国家法规和教育方针办学，建立国家和社会各方面共同办学的新体制。顺应时代需要，基础教育实行公办和民办“两条腿”走路的发展方针，吸纳社会资源发展基础教育。1986年颁布的《中华人民共和国义务教育法》重申：“国家鼓励企业、事业单位和其他社会力量，在当地人民政府统一管理下，按照国家规定的基本要求举办法律规定的各类学校。”1987年，国家教委颁布了《关于社会力量办学的若干暂行规定》，进一步规范了社会力量办学，促进了社会力量办学的发展。

（3）多元化的筹资体制初步形成。为了加快教育事业的发展，在国家财力有限的情况下，国家、集体、个人多元化的教育筹资体制初步形成。《中共中央关于教育体制改革的决定》明确指出：“为了保证地方发展教育事业，除了国家拨款以外，地方机动财力中应有适当比例用于教育，乡财政收入应主要用于教育。地方可以征收教育费附加，此项收入首先用于改善基础教育的教学设施，不得挪作他用。地方要鼓励和指导国营企业、社会团体和个人办学，并在自愿的基础上，鼓励单位、集体和个人捐资助学，但不得强迫摊派。同时严格控制各方面向学校征收费用，减轻学校的经济负担。”

3. 教育体制改革的深化期（1992－2001年）。以邓小平“南方谈话”和党的第十四次全国代表大会为标志，我国改革开放进入了一个新阶段。这一阶段，建立社会主义市场经济体制的改革目标得以确定。为适应这一改革目标，1993年《中国教育改革和发展纲要》明确提出，教育体制改革要“随着经济体制、政治体制和科技体制改革的深化”、“采取综合配套、分步推进的方针，加快步伐，改革包得过多、统得过死的体制，初步建立起与社会主义市场经济体制和政治体制、科技体制改革相适应的教育新体制”。为此，《中国教育改革和发展纲要》第三部分专门论述了教育体制改革。主要思想包括：第一，改革办学体制，改变政府包揽办学的格局，逐步建立以政府办学为主体、社会各界共同办学的体制。第二，在政府与学校的关系上，政府要转变职能，由对学校的直接行政管理，转变为运用立法、拨款、规划、信息服务、政策指导和必要的行政手段，进行宏观管理。第三，要逐步建立以国家财政拨款为主，辅之以征收用于教育的税费、收取非义务教育阶段学生学杂费、校办产业收入、社会捐资集资和设立教育基金等多种渠道筹措教育经费的体制；通过立法，保证教育经费的稳定来源和增长；逐步提高国家财政性教育经费支出（包括各级财政对教育的拨款、城乡教育费附加、企业用于举办中小学的经费、校办产业减免税部分）占国民生产总值的比例本世纪末达到4%；计划、财政、税务等部门要制定相应的政策措施，认真加以落实。

1998年教育部出台《面向21世纪教育振兴行动计划》，以及1999年中共中央国务院下发《关于深化教育改革全面推进素质教育的决定》对教育体制改革也都有进一步深化的论述。以办学体制改革为例，《面向21世纪教育振兴行动计划》提出“公办学校办学体制改革，要在政府教育行政部门的指导下进行试点”。《中共中央国务院关于深化教育改革全面推进素质教育的决定》提出，要“进一步解放思想，转变观念，积极鼓励和支持社会力量以多种形式办学，满足人民群众日益增长的教育需求，形成以政府办学为主体、公办学校和民办学校共同发展的格局。凡符合国家有关法律法规的办学形式，均可大胆试验”。

4. 教育体制改革的转型期（2002－2008年）。2002年，党的十六大成功召开，标志着改革开放进入了全面深化与完善的阶段。十六大关注民生问题，构建和谐社会，构建新时期社会主义公共服务体系成为核心的战略决策之一。作为国家最重要的公共事业之一，教育体制改革面临着一个历史性的转折点，政府举办教育的责任在一个新的高度上再次成为改革的核心。

党的十七大明确提出：教育是民族振兴的基石，教育公平是社会公平的重要基础。这将教育公平问题提升到一个前所未有的高度。事实上，2002年前后国家教育政策的重点就已经转到了教育公平上。在义务教育阶段，教育均衡发展作为促进教育公平的重要途径，获得了从上至下的一致关注。2006年，新修订的《中华人民共和国义务教育法》提出：国务院和县级以上地方人民政府应当合理配置教育资源，促进义务教育均衡发展，改善薄弱学校的办学条件，并采取措施，保障农村地区、民族地区实施义务教育，保障家庭经济困难的和残疾的适龄儿童、少年接受义务教育。2003 年，国务院《关于进一步加强农村教育工作的决定》要求落实“以县为主”的新体制，并提出“县级政府要增加对义务教育的投入，将农村义务教育经费全额纳入预算”。

2005 年，国务院《关于深化农村义务教育经费保障机制改革的通知》作出了建立农村义务教育经费保障新机制的决定，全部免除农村义务教育阶段学生学杂费，对贫困家庭学生免费提供教科书并补助寄宿生生活费。随着新机制的实施，农村义务教育被逐步纳入公共财政保障范围，一步步实现了让每一个农村孩子都有学上、都能上得起学的目标。

2007 年，国务院《关于建立健全普通本科高校高等职业学校和中等职业学校家庭经济困难学生资助体系的意见》作出建立健全普通本科高校高等职业学校和中等职业学校家庭经济困难学生资助体系的决定，切实解决家庭经济困难学生的就学问题，设立国家奖助学金，实施国家助学贷款政策，这是继全部免除农村义务教育阶段学生学杂费之后，促进教育公平的又一件大事，具有重大意义。

（二）我国各层次教育管理体制的变迁

新中国成立以来，我国教育事业的发展走过了曲折的道路。经过解放初期的接管改造和以高等学校院系调整为中心的教育改革，我国已把旧中国的半殖民地半封建教育事业转变成为社会主义教育事业。1985 年国务院通过了《中共中央关于教育体制改革的决定》标志着我国教育体制改革的新纪元。发展教育事业不增加投资是不行的，为此，中央决定，中央和地方政府的教育拨款的增长要高于财政经常性收入的增长，并使按在校学生人数平均的教育费用逐步增长。1995 年《教育法》对教育投入提出增长的要求，并建立了教育经费投入执行统计公告制度，每年通过各种媒体，对各省市教育投入依法增长情况进行公告。1997 年国务院颁布《社会力量办学条例》，提出社会力量应当以举办实施职业教育、成人教育、高级中等教育和学前教育的教育机构为重点。国家鼓励社会力量举办实施义务教育的教育机构作为国家实施义务教育的补充。国家严格控制社会力量举办高等教育机构。社会力量举办教育机构，不得以营利为目的。《社会力量办学条例》条例的公布标志着我国教育体制和教育投入多元化管理制度的初步形成。

1. 义务教育。义务教育，即以法律规定适龄儿童和青少年都必须接受，国家、社会、家庭必须予以保证的国民教育，为现代生产发展和现代社会生活所必须，是现代文明的重要标志。经过我国义务教育体制的不断完善，我国逐步形成了由地方负责、分级管理的九年义务教育体制，处于发展我国教育事业的基础环节。

（1）立法保障。建立义务教育经费保障机制，将义务教育经费全面纳入国家财政保障范围，是政府举办义务教育的责任。1986 年的《义务教育法》中规定“实施义务教育所需事业费和基本建设投资，由国务院和地方各级人民政府负责筹措，予以保证”、“地方各级人民政府按照国务院的规定，在城乡征收教育事业费附加，主要用于实施义务教育”、“国家鼓励各种社会力量以及个人资源捐资助学”。由于受当时的经济状况和社会发展条件限制，实际上实行的是政府投入和征收城乡教育费附加、收取杂费、发展校办产业、动员社会集资等多渠道并行的筹措教育经费的作法。

（2）税费改革。2000 年税费改革后，我国取消了农村教育集资和农村教育费附加，农村义务教育经费逐步纳入财政预算，经费投入由以农民承担为主转为以政府承担为主。但由于经费保障制度不健全，农村义务教育仍然投入不足、保障水平偏低，影响义务教育事业的长远发展。

（3）进一步深化保障机制。2005 年国务院发布《关于深化农村义务教育经费保障机制改革的通知》，建立中央和地方分项目、按比例分担的农村义务教育经费保障新机制。国家全面免除农村义务教育阶段学生学杂费，向全国农村义务教育阶段学生免费提供教科书并对家庭经济困难的寄宿学生提供生活补助。这次改革是我国教育史上具有里程碑意义的一件大事，对我国义务教育的发展产生极为深远的影响。

2. 职业教育。改革开放 30 年来，我国职业教育的办学思想实现了重大转变：从计划培养向市场驱动转变，从政府直接管理向宏观引导转变，坚持实行政府主导、面向市场、多元办学的机制，充分发挥行业、企业的作用，大力推动职业院校与企业密切合作、共同发展。大力发展民办职业教育，形成公办、民办职业教育共同发展的格局。加强职业教育的国际合作与交流，借鉴其他国家和地区职业教育的先进经验，引进国际优质职业教育资源。通过多方面改革，我国职业教育改革发展的思路更加清晰。

（1）调整职业教育结构。1980 年，国务院批转教育部、国家劳动总局《关于中等教育结构改革的报告》，指出要改革中等教育结构，发展职业技术教育，促进高中阶段的教育更加适应社会主义现代化建设的需要；根据发展生产和服务性行业的需要，广开学路，举办各种职业（技术）学校；主要招收初中毕业生，办学形式灵活多样。这类学校除由各行各业举办外，集体和个人也可以办。

(2) 鼓励多渠道办学。根据经济、社会发展的需要，1991 年国务院作出《关于大力发展职业技术教育的决定》，明确了职业教育进一步发展的目标、任务。并且提出了非义务教育阶段的职业技术教育，可以收取学费，用于补充教学方面的开支的管理理念；并支持我国职业技术教育采取大家来办的方针，要在各级政府的统筹下，发展行业、企事业单位办学和各方面联合办学，鼓励民主党派、社会团体和个人办学；充分发挥企业在培养技术工人方面的优势和力量，大力发展电视、广播和函授职业技术教育；各级政府、各级财政部门、各有关业务主管部及厂矿企业等要从财力和政策上支持职业技术教育的发展，努力增加对职业技术教育的投入；在国家政策规定的范围内，各地各部门应采取多种措施，扩大职业技术教育的经费来源；除国家投资外，要提倡利用贷款，有关部门要为职业技术学校使用贷款创造条件，并鼓励集体、个人和其他社会力量对职业技术教育捐资助学。

(3) 逐步立法。1993 年，中共中央、国务院印发《中国教育改革和发展纲要》，指出“各级政府要高度重视，统筹规划，积极发展的方针，充分调动各部门、企事业单位和社会各界的积极性，形成全社会兴办多形式、多层次职业技术教育的局面”。1996 年，中国第一部《职业教育法》正式颁布和实施，为职业教育的发展和完善提供了法律保障。文件指出“县级以上地方各级人民政府应当举办发挥骨干和示范作用的职业学校、职业培训机构，对农村、企业、事业组织、社会团体、其他社会组织及公民个人依法举办的职业学校和职业培训机构给予指导和扶持”、“国家鼓励事业组织、社会团体、其他社会组织及公民个人按照国家有关规定举办职业学校、职业培训机构。”

(4) 加大投入力度，创新办学模式。2005 年国务院通过《国务院关于大力发展职业教育的决定》。明确指出要推动公办职业学校办学体制改革与创新。公办职业学校要积极吸纳民间资本和境外资金，探索以公有制为主导、产权明晰、多种所有制并存的办学体制。推动公办职业学校与企业合作办学，形成前校后厂（场）、校企合一的办学实体。推动公办职业学校资源整合和重组，走规模化、集团化、连锁化办学的路子。国务院已决定，“十一五”期间中央财政对职业教育投入 140 亿元，重点用于支持实训基地建设，充实教学设备，资助贫困家庭学生接受职业教育。

3. 高等教育。

(1) 高校学费制度的确立。我国高教收费实行成本分担的制度经历了一个循序渐进的过程。20 世纪 80 年代以前，我国一直实行免费高等教育政策。1980 年全国高校招生工作会议提出：“本年，一些地区和高校在完成国家下达的招生计划之外，可以扩大招收一部分自费走读生。”从此拉开了高校收费改革的序幕。1985 年，中共中央作出了关于教育体制改革的决定，提出“要改革大学招生的计划制度和毕业生分配制度”，以此为契机，高校招生收费制度进入了第二阶段。在这个阶段中，国家招生计划体制由原来单一的计划变成了三种形式：“国家任务”、“委托培养”和“自费生”，开始招收委培生和自费生。1989 年《高等学校毕业生分配制度改革方案》和《关于普通高等学校收取学杂费和住宿费的规定》的颁布并实施，扩大了招收自费生和委培生的数量，这极大地推进了收费制度的改革。

20 世纪 90 年代中后期，国家将高等教育作为拉动内需、带动教育消费的行之有效的措施来抓，从而引发了高校大规模扩招和收费“双轨制”，即对计划内与计划外招收的学生采取不同的收费标准。随之而来的是，师资力量紧缺、教学设施超负荷运转、教学质量滑坡等一系列负面效应迅速显现。同时，面对节节攀升的学费，越来越多的家庭不堪重负。在这种背景下，国家及时制止了“双轨制”。教育部、国家计委、财政部《关于 2001 年高等学校招生收费工作有关问题的通知》明确指出，各地区、各有关部门和各高等学校不得以任何理由、任何名义搞“双轨”收费。坚决纠正以各种名义向学生收取“赞助费”、“扩容费”、“定向费”、“一次性建校费”、“跨地区建设费”、“转专业费”或捐款等乱收费行为。从此普遍意义的上大学规范缴费制度正式确立。

2005 年，教育部、国家发展和改革委员会、财政部下发《关于做好高等学校收费工作有关问题的通知》，文件提出：一是连续四年保持学费标准的基本稳定；二是为提高学校收费管理工作的透明度和教育收费决策过程的民主化，建立教育收费公示制度和听证制度；三是加强学校收费资金管理，深化“收支两条线”管理改革，逐步将学校收费收入全部缴入财政专户或国库，纳入部门预算编制范围；四是加强学校收费票据管理，统一使用由省级以上财政部门印制的票据；五是在不断规范高等学校收费管理的同时，进一步加大治理高等学校乱收费的工作力度，建立了全国治理教育乱收费部际联席会议制度，采取了一系列标本兼治的措施，组织了多种形式的监督检查。

(2) 创新办学模式。1995 年，国务院办公厅转发国家教委《关于深化高等教育体制改革的若干意见》。《意见》提出，要着重抓好高等教育管理体制的改革。其目标是，争取到2000年或稍长一点时间，基本形成举办者、管理者和办学者职责分明，以财政拨款为主多渠道经费投入，中央和省、自治区、直辖市人民政府两级管理、分工负责，以省、自治区、直辖市人民政府统筹为主，条块有机结合的体制框架。

——通过深化改革和立法，划分、规范举办者、管理者、办学者的权力与义务。举办者主要是投资举办学校、提供必要的办学条件、提出学校主要学科和专业的服务面向及人才培养要求、对办学实施目标监督等。举办者可以是各级政府及有关部门，也可以是企业、事业、具有法人资格的社会团体或公民个人，他们可以单独，也可以联合举办。举办者应有代表参加高校的相应的管理机构（如校董会等）。

——鼓励企业、企业集团、科学研究单位积极参与高等学校的办学和管理。这项改革的目的在于加强学校与企业、科研单位的联系，促进教育、科研、生产三结合，增加教育经费来源，增强学校的办学活力和提高教育质量，同时促进企业、科研单位的发展和提高。

（3）新体制框架的确立。2000年是自1992年高教管理体制改革和布局结构调整工作以来改革力度最大，调整学校最多的一年。在这一年，进行了第三次国务院部门（单位）所属学校管理体制改革。此次调整的完成标志着我国高教管理体制发生了历史性的深刻变化，部门办学体制基本结束，由中央和省级政府两级办学、以地方管理为主的新体制的框架基本确立。

二、我国教育投资体制的演变

（一）我国历届五年规划中有关教育投资问题的规定

关于教育投资体制的内容，在历届五年计划或规划中都有所涉及，回顾这些内容，我们可以发现，政府、社会、个人教育投资主体多元化的格局正在逐步形成和完善。

在“八五”计划中，提出了“合作办学、社会力量办学进一步发展的要求”，初步建立了以政府办学为主、社会各界共同参与的体制，形成了教育经费以政府拨款为主、社会其他渠道为辅的格局。这一时期的教育体制改革还不能很好地适应社会主义市场经济的需要，基础教育片面追求升学率和学生学业负担过重的问题尚未根本解决，全社会兴办职业教育的机制还没有建立起来。

在“九五”期间，我国更加注视社会力量办学的要求，而且加强了社会力量办学的立法工作，以中等以下教育特别是各级职业教育为重点，积极发展各类民办学校。规定现有公办学校在条件具备时，也可酌情转为“公办民助”学校或“民办公助”学校。提出了到2010年，基本形成以政府办学为主，社会各界共同参与的办学体制及公立学校和民办学校共同发展的格局。其中，对于高等学校投资和管理体制的改革，提出了以“共建”和“联合办学”为主要形式，扩大学校投资渠道和服务面向，淡化和改变学校单一隶属关系的要求。

到“十五”时期，我国教育管理体制改革不断完善，确立了“在国务院领导下，由地方政府负责，分级管理，以县为主”的农村义务教育管理新体制，初步形成了“在国务院领导下，分级管理，地方为主，政府统筹，社会参与”的职业教育管理新体制，完善了“中央和省两级管理，以省级政府管理为主”的高等教育管理体制。“十五”期间，也是我国办学体制加快改革、民办教育快速发展的时期。到2005年，全国各级民办学校（机构）学历和非学历教育在校学生已达3057.55万人，比2000年增加了1685.45万人，年平均增长17.38%。以政府办学为主体、社会各界共同办学、公办学校和民办学校共同发展的格局进一步形成。此外，还颁布了《民办教育促进法》及实施条例、《中外合作办学条例》及实施办法，进一步从法律上确认了民办教育的法律地位，放宽了教育投资的进入门槛。

当前，教育问题已经成为影响我国社会经济健康发展的一个焦点和热点问题，以科学发展观为指导的“十一五”规划的出台，进一步强调了要坚定不移地实施科教兴国和人才强国战略，要坚持教育优先发展的方针，这是我国提高自主创新能力、建设国家创新体系的一项长远的基础工作。要落实科学发展观，实现经济增长方式从“三高一低”的粗放式经营转移到依靠科技进步和提高劳动者素质上来，必须把教育放在优先发展的战略地位，加快教育发展，推进人力资源开发。在新时期的“十一五”规划中，已经对我国的教育发展与改革作出了整体部署，提出了以全面实施素质教育为核心的“普及、发展、提高”的三大任务。具体来讲，就是要求强化政府对义务教育的保障责任，普及和巩固义务教育，大力发展职业教育，提高高等教育质量。此外，加大教育投入，建立有效的教育资助体系，发展现代远程教育，促进各级各类教育协调发展，建设学习型社会，也已成为社会各界的共识。继续深化教育管理体制改革，不断巩固和完善已经建立的农村义务教育、职业教育、高等教育的管理体制。推进办学体制改革，积极发展民办教育，鼓励探索多种途径发展教育的新模式，促进教育多样化发展。

以上历届的五年规划中，虽然都多次提及到加大教育投入，积极发展民办教育，促进教育多样化发展等问题，特别是在“十一五”规划中，对职业教育的重视程度日益提高，但这只是我国教育体制改革的宏观设想。如何从具体的操作层面，对教育投资问题进行理论论证和现实分析，提出切实可行的、符合我国现实国情的措施，才是加快教育体制改革，改变当前教育问题成为社会矛盾的关键所在。

（二）国家教育拨款机制的变化

国家教育拨款机制的变化取决于国家财政机制的变化，因此这里将首先以国家财政体制改革为脉络来阐明我国教育拨款机制的变化。我国的财政体制改革大体可以分为三个阶段，即中央集权统收统支、行政分权财政包干和经济分权分税制三个阶段。

20世纪80年代以前，我国实行中央政府统收统支的财政体制，因此，教育的拨款主要以中央政府为主。其中高等教育实行“条块结合”的方针，即各省（直辖市、自治区）和部委各自拟定教育发展计划，然后上报中央统一调整；在基础教育方面，1957年之后中央将教育的管辖权下放到地方，经费由地方财政安排，1972年后经费由中央按地方需要切块单列，下拨给地方。

在具体的拨款方式上采取“基数加发展”的方法，由财政部门和学校主管部门根据学校的规模及各种日常经费的开支需要，核定一个基数，并在此基础上根据财力的状况增加本年度的发展经费，本年没有用完的经费要上交上级财政，并在下年的基数中扣除。

1980年后，我国财政体制进行了重大改革，实行“划分收支”的财政包干体制，这样国家的教育拨款机制也相应发生了变化。在高等教育方面，除央属院校由中央政府直接拨款外，其他地方高校均由地方政府自行负责拨款，1985年开始在高校内实行助学金制度，并且于1987年开始对非义务教育阶段实行成本分摊机制并将单一的助学金制度改为奖学金、助学金、贷学金相结合的制度；在基础教育方面，中央政府通过《中共中央关于教育体制改革的决定》将基础教育的责任推给了地方，基层地方政府成为义务教育的投资主体，承担了90%以上的费用。

在具体的拨款方式上采取“综合定额加专项补助”的方法，经费分配方式由两部分构成，综合定额是根据不同学校的在校生数和其定额标准进行计算，专项补助则是考虑了各不同学校发展的实际情况进行的专项的拨款。

1994年，我国开始实行分税制改革，更加明确了中央与地方收入的划分，而且中央通过分税制改革把过去过于下放的财权逐步收回。因此在教育的投资机制上更加强调了校办企业、社会集资、合理收取学杂费等的重要作用。1998年后由于政府机构改革，撤销了部分部委建制，其原属的高校除部分划归教育部外，其他均下放地方或实行中央与地方共管，由中央和地方共同出资。

（三）办学主体的多元化

近几年，随着教育制度改革和市场化程度的不断加深，我国教育体制中的办学主体由原来单一的中央政府举办公有制学校逐步发展到今天的各省市、各种所有制主体共同参的模式。不仅仅政府可以办学，社会团体和私人也可以办学；不仅中央和省两级政府可以举办学，省以下的地方政府也可以办学；不仅仅国内力量可以办学，国外资本也可到国内办学。

1. 各级政府共同办学。近年来在高等教育领域出现了政府办学主体由中央和省级向地市延伸的特点。如表8-1所示，中央直属院校由1998年的263所下降到2004年的111所，其中非教育部部属学校由1998年的218所下降到2004年的38所。而地方所属院校则由1998年的759所上升到2004年的1620所。

表8-1　　我国高等学校政府办学主体的结构

	院校数（所）			所占比例（%）		
	1998	2000	2004	1998	2000	2004
总计	1022	1041	1731	100	100	100
中央部委所属院校	263	116	111	25.73	11.14	6.41
其中：教育部属	45	72	73	4.04	6.92	4.22
其他部属	218	44	38	21.33	4.23	2.19
地方所属	759	925	1620	74.27	88.86	93.59

资料来源：“我国普通高等学校布局结构分析与思考”，《教育发展研究》，2005年第5期。

高等学校办学的政府主体下移是我国财政体制改革和政治体制改革共同作

用的结果，同时，也是为适应高等教育发展的必要选择。政府主体的下移有力地刺激了地方的办学积极性，仅 1998 - 2003 年，全国新增本科院校 114 所（均为专升本），省会以外的地级市 83 所，占新增数的 3/4。

2. 各种资本共同办学。随着教育市场化程度的不断提高，国有资本、集体资本、民营资本、甚至外资都参与其中，出现了百花齐放、百家争鸣的局面。表 8 - 2 将 2000 年与 2004 年民办教育发展情况作了比较。

表 8 - 2　　2000 年与 2004 年民办教育发展情况

	学校数（所）			在校生（万人）		
	2000 年	2004 年	增　加	2000 年	2004 年	增加倍数
幼儿园	44317	62167	17850	284.3	584.1	1.1
小学	4341	6047	1706	130.8	328.3	1.5
普通初中	1799	4219	2420	98.0	315.7	2.2
普通高中	1517	2953	1436	51.5	184.7	2.6
普通高校	37	226	189	26.0	139.6	4.4

资料来源：中国教育经费统计年鉴。

从表 8 - 2 可以看出，短短 4 年时间，民办的幼儿园、小学、普通中学、普通高中、普通高校分别比 2000 年增长了 40.3%、39.3%、134.5%、94.7%、510.8%，民办高等教育无论从学校数还是从在校人数来看都是各阶段教育中增长最快的一个，并且随着经济的发展和人们生活水平的提高，近几年来民办的小学和中学出现了较快的增长，这其中东部沿海城市尤其明显。以青岛市为例，该市 2005 年共有各级各类民办学校 622 所，比 2004 年增加了 117 所，其中独立建校的民办中小学成长最快，比 2004 年增加了 30%。在 78 所民办中小学中，独立建校的学校为 38 所，比 2004 年的 24 所多了 14 所。

各种资本共同办学不仅在数量上而且在质量上极大地推动了我国教育事业的发展，我国每十万人口在校数，高等教育由 1995 年的 457 人提高到 2003 年的 1298 人，高中阶段由 1610 人提高到 2523 人，初中阶段由 3945 人提高到 5209 人，这样迅速的发展速度与教育的市场化、办学主体的多样化是分不开的。

（四）教育成本分担的多元化

从经费负担的具体数量来看，我国的教育经费由原来的完全由政府负担逐步变为由政府、社会资本、受教育个人三方共同负担。而且，私人和社会投资的数量呈逐年增长的态势且其增长速度要远远高于政府投资的增长。表8-3以1995年为基期，分别计算出了1998、2000、2002、2003年四年的财政性投入与私人与社会投入的相对数值，通过比较我们可以很清楚的看出，总的教育经费由1995年的1878亿元上升到2003年的6208亿元上升幅度达3.3倍，而其中社会及私人投入的份额由1995年的24.86%上升到2003年的37%。这充分表明我国教育经费的负担从总体上来看有向社会及私人转移的趋势，但是需要指出的是，这种转移是在经费投入总量和财政性投入总量逐年增长的基础之上的转移。以2003年为例，我国的财政性教育经费占GDP的比重由1995年的2.41%提高到3.28%，提高了0.87个百分点。因此，教育经费向私人的转移不是政府投入减少的结果而是私人投入增加并且其增速大于政府投入增速的结果。

表8-3　　1995-2003年中国教育经费增长速度及构成表

年份	1995	1998	2000	2002	2003
总投入（亿元）	1878	2949	3849	5480	6208
构成	100	100	100	100	100
占GDP的比重	0.032	0.038	0.043	0.052	0.053
财政性投入（亿元）	1412	2032	2563	3491	3911
比例	75.7	68.9	66.6	63.7	63.0
占GDP的比重	0.024	0.026	0.029	0.0332	0.0329
社会及私人投入（亿元）	466	917	1206	1989	2297
比例	24.8	31.1	33.4	36.3	37.0
占GDP的比重	0.0066	0.0071	0.0089	0.0116	0.0127

资料来源："未来十五年我国资源供求矛盾与政策选择"，《教育发展研究》。

从不同教育层次来看，学前教育阶段的经费中财政性经费的比重经历了一个先下降后上升的过程，个人学杂费比重则是一直下降的，从1996年的21.1%下降到2003年的16.1%。义务教育的小学阶段中财政性经费的比重一直是上升的，由1996年的75%上升到80.5%，个人学杂费的比重则有所下降，由1996年的8.4%下降到8.1%；义务教育的初中阶段的财政性经费则基本保持了不变，在74.3%左右，但初中阶段的个人学杂费则有一个比较大的上升，由1996年的8.2%上升到2003年的10.1%。高中和职业教育阶段，普遍的特点是财政性教育经费占总经费的比重明显下降，个人学杂费比重则有明显的上升：高中阶段财政性经费比重由1996年的67.9%下降到2003年的46.5%，个人学杂费比重由1996年的13%上升到2003年的25.7%；职业教育财政性经费比重由65.5%下降到57.7%，个人学杂费比重由1996年的17.6%上升到2003年的25.4%。高等教育阶段，财政性教育经费的比重下降幅度最大由1996年的80.3%下降到2003年的44.9%，个人学杂费则由1996年的13.7%上升到2003年的29.3%。总的来说，初中及以前阶段的教育成本分担呈现向国家转移的趋势，而高中、职业高中及大学的教育成本分担呈现出向私人转移的趋势（如表8-4所示）。

表8-4　　1996-2003年不同学历层次教育单项经费结构

		1996年	2000年	2003年
学前教育	财政性经费/总经费	0.661	0.6	0.623
	学杂费/总经费	0.211	0.175	0.161
小学	财政性经费/总经费	0.75	0.785	0.805
	学杂费/总经费	0.084	0.092	0.081
初中	财政性经费/总经费	0.742	0.748	0.743
	学杂费/总经费	0.082	0.103	0.101
高中	财政性经费/总经费	0.679	0.508	0.465
	学杂费/总经费	0.13	0.211	0.257
职业教育	财政性经费/总经费	0.655	0.62	0.577
	学杂费/总经费	0.176	0.221	0.254
大学	财政性经费/总经费	0.803	0.582	0.449
	学杂费/总经费	0.137	0.211	0.293

资料来源：1997、2002、2005年《中国统计年鉴》。

尽管如此，总体上来看，我国的教育成本负担多元化仍只处于起步阶段，我国教育投资的主体仍是政府，社会资本在教育投资中的比重仍然较小。以2002年教育支出在各教育层次的分配情况为例。2002年，我国全社会的教育支出总额为54800278万元，其中财政性支出额为34914048万元，占总支出额的63.71%；社会性支出额（包括学费和杂费外的部分个人支出）为2998340万元，仅占总支出额的5.5%。教育支出在教育各层次的具体分配情况如表8-5所示。

表 8-5　　各类学校教育经费情况（2002 年）　　单位：万元

学校类别	合计	国家财政性教育经费	预算内教育经费	社会团体和公民个人办学经费	社会捐资和集资办学经费	学费和杂费	其他教育经费
全国总计	54800278	34914048	31142383	1725549	1272791	9227792	7660099
#中央	6581621	3531595	3042307		206891	872793	1970341
地方	48218657	31382452	28100077	1725549	1065900	8354998	5689758
按学校类别分组							
高等学校：	15832129	7875176	7548856	417624	279514	4264517	2995298
普通高等学校	14878590	7521463	7243459	331363	278253	3906526	2840985
成人高等学校	953539	353713	305398	86261	1261	357991	154314
中等专业学校：	2505374	1356575	1273760	25046	8203	824108	291443
中等技术学校	1723506	931580	880751	10881	3094	610482	167469
中等师范学校	375673	198849	185890		2924	128563	45336
成人中专学校	406195	226145	207119	14165	2185	85063	78638
技工学校	366761	196714	137485		1159	77189	91700
中学：	16704639	10623979	9003381	898922	599214	2433371	2149154
普通中学	16682290	10613313	8995103	896845	599146	2428480	2144507
高级中学	3490128	1651652	1359066	146229	185092	853344	653811
完全中学	4595596	2528160	2046847	404974	217738	708894	735829
初级中学	8596566	6433501	5589191	345643	196315	866242	754866
#农村	4270562	3413785	3188333		87628	494221	274928
成人中学	22349	10666	8278	2077	68	4891	4647
职业中学	1470024	888019	773303	63429	14042	358984	145551
小学：	14485878	11641507	10473153	320528	327885	1156260	1039698
普通小学	14480218	11636869	10469011	319902	327885	1156107	1039455
#农村	8389831	7100911	6709477		175006	743639	370275
成人小学	5660	4638	4142	626	1	153	243
特殊教育学校	151392	133195	116767		2868	3304	12025
幼儿园	675844	416389	397253		14908	110061	134486
其他	2608238	1782495	1418424		24998		800744

资料来源：中华人民共和国统计局网站。

从表 8-5 可以看到，对传统的教育三层次（在此表中包括高等学校、中学、小学和幼儿园四大类）的支出总额为47698490万元，占教育总支出的87.04%。其他教育层次虽然存在，但是社会用在这些教育层次的经费却只占教育总支出的12.96%，对于整个教育市场来说是极其微小的。再看各层次中财政性的支出所占的比例，高等教育为49.74%，中等教育（即中学）为63.60%，初等教育（小学和幼儿园教育）为79.53%，其他层次的教育为61.35%；而各层次中社会性的支出占各层次总支出的比例，高等教育为4.40%；中等教育为8.97%；初等教育为4.38%，其他层次的教育为1.97%。由此看来，无论是传统教育层次还是其他教育层次，财政性支出都占了各层次支出的较大比重：除高等教育外其他教育层次该比重都达到了60%以上；而社会性支出的比重却很低，最高的也没有超过10%。

此外，从现阶段设立的教育层次可以看到，除了传统的教育层次外，又有诸如中等专业学校、技工学校等的专业性教育层次和一些特殊教育层次。这说明，我国教育层次顺应了人们多元化的需求已经具有了多样性。但从支出来看，包括传统教育在内的各层次支出中，财政性支出都占了较大比重，潜在的社会力量所提供的资金来源渠道没有得到充分利用，社会性支出比重仍然很小，暴露出了教育投资主体多样性的欠缺，这显然是与多元化的教育需求不相符的，是产生教育供求矛盾的一个重要原因。

三、我国各层次教育成本分担现状

如前所述，目前我国教育经费来源已基本形成了多渠道的格局，主要包括：国家财政性教育经费（中央、省、地、县四级投入）、社会团体和公民个人办学经费、社会捐资和集资、学费和杂费及其他教育经费五项。但是，由于不同教育层次的性质并不相同，政府和社会、个人在其经费分担中的作用也并不相同。总体来看，我国的教育投入主体仍以政府为主，我国的教育经费分担机制仍很不完善。

（一）义务教育成本分担现状

1. 国家义务教育投入机制。根据我国《义务教育法》的规定，“适龄儿童必须接受国家提供的免费教育，这既是我国未成年人享有的权利也是义务”。

2005年国务院发布《关于深化农村义务教育经费保障机制改革的通知》，建立中央和地方分项目、按比例分担的农村义务教育经费保障新机制。国家全面免除农村义务教育阶段学生学杂费，向全国农村义务教育阶段学生免费提供教科书并对家庭经济困难的寄宿学生提供生活补助。虽然《义务教育法》规定，“实施义务教育不收取学费、杂费”。但由于受市场机制的影响，有些地区尤其是大城市还未完全取消，甚至不能在短时期完全杜绝各种项目的收费，如现在比较常见的择校费、赞助费、学杂费等。

从目前义务教育投入方向看，深化农村义务教育经费保障机制改革是教育投入的重中之重。在2006年西部地区和中部部分试点地区率先实施农村义务教育经费保障机制改革的基础上，2007年这项改革在全国农村全面推开。按照5年改革目标，到2010年各级财政用于这项改革的新增经费累计将达2182亿元，其中，中央财政新增约1254亿元。继2006年全国安排改革资金361亿元，2007年全国又安排资金600亿元，其中中央财政280亿元，地方财政320亿元。新机制实施后，农村义务教育投入大大增加，农民的教育负担大大减轻。西部农村地区仅免除学杂费一项，平均每个小学生年减负140元、初中生年减负180元；享受免费教科书的贫困生，小学生平均年减负210元、初中生320元；既享受免费教科书又享受生活费补助的贫困寄宿生，小学生平均年减负达510元，初中生达620元。中部农村地区免除学杂费一项，小学生年减负约180元，初中生减负约230元。

但是，从2007年全国教育经费执行情况统计公告分析，全国普通小学生均预算内事业费支出为2207.04元，投入最高的上海市普通小学教育生均预算内教育事业费11498.99元，与投入最低为河南省普通小学教育生均预算内教育事业费1392.91元，两地级差近1万元。全国普通初中生均预算内事业费支出为2679.42元，而上海市已达到10325.89元，与生均水平最低的贵州省1190.65元相比，相差9000余元。由此可见，各地区财政投入的生均培养成本相距甚大，义务教育发展水平不均衡现象尤为严重。

2. 多元化的义务教育办学主体。1998年教育部下发了《关于义务教育阶段办学体制改革试验工作的若干意见》。之后，各地在党的十五大精神指引下，以《中国教育改革和发展纲要》及其实施意见为依据，进行了“公办民助”、“民办公助”等不同形式的办学体制改革试验。这对逐步建立以政府办学为主、社会各界共同办学的体制，对合理配置教育资源、吸收社会资金投入教育，对加强基础薄弱学校的建设、增强学校的办学活力，对规范义务教育阶段公办学校的办学行为、治理乱收费、缓解择校的压力等起到了积极的作用。此外，在我国一些发达地区，私立中小学逐步出现。私立学校的举办者主要是个人、社会团体、企业公司等非政府机构。私立学校的办学不享受财政拨款，学校的运转经费主要来自学生学费收入。大部分学校的办学具有盈利性质、自主经营、自负盈亏。有些学校经过一段时间的办学，教学经验丰富，师资力量雄厚，教育教学水平不逊于公办院校。但是由于没有政府投入，所有支出全部依靠学费收入，所以相应收取的学费、生活费也较高，也就是人们俗称的“贵族学校”。

（1）小学办学主体的多元化情况。根据国家统计年鉴数据，目前我国小学的举办者主要是政府。2006年，我国公办小学占所有学校比例的97.5%，而民办和其他单位举办的小学占总体指标的2.5%，成为公办学校的有益补充。从我国不同行政区域分析，城市公办小学占总体指标的85.7%，县镇公办小学占总体指标的94%，农村公办小学占总体指标的98.5%（如表8－6所示）。由此可以看出，由于社会和经济发展水平不平衡，人民的教育需求也有所差异。在经济发展水平较低的县镇和农村地区，绝大部分小学都为公办学校。而在城市中，民办和其他部门举办的小学已达到总体指标的14.3%，也就是说在100个孩子中，有大约15个学生在私立中小学就读。这表明，在社会和经济水平较高的城市，居民对子女就学的需要呈现出多样化特点：有相当一部分家长希望将子女送到教学条件比较好、并能满足其他需要的私立中小学中；有些家长从国外归国，希望将子女送到具有国际教育水平的国际学校去等等。随着家长需求的不断增加和变化，公立小学的办学性质已渐渐不能满足人民群众日益增长的需求变化，作为公办院校补充的民办教育机构逐步增加，从而弥补了人们对小学教育的不同需要。

表8－6　　普通小学学校和学生情况（2006年）

项　目	学校数（所）	招生数（人）	在校学生数（人）	毕业生数（人）
总计	341639	17293572	107115346	19284838
教育部门和集体办	333058	16321330	101380996	18348345
民办	6161	712489	4120907	643121
其他部门办	2420	259753	1613443	293372
城市	16999	2682773	16035689	2766402
教育部门和集体办	14571	2269735	13712383	2412547
民办	1694	296711	1627408	229639

续表

项　　目	学校数（所）	招生数（人）	在校学生数（人）	毕业生数（人）
其他部门办	734	116327	695898	124216
县镇	29588	3796390	24318225	4362883
教育部门和集体办	27849	3569137	22915072	4118062
民办	1335	186906	1142779	196710
其他部门办	404	40347	260374	48111
农村	295052	10814409	66761432	12155553
教育部门和集体办	290638	10482458	64753541	11817736
民办	3132	228872	1350720	216772
其他部门办	1282			

资料来源：《统计年鉴》2007年。

（2）普通初中办学主体的多元化情况。根据国家统计年鉴数据，我国普通初中的举办者主要是政府。2006年，我国的公办学校占所有学校的比例为90%，而民办和其他单位举办的普通初中占总体指标的10%，成为公办学校的有益补充，这一数字比民办小学所占指标有所提高。从我国不同行政区域分析，城市公办普通初中占总体指标的73%，县镇公办普通初中占总体指标的90%，农村公办普通初中占总体指标的94%。相比在城市中的普通初中，民办和其他部门举办的学校已达到总体指标的27%，有约1/4的孩子在私立普通初中就读，也就是说在100个孩子中，有大约27个学生在私立普通初中学习（如表8－6所示）。这也说明，随着办学层次的不断提高，人民群众的需求日益多元化，其中对九年一贯制中学的需求更加呈现多样性特点：在城镇，有50%以上的九年一贯制中学属于民办和其他部门举办。

3. 义务教育成本的分担。根据国家统计年鉴数据，我国义务教育阶段投入主要依靠国家财政性教育经费。2005年，国家财政性教育经费约占总体投入的80%，而个人家庭负担的学杂费约占总体投入的8.5%，社会团体和公民个人办学经费和社会捐资和集资办学经费等经费约占总体投入的11.5%（如表8－8所示）。依据“国家全面免除农村义务教育阶段学生学杂费，向全国农村义务教育阶段学生免费提供教科书并对家庭经济困难的寄宿学生提供生活补助”的政策，我们可以预测，到2008年，我国农村地区小学和初中阶段的学费和杂费将逐步取消，目前农村初中学杂费9.7%和农村小学学杂费7.6%的收入部分，将逐步由国家财政性教育经费负担。

表 8-7　　普通初中学校和学生情况（2006 年）

项　　目	学校数（所）			在校学生数（人）
	小　　计	初级中学	九年一贯制	
总计	60550	49491	11059	59373792
教育部门和集体办	54576	46390	8186	54560706
民办	4550	2408	2142	3940611
其他部门办	1424	693	731	872475
城市	7190	5131	2059	9501015
教育部门和集体办	5252	4236	1016	7735534
民办	1435	669	766	1384475
其他部门办	503	226	277	381006
县镇	18077	15696	2381	24236201
教育部门和集体办	16241	14684	1557	22320906
民办	1583	881	702	1751962
其他部门办	253	131	122	163333
农村	35283	28664	6619	25636576
教育部门和集体办	33083	27470	5613	24504266
民办	1532	858	674	804174
其他部门办	668	336	332	328136

资料来源：《统计年鉴》2007 年。

表 8-8　　义务教育阶段教育经费情况（2005 年）　　单位：亿元

按学校类别分组	合　计	国家财政性教育经费		社会团体和公民个人办学经费	社会捐资和集资办学经费	学费和杂费	其他教育经费
			其中：预算内教育经费				
初级中学	1502.1	1085.9	967.3	105.8	19.4	147.2	143.8
农村	696.4	575	537.7		6.1	68.1	47.2
小学	2032.01	1669.5	1544.5	54.97	26.8	152.62	128.12
普通小学	2031.4	1669	1544	54.9	26.8	152.6	128.1
农村	1237.5	1079.5	1029.6		12.7	95.2	50.1
成人小学	0.61	0.5	0.5	0.07		0.02	0.02

资料来源：《统计年鉴》2007 年。

另外，研究义务教育成本分担机制不得不提到的一个问题就是引起社会热议的“择校费”现象。目前择校费已成为很多学校的重要收入之一。按照我国义务教育法规定，义务教育阶段的收教育者就近入学。但实际上，在一些地区尤其是经济较为发达的地区，跨地区择校的情况非常普遍。这主要是由于各地经济发展水平的不同致使教育的发展也很不平衡。家长希望让子女享受更为优质的教育资源，但由于其稀缺，其只有通过缴纳费用来实现这一愿望。而学校在办学经费需要、办学条件允许的情况下，也希望通过收取高额的赞助费、择校费来筹集办学经费。

（二）高中教育成本分担现状

高中教育是我国九年义务教育结束后更高等的教育机构，上接初中教育，下启高等教育，学制一般为三年。中国的高中教育指初中以后高中阶段的教育，包括：普通高中、职业高中、中等专业学校等，属于中等教育的范畴。我国的高中教育为非义务教育，学生就读须交纳学费。2001 年《国务院关于基础教育改革与发展的决定》提出大力发展高中阶段教育，促进高中阶段教育协调发展；有步骤地在大中城市和经济发达地区普及高中阶段教育；挖掘现有学校潜力并鼓励有条件的地区实行完全中学的高、初中分离，扩大高中规模；鼓励社会力量采取多种形式发展高中阶段教育；保持普通高中与中等职业学校的合理比例，促进协调发展；鼓励发展普通教育与职业教育沟通的高级中学；支持已经普及九年义务教育的中西部农村地区发展高中阶段教育。

1. 国家高中阶段投入机制。根据《国务院关于大力发展职业教育的决定》精神，“十一五”时期，中央财政进一步加大投入力度，安排专项资金 140 亿元，支持职业院校加强基础能力建设，促进职业教育改革与发展，同时要求各地方政府和具体实施院校予以配套支持。一是继续实施职业教育实训基地建设计划：2005－2007 年，中央财政共安排职业教育实训基地资金近 15 亿元，支持我国职业院校实训基地项目建设；二是实施国家示范性高等职业院校建设计划：截至 2007 年底，70 所高职院校已被立项进入国家示范性高职院校，中央财政对这些学校给予了积极支持；三是实施中等职业学校教师素质提高计划；四是实施县级职教中心建设计划和高水平示范性中等职业学校建设计划；五是中央于 2006 年设立了中等职业学校国家助学金，当年安排 8 亿元，资助 80 万名全日制中等职业学校家庭经济困难学生。2007 年，中职国家助学金资助范围由每年的 5%扩到 90%，中职国家助学金由过去生均 1000 元，增加到生均

1500元。通过加大对中等职业学校学生的资助力度，吸引更多的初中毕业生报考中等职业学校，促进中等职业教育发展、优化高中阶段教育结构。

在税收政策方面。2006年11月，财政部、国家税务总局联合印发的《关于企业支付学生实习报酬有关所得税政策问题的通知》规定，凡与中等职业学校和高等院校签订三年以上期限合作协议的企业，支付给学生实习期间的报酬，准予在计算缴纳企业所得税前扣除。随着这项政策的实施，企业接受职业院校学生实习的积极性将增强，将有更多的职业院校学生获得实习实训的机会。

对于普通高中教育，是以市县投入为主，市县级财政以基本经费和专项经费的形式保障普通高中的运转。近年来，财政部和各省市正在研究高中助学金制度，很多省市以试点实施了高中助学金，目前优先制定中等职业教育助学金制度，主要是鼓励学生分流，让更多的学生去读中等职业学校。

根据2007年全国教育经费执行情况统计公告，全国普通高中生均预算内事业费支出为2648.54元，相比定额最高的上海市高中生均预算内事业费支出9585.78元和定额最低的河南省1303.74元，两省相差8000余元；全国中等职业学校生均预算内事业费支出为3124.01元，相比定额最高的北京市中等职业学校生均预算内事业费7595.9元与定额最低的湖北省1122.31元，两省相差约6500元。各地方高中阶段投入也严重不均衡。

2. 办学主体多元化。

（1）高中学校办学主体多元化情况。根据国家统计年鉴数据，我国普通高中学校的举办者主要是政府。2006年，我国中等教育机构数已超过了1.6万所，其中政府机构办学12268所，占总体指标的76%；而民办和其他单位举办的普通高中3885所，占总体指标的24%，成为公办学校的有益补充，这一数字比民办义务教育所占指标有很大程度的提高，近1/4的学校为民办院校。从我国不同行政区域分析，城市公办普通高中学校占总体指标的64%，县镇公办普通高中学校占总体指标的86%，农村公办普通高中学校占总体指标的76%（如表8－9所示）。

（2）中等职业学校办学主体多元化情况。我国职业教育体系由职业学校教育和职业培训两部分构成。国家和政府主要资助职业学校教育，企业主要负责培训教育。根据《职业教育法》规定，我国的职业教育，在政府的统筹管理下，主要依靠行业、企业、事业组织、社会团体和公民个人举办；鼓励社会各方面联合办学；尤其要充分调动企业举办职业教育的积极性，充分发挥企业在培养技术工人方面的优势和力量，明确企业的责任和义务；政府通过专项补助或长期贷款等形式给予必要的扶持。但是，对于国家、政府和企业各自所应承担的经费责任和义务，《职业教育法》并未做出明确的规定，这一方面使得国家难以投入足够的经费发展学校职业教育，另一方面也导致企业缺乏积极性举办职业教育和职业培训。

表 8－9　　普通高中学校和学生情况（2006 年）

项　　目	学校数（所）			在校学生数（人）
	合　　计	高级中学	完全中学	
总计	16153	6494	9659	25144967
教育部门和集体办	12268	5306	6962	22183740
民办	3246	1054	2192	2477160
其他部门办	639	134	505	484067
城市	5907	2180	3727	8119882
教育部门和集体办	3976	1556	2420	6801826
民办	1591	560	1031	1033678
其他部门办	340	64	276	284378
县镇	8086	3586	4500	14704187
教育部门和集体办	6653	3142	3511	13379652
民办	1281	402	879	1209282
其他部门办	152	42	110	115253
农村	2160	728	1432	2320898
教育部门和集体办	1639	608	1031	2002262
民办	374	92	282	234200
其他部门办	147	28	119	84436

资料来源：《统计年鉴》2007 年。

2006 年，我国中等教育机构数已超过了 1.1 万所，其中政府机构办学 6659 所，占总体指标的 56%；行业部门和企业或个人、社会团体办学 5154 所，占总体指标的 44%。在中等职业教育领域，由于其办学性质是培养技能型人才，就业面向工业和服务业等领域，需要根据市场需要培养相应的技能人才，因此大量的企业和行业办学更有利于贴近市场要求，因此有近 1/2 属于非教育部门办学（如表 8 - 10 所示）。

表 8 - 10　　中等职业学校（机构）数（2006 年）　　单位：个

项　目	总　计	中央部委	地方部门	教育部门	非教育部门	民　办
中等职业学校	11813	76	9178	6583	2595	2559
普通中等专业学校	3698	34	2890	1515	1375	774
成人中等专业学校	2350	27	2138	1542	596	185
职业高中学校	5765	15	4150	3526	624	1600
其他机构（教学点）（不计校数）	2502	12	2165	1409	756	325

资料来源：《统计年鉴》2007 年。

3. 高中阶段成本的分担。

（1）普通高中教育成本的分担。根据国家统计年鉴数据，2005 年，我国普通高中教育阶段国家财政性教育经费投入约占总体投入的 51%，而个人家庭负担的学杂费约占总体投入的 22%，学费负担约 950 元/生。社会团体和公民个人办学经费和社会捐资和集资办学经费等经费约占总体投入的 27%（如表 8 - 11 所示）。

表 8 - 11　　普通高中学校教育经费情况（2005 年）　　单位：亿元

按学校类别分组	合　计	国家财政性教育经费		社会团体和公民个人办学经费	社会捐资和集资办学经费	学费和杂费	其他教育经费
			其中：预算内教育经费				
高级中学	1087.7	556.6	468	80.1	19.3	239.5	192.2

资料来源：《统计年鉴》2007 年。

（2）职业教育成本的分担。根据国家统计年鉴数据，2005 年，我国职业教育阶段国家财政性教育经费投入约占总体投入的 54%；而个人家庭负担的学杂费约占总体投入的 28%，学费约 1000 余元；社会团体和公民个人办学经费和社会捐资和集资办学经费等经费约占总体投入的 18%（如表 8 - 12 所示）。

表 8－12　　　中等专业学校教育经费情况（2005 年）　　　单位：亿元

按学校类别分组	合　计	国家财政性教育经费		社会团体和公民个人办学经费	社会捐资和集资办学经费	学费和杂费	其他教育经费
			其中：预算内教育经费				
中等专业学校	270.955	143.8	131.8	8.7	0.555	86.3	31.6
中等技术学校	194.1	102.2	93.6	5	0.4	66.4	20.1
中等师范学校	29.755	15.4	14.5		0.055	11	3.3
成人中专学校	47.1	26.2	23.7	3.7	0.1	8.9	8.2
技工学校	58.46	27.5	21.8	0.16	0.1	16.2	14.5
职业中学	239.1	135.8	114.4	20.5	1.3	57.5	24

资料来源：《统计年鉴》2007 年。

（三）高等教育成本分担现状

1. 国家高等教育投入机制。目前我国高等教育发展目标是大力提高高等教育质量。国家对不同类型和特点的高等学校实行不同的投入政策和投入方式，促进高校走内涵式发展的道路，着力提高办学水平。按照高等学校人才培养、科学研究和社会服务的三大社会功能，逐步建立起由教学经费、科研经费和社会服务激励经费构成的拨款体系。并且建立高等学校风险控制长效机制，引导高校科学、合理定位和勤俭、稳定办学。同时国家加大对“985 工程”、“211 工程”和家庭经济困难学生的资助等重大专项的投入力度，突出为核心产业服务的专业与学科建设，努力维护教育公平。1993 年，国家教委决定面向 21 世纪，重点建设 100 所左右的高等学校和一批重点学科点，简称“211 工程”，到 2007 年中央财政累计投入 88 亿元支持“211 工程”建设。1998 年，中央决定在实施“面向 21 世纪教育振兴行动计划”中，重点支持部分高校创建世界一流大学和高水平大学，简称“985 工程”，到 2007 年，中央财政累计投入 305 亿元支持“985 工程”建设；2006 年，为引导高等教育走内涵发展之路，“十一五”期间，中央财政将陆续安排 25 亿元资金，用于实施高等学校本科教学质量与教学改革工程建设。2007 年的全国教育经费执行情况统计公告显示，全国普通高等学校生均预算内事业费支出为 6546.04 元，全国投入最高的是北京市普通高等学校生均预算内事业费支出为 21431.73 元，最低为安徽省普通高等学校生均预算内事业费支出为 2852.95 元，两省投入标准相差 18000 余元，高等教育政府投入培养成本各地区相差巨大。

2. 办学主体多元化。从办学主体看，高等院校既有政府出资的公办院校，又有劳动部门和国有企业等举办的行业院校，还有私人出资举办的民办院校、公私合办的网络化高等院校、国际合作办学以及军队举办的高等军事院校等等。目前我国高等教育办学主体主要是中央政府和省级政府。以普通高等院校为例，2006年，我国中央部委院校举办高等院校111所（主要为高水平大学），占总体学校的6%；地方政府办学1480所，占总体学校的79%；民办院校办学276所，占总体学校的15%（如表8－13所示）。从各级各类高等教育分析，目前我国民办高等教育学历教育主要集中在本专科水平教育上，其他994所都为非学历教育，主要是成人、老年大学等机构。

表8－13　　高等教育学校（机构）数（2006年）　　单位：所

项　目	总计	中央部委			地方部门			民办
		小计	教育部	其他部委	小计	教育部门	非教育部门	
研究生培养机构	767	371	73	298	396	331	65	
普通高校	450	97	73	24	353	331	22	
科研机构	317	274		274	43		43	
普通高校	1867	111	73	38	1480	853	627	276
本科院校	720	105	73	32	586	517	69	29
专科院校	1147	6		6	894	336	558	247
高等职业学校	981	2		2	738	255	483	241
成人高等学校	444	15	1	14	427	177	250	2
民办的其他高等院校	994							994

资料来源：《统计年鉴》2007年。

3. 教育成本的分担。

（1）高等教育经费来源多样化。按照高等教育经费来源和性质不同，其经费来源主要可以分为六部分：财政性教育经费收入、学费收入、科研及服务收入、校办企业及附属事业收益、捐赠收入与合作办学经费和贷款等收入。

①财政性教育经费。我国高等教育经费来源主要根据高等院校的隶属关系由中央财政和省级财政负担。财政教育部门预算支出主要由基本支出和项目支出组成，我国高等教育基本经费主要按照学生定额补助，项目经费按照每年学校发展任务补助。

②学费收入。由于接受高等教育的个人会学习到更多的知识与技能并在自身品德修养的塑造方面获益，在将来参加工作时这样的人会更具竞争力，获得

更高的报酬，因此受教育者及其家庭作为高等教育的受益方理应支付部分高等教育的学杂费，这是公平合理的高等教育费用征收方式之一。学费收入由各地区各行政部门根据本地的经济发展水平自行制定，并报中央审批。

③科研及服务收入。科研收入是高校进行科学研究、达成科研成果而产生的收入。它包括科研经费、科研成果转让和科技服务收入。高校可以利用自身在人才、设备、科技、环境等方面的优势承担政府的科研项目或为政府提供决策咨询服务从而获得经费；或者发挥自身优势承接企业委托的研发项目和进行科技成果转化而获得的经费。

④校办企业及附属事业收益。高校创办的校办企业大多依托于高校的人才、知识，占用其房屋、设备、资金，享有政府的优惠政策。校办企业将部分所得利润上缴给高校，增加高校的办学资金，促进高校发展。同时高校可以依托其学科、专业优势举办成人教育、研究生培养收取一定费用补充教学经费不足。

⑤捐赠收入。我国高校为了自身发展逐步尝试通过接受捐赠来增加办学经费，但大多只是在校友回校参加校庆时接受其捐赠，没有完善的筹款计划，目前还不是学校主要的收入来源。捐赠者还包括社会团体和各种基金会等，接受捐赠有现金、实物等形式和每年的例行捐赠及一次性捐赠两种方式。捐赠收入是一条可观并有发展空间的高校经费筹措渠道。

⑥合作办学经费和贷款等收入。合作办学指引入其他国家的资金或有实力的企业共同建设学校。以合作的方式办学可以吸引资金和师资的注入，进一步提升我国高等教育办学水平。高等院校贷款用途主要集中在学校基本建设方面，由于国家投入不足，高校利用银行贷款的方式上马基本建设，承诺今后很长的一段时间用学费等其他收入逐步偿还。目前贷款数额巨大，学校还款存在一定的风险。

(2) 我国高等教育经费投入情况。根据国家统计年鉴数据，2007 年，我国高等教育阶段国家财政性教育经费投入约占总体投入的 42.5%，而个人家庭负担的学杂费约占总体投入的 31.5%，社会团体和公民个人办学经费和社会捐资和集资办学经费等经费约占总体投入的 26%（如表 8－14 所示）。根据《高等学校收费管理暂行办法》第五条规定：“学费占年生均教育培养成本的比例和标准由国家教委、国家计委、财政部共同做出原则规定。”在现阶段，高等学校学费占年生均教育培养成本的比例最高不得超过 25%。但从《2007 年国家经费统计年鉴》中可以看到，目前我国高等院校的学杂费收入已占总投入比例的31.5%，高出了25%的比例。

表8－14　　高等院校教育经费情况（2005年）　　单位：亿元

按学校类别分组	合　计	国家财政性教育经费		社会团体和公民个人办学经费	社会捐资和集资办学经费	学费和杂费	其他教育经费
			其中：预算内教育经费				
高等学校	2657.8	1128.5	1080.2	181.5	21.2	837.9	488.7
普通高等学校	2550.2	1090.8	1046.3	180.1	21	791.9	466.3
成人高等学校	107.6	37.7	33.8	1.4	0.1	46	22.5

资料来源：《统计年鉴》2007年。

总的来看，经过改革开放以来30年的不断探索，我国教育成本分担机制已经初步建立。但是，这一机制仍只处于较为初级的阶段：从教育投入来看，政府仍然是教育的最大投入主体；从教育管理体制来说，政府仍然处于绝对的支配地位；从社会力量和个人的角色来看，其在教育成本分担机制中的作用仍不明显。这种以政府为主导的教育投入和管理模式使得我国民众日益多元化的教育需求不能得到满足，“上学难”问题、“择校费”问题仍未能从根本上得到解决，同时，教育质量下降、教育财政资源配置效率低下问题仍在困扰着我国的教育事业的健康发展。在这种情况下，如何尽快构建起科学、有效的教育成本分担机制，从体制上、根源上解决我国教育领域目前存在的种种问题，成为摆在我们面前的一项重要的课题。

参考文献

［1］夏永红：“我国义务教育成本分担的理论分析和机制探索”，《国家行政学院学报》，2008年第3期。

［2］杜育红、梁文艳：“教育体制改革30年的辉煌与展望”，《人民教育》，2008年第19期。

第九章

我国构建多元化教育体系的进一步改革

经过几十年的发展，尤其是改革开放近30年来的改革历程，我国的教育事业取得了显著的成就，教育成本分担主体多元化的框架也已具备雏形。但是，由于种种因素影响，我国目前的教育成本分担框架和实施机制仍然十分不完善。在当今民众对教育不满意的呼声日渐强烈、教育质量呈现下滑趋势的状况下，进一步深化教育体制改革，构建多元化的教育体系，实现教育成本分担主体的多元化，成为促进我国教育事业健康快速发展的当务之急。

一、我国目前教育服务供给中的问题分析

在我国目前的教育体系中，政府仍然承担着绝大部分的教育服务供给职能。由于政府财力的有限性以及民众需求的多样性，政府这种近乎大包大揽的管理体制导致了一系列问题的产生，使得处于萌芽状态的教育成本多方分担机制几乎仅仅成为了一种形式。

（一）教育供给的现状及问题

20世纪70年代末以前，我国高等教育一直实行由国家财政和各地财政统一负担的单一化投入模式，人们可以不花钱上大学，这是沿袭了高等教育社会责任说的投资理论。但是很明显，这一理论在我国现有经济条件下是难以实现

的。20世纪80代以后，随着社会对高等教育需求规模的不断扩大，其资金来源也举步维艰。高等教育的这种状况在其他教育层次同样存在，它反映了当时我国教育领域的整体状况。我国政府自1985年对整个教育体制进行改革以后，随着个人教育补助制度的改变、收费标准的不断提高、教育附加费用的征收以及各种鼓励社会团体集资办学等优惠政策的出台和完善，政府预算外教育投资比重越来越高，我国的教育投资开始形成了多元化的格局和态势。1995年颁布的《中华人民共和国教育法》第五十条规定："国家建立以财政拨款为主，其他多渠道筹措经费为辅的体制，逐步增加对教育的投入，保证国家举办的学校教育经费的稳定来源。"在这些改革举措的推动下，我国的教育体制正由原来单一的"政府办教育"模式逐步向"多主体办教育"的模式转变，我国多渠道筹措教育经费的格局已基本形成。但是，这一格局目前仍只具雏形。从当前的改革趋势看，政府主导、财政支撑仍是我国教育改革的主要方向：在现行的教育体制下，我国各层次的教育仍采取政府主导（甚至包揽）的模式，由于政策、资源等限制，社会资本很难进入教育领域。在这种情况下，我国的教育发展仍然长期受到经费短缺问题的困扰。尤其是自1990年以来，高等学校为了满足社会发展对高等教育的需要，持续的扩招使教育经费更显紧张。具体来说，我国目前教育供给中存在的问题主要表现在以下几个方面：

1. 我国教育经费增长与现实需求仍有较大差距。随着经济的不断发展，我国的受教育群体不断增大，民众对教育的需求结构也发生了明显变化。在"就高不就低"的心理作用下，人们不再仅仅关注最普通的教育模式，素质教育、优质教育、服务教育等已经成为教育消费的新热点。而在政府主导所有层次教育的体制下，民众多样性的需求很难得到满足。其一个突出的表现就是优质教育资源的缺乏导致的"挤破头皮进重点学校"的问题。而从"财政性教育经费占GDP的百分比"这一国际公认的考核各国教育投入的指标来看——这一指标是由国家的能力及国家考虑对教育支出的优先程度来决定的，它较少受国家大小的影响，较准确地反映了教育在国家发展中的战略地位——其世界平均水平为4.9%，发达国家为5.1%，欠发达国家为4.1%。我国1993年发布的《中国教育改革和发展纲要》中提出："国家财政性教育经费支出在20世纪末占GDP的比例应达到4%"。而从2007年国家财政性教育经费占国内生产总值比例为3.32%可以看出，我们距这一目标还有一段距离，远远不能满足民众的教育需求。这一问题反映了我国财力的局限性，不仅使得教育经费的来源缺乏保障，还造成了教育发展失衡等一系列问题。

（1）由于我国接受各级各类教育的人口比例很大，在投入有限的基础上，教育投入生均经费较低，学校的办学条件和教学水平受到了很大的限制，许多中小学的经费保障问题成为学校发展的最大屏障。

（2）教育发展很不平衡，其中东、中、西部地区的差异和城乡差异尤其巨大。在我国，除北京大学等少数高等院校和一些大中城市的重点中小学校外，其他各类学校普遍认为自己经费不足，特别是在较为落后的地区，教育资源严重缺乏，学校办学条件非常艰苦，办学经费严重不足。一些农村中小学还有露天上课、拖欠教职工工资的现象发生。

2. 国家财政性教育经费在各教育层次的投向不合理，偏向高等教育，基础教育投入薄弱。有关统计资料表明，中小学人均公用教育经费自1999年以来实际上呈下降趋势，乡村小学生的人均公用经费每年不足28元（程刚，2003）。我国法律明确规定实行九年制义务教育，这是应当依靠财政性拨款来支撑的。政府作为国民教育投资最重要的主体，还有待于加强对教育的投入，特别是对基础教育的投入。

3. 缺少调动社会资源的有效措施。改革开放以来，社会团体及企业、个人热心教育公益投资的不少，但政府在调动民间资源方面仍然缺乏有效的激励措施。例如，向教育机构捐赠虽然按照我国的《捐赠法》可以享受有关免税优惠，但实际上这一规定因具体政策迟迟不能出台而得不到落实，事实上抑制了民间资源投向教育事业的积极性。这使得社会团体、家庭、个人、企业对教育投资的作用未能充分得以表现。据有关数据显示，中国国有企业中有30%以上的企业人力资本投资只是象征性地拨一些教育培训费，人均每年在10元以下；20%左右的国有企业对教育、培训方面的投入，人均每年在10元－30元之间；大多数亏损企业已经基本停止了人力资本的投资；部分有能力的企业也已经放弃或准备放弃岗前与中长期的教育培训。过去附属于国有企业的职业教育机构近几年来被撤销的占总数的45%，被合并的占总数的47%。这正是我国现行教育体制“政府主导”特征的重要体现，它形成了对整个教育行业的绝对垄断。由于缺乏必要的竞争机制，我国的教育尤其是高等教育质量呈现下降趋势，一些高校扩招后教育质量降低已成为不争的事实。

（二）产生问题的原因

1. 与我国的实际国情有关。作为一个发展中的大国，经济发展水平不高，人口众多，长期的计划经济体制偏重于教育的意识形态功能，强调政府为主的投入。要实现教育的全面普及，提高和实现高等教育大众化的目标，仅靠国家财政是难以提供足够资金的。

2. 我国教育投资体制不合理，急需完善。当前，人民群众对高质量的教育有着强烈的需求，社会对人才的需求也日益多样化，企业、个人群体中蕴含着投资教育的能力和动力，在这种情况下，转变思想观念，发展民办教育，形成民办教育与公办教育共同发展的格局，既符合教育产品属性的要求，也符合我国社会发展的现实需要。因此，为了实现“十一五”规划提出的教育目标，我们在加大政府投入的基础上，要努力实现教育投资主体的多元化。

3. 从我国教育发展的整体水平来看，与现代化建设和人民群众的需求仍有很大差距。2004年，我国15岁以上人口平均受教育年限虽然超过了世界平均水平，但与OECD国家的平均水平相比，仍低3年以上，并且从业人员中受过高等教育的仅为7.2%，明显低于2000年12.6%的世界平均水平。城镇从业人员中，技能劳动者占32.9%技师和高级技师仅占4%。高层次、创新型人才明显不足，这些不仅影响着我国自主创新能力的提升，而且从长期来看，已成为建设创新型国家的主要障碍。

（三）改革的可行性

我国改革开放30年之后，无论是从受益原则来看，还是从能力原则来看，加大教育投入体制改革的力度，不仅是必要的，而且是可行的，时机和条件都日臻成熟。

1. 随着我国社会主义市场经济体制的逐步确立，以公有制为主体，国有、集体、个体、私营经济和外资经济等多种经济成分并存、平等竞争、共同发展的新格局逐渐形成。据统计，在1997年的工业总产值中，非国有制经济的工业产值已占74.48%，而国有经济工业产值仅占25.52%。同时，在走向社会主义市场经济的过程中，国家长期实行减税让利政策，国民收入分配的格局也发生了很大变化。国家财政收入占国内生产总值（GDP）的比例逐年降低，1978年，财政收入占GDP的比例为31.2%，1990年降为18.7%，1997年为11.78%。在财政收入占GDP的比例逐年下降的同时，分配给企业和个人的收入占GDP的比例在逐年扩大。以城乡居民储蓄存款为例：1978年为210.60亿元；1990年为7034.20亿元；1997年为46279.80亿元，增长了219.75倍。

2. 根据我国一些教育经济学专家1988年对不同城镇的17981名职工货币收入与其受教育年限所进行的分析，教育投资的个人收益率为：基础教育

1.8%，专业教育为3%，职工每增加一年的基础教育或专业教育，可增加1.8%或3%的年收入。近几年，教育个人收益率呈加速提高的趋势，并且随着知识经济时代的来临和知识的独立性生产要素与其所有者属性的逐步强化，这种收益还会有较大幅度的提高。

综上所述，经济体制改革的逐步深入，已经为教育投入的市场化改革创造了必要而充分的前提条件，无论是从理论上的必要性还是从实践上的可能性和紧迫性来看，适时引入市场化、产业化的机制对教育投入体制进行脱胎换骨的改造，已经成为我国培育新的教育发展机制的最好选择。

二、我国构建多元化教育体系的目标框架和改革思路

当前，素质教育、终身教育的理念在我国已深入人心，我国教育需求的多元化趋势愈加明显。为满足人们不断增长的、多样性的教育需求，进一步提高教育在促进经济发展和技术进步中的作用，需要我们在国情基础上，借鉴国际经验，严格界定政府的教育供给责任，完善多元化的投资办学体制和教育经费分担机制，构建教育多元化发展的目标框架，理清进一步深化教育改革的思路。

（一）多元化教育体系的目标框架

如前所述，在教育的供给中，政府的基本职能和主要责任应该是：一视同仁地为全体社会成员提供一般性的、均衡性的、“白菜炒肉”式的教育服务，满足大众的基本教育需求。市场同样应在教育供给中发挥重要的作用——提供特殊性的、“燕窝鲍鱼”式的教育服务。在这一原则下，根据目前的国情，我国政府应主要承担全面落实义务教育、发展多元化教育、制定各层次教育规划和标准、实施监管等具有较强公益性教育服务的供给责任，同时，还应承担起建立行之有效的贫困生资助体系的责任；而那些私人受益性强、且受益程度较易测量的特殊教育服务则宜由市场来提供。这既符合“谁受益，谁付费”的受益原则，更是满足民众日益多元化的教育需求、提高教育资源配置效率的必然要求。

实际上，无论在哪个教育层次上，部分社会成员特殊的教育需求总会存在。尤其在我国经济社会快速发展的情况下，受教育者群体规模不断增大，民众教育需求的多样性趋势愈加明显。但是，在政府一统天下的教育体制下，民众多样性的需求很难得到满足。对于这些多样性的、特殊的教育需求，政府既没有必要也没有能力为其“买单”，而最宜由市场承担——这是多元化的教育需求得以满足的必然要求，也是引入竞争、提高教育质量的必要途径。发达国家的教育发展实践也证明，高等教育免费制度是导致教育质量下降的重要原因之一。为此，发达国家已基本完成了高等教育收费制度的改革。

上述分析为从理论上为我国多元化教育体系的构建提供了目标导向。考虑到政府目前的财力状况以及现实的国情，我国应根据不同教育层次的性质和现实的发展状况清晰界定政府与市场的责任（如图 9-1 所示），这形成了我国教育经费分担机制的大致框架。

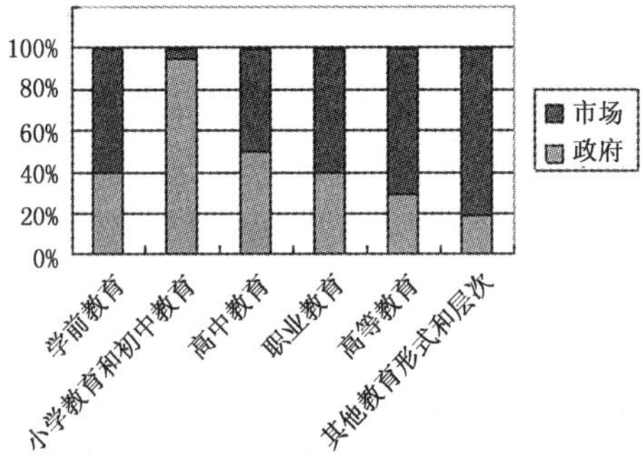

图 9-1　政府与市场在各类教育供给中的职责

1. 学前教育。学前教育虽然具有较强的正外部性，但是，学前教育与家庭的成员组成、知识层次、社会地位、经济状况、工作状态、家长的闲暇时间等实际情况联系密切，特别是随着各个家庭对学龄前儿童启蒙教育重视程度的提高和对于启蒙教育多样性的需求造成了各个家庭对于学前教育需求具有多样性的特点。如果完全由政府来提供的话，势必不能满足民众需求。因此，政府、社会、个人应共同承担学前教育的供给责任。在我国，政府承担的比例应以 40% 为宜。

2. 义务教育。义务教育具有非常强的正外部性，其责任主体应是国家。政府一方面要推进教育公平，促进义务教育的校际、区际均衡发展；另一方面，对于义务教育阶段的特殊需求，如追求“精英教育”的高收入阶层子女的教育需求，则应交由市场提供，同时考虑以合适的方式和途径将财政用于义务教育阶段的经费按招生人数补贴给民办小学和初中教育机构。

3. 高中教育。与义务教育相比，普通高中教育具有更多的私人品特征，因此应形成多元化的办学主体，逐步扩大社会力量的参与程度，加大受教育者对成本的分担力度。同时，辅之以建立教育储蓄、贷学金、奖学金、助学金、特困生补助、勤工俭学等配套措施，对居民的教育消费给予一定的支持。在鼓励个人、社会、团体投资办学的同时，政府还应加强对社会办学的管理，并对学费标准等做出相应的规定。

4. 职业教育。职业教育是人们掌握基本生存技能的必要途径，因此，在大力支持职业教育发展的同时，政府还应积极采取措施保障贫困生的就学。

5. 高等教育。从受益性来看，高等教育的受益者主要是受教育者本人，具有非常明显的私人品特征，因而我国的高等教育应致力于实现投资办学主体多元、办学形式多样、多种办学模式并举和公私立教育共存的教育体制和模式。这需要进一步深化我国高等教育的市场化改革，打破国有高校一统江湖的局面，对国有高校实行企业化改制，大力发展私立高校，建立一个比较竞争的高等教育市场。与此同时，国家要提供基本的教育保障，加大对弱势人群的扶助，切实地建立奖学金、助学金、贷学金制度、补助金、学费减免等政策，以解决贫困家庭子女入学难问题。

需要说明的是，即使对于那些几乎完全可以被视为私人品的教育层次或教育形式来说，政府仍然担负着制定规则和标准、进行监管等一系列的管理责任，同时，无论私人受益程度如何强烈，各类教育总会使社会整体收益，因此，很难说哪一种教育形式政府可以完全脱离责任，撒手不管，这也是政府在各层次教育中都负有相应责任的原因所在。

通过以上原则性安排，一方面民众的教育需求可以得到最大程度的满足，另一方面教育质量由于有了适度的竞争而可得到相应的保障。更为重要的是，无论在哪个层次，为了满足多样性需求以及竞争提高质量的需要，社会资本都可以进入教育领域，这对于拉动社会投资和居民消费也具有非常重要的意义。

（二）进一步改革的思路

由于义务教育具有较强的公共品特征，其供给职责应主要由政府来承担；而非义务教育阶段特别是高等教育阶段，教育已经不属于纯的公共物品，私人物品属性与市场竞争性较强，个人收益率超过社会收益率，因此，政府主要负责制定教育市场规则和相关政策，采取“公共财政援助，合理增加私人投资，积极鼓励社会赞助”的原则进行改革。通过改革，改变目前在办学体制方面主要由国家包办的局面，逐步对内对外开放非义务教育特别是高等教育市场，形成以国家为主体，国家、集体、个人多元化办学，国立、公立、私立多类学校并存的新格局。建立起政府、社会、家庭、个人合理分担的机制，从而在经费投入体制上，较好解决当前存在的各种问题和矛盾。按照这一基本原则，我国教育分担机制的完善应主要把握好以下几个关键的方面。

1. 严格界定政府教育支出的水平与范围。教育支出是政府的一项基本支出，提供教育保障是各级政府义不容辞的责任。基于我国“穷国办大教育”的现实，必须严格界定我国教育保障的水平、范围，既要做到应保尽保，也要避免教育保障的越位，从而真正实现政府在教育领域的“到位不越位”目标。

一是保证教育经费占国内生产总值的合理比重。国家应按《教育法》规定，教育公共经费占GDP比例应从目前的不足3%尽快地提高到4%左右；各级人民政府必须按照《中华人民共和国教育法》的规定，确保教育经费有较大增长；要进一步依法加强城乡教育费附加的征收和管理，农村教育费附加实行乡征、县管、乡用，确保完全用于教育；进一步完善教育经费拨款办法，充分发挥教育拨款在宏观调控中的作用，不断提高教育经费的使用效益。政府教育投资的重点应当从高等教育投资转向义务教育投资。在财政性教育经费的分配中，义务教育应当成为重中之重，政府应当成为义务教育的完全责任主体，确保义务教育真正成为普适性的、完全公平的福利教育。此外，特别要加强农村义务教育的普及问题。政府应当每年拨出一定比例的农村义务教育专项资金，真正在农村普及义务教育，提高农民的受教育程度。

二是严格界定我国教育保障的范围。鉴于我国经济尚不发达的现状，政府的教育拨款应主要用于保证普及义务教育，尤其是农村义务教育，中央也要通过转移支付平衡地区间义务教育的差距。经验证明，基础教育相比其他阶段教育的投入具有最高的效用，不仅有利于教育公平，也有利于从根本上改变个人的学习能力，提高其收入能力乃至抑制贫富分化。各级政府也可以根据其战略目标，选择对部分高校和其他具有较强正外部效应的教育机构予以补贴。在义务教育保障良好的情况下，各地可以根据自身财力状况，逐步增加对中等教育乃至高等教育的支持力度。

2. 改革现行的教育办学体制。由于既有体制的种种弊端，必须改革现行的教育办学体制，部分地运用市场法则和机制管理和运作教育机构，形成多元化的投资办学体制，鼓励学校之间平等竞争。

一是对义务教育阶段的教育，改革办学体制，下放公立学校办学自主权，鼓励学校间展开良性竞争。根据国际惯例，义务教育阶段主要还是依赖公立学校体系以保证公民的基本教育需求。但是对于我国目前状况来说，应该改革现有的办学体制，促进各学校之间平等竞争，并保证学生在一定范围内选择学校的自由，只有如此，才能办出有特色的学校、满足学生各有特色的教育需求，提高教育教学质量。同时，义务教育阶段也应允许少量的私立学校存在，但应严格界定其公益事业的性质，满足人们更高层次的教育需求的同时，保证学校间的进一步竞争。

二是对义务教育后阶段的教育，积极发展私立学校和实行学校私营政策。非义务教育特别是高等教育阶段，公立学校负责提供更多的、平等的受教育机会，是私立学校的补充。国家应该积极运用财政补助、低息信贷和税收优惠等政策，鼓励社会、个人尤其是大企业投资办学和捐（集）资助学，实行积极发展私立学校和实行学校私营政策。各级人民政府要加强对民办教育的管理、引导和监督，国家要加快民办教育的立法，促进民办教育的健康发展。

其三，积极鼓励、引导和规范企业对教育的投资，走官民结合的发展道路。政府包办教育的时代已经成为历史，面对教育需求的持续扩张和国民不同的教育需求，有必要走官民结合的发展道路。在高等教育和职业教育投资上，形成政府、民间资本共存的局面。这样，一方面能够有效地弥补我国教育投入经费不足的问题，满足人们的不同需求；另一方面还可以形成一个政府与民间教育共存的竞争局面，有利于教育质量的提高。在这方面，政府不仅应当继续加大对教育的投入，而且有必要通过相应的政策引导与制度保障来调动民间、社会、企业参与教育事业的积极性。例如，取消教育领域的投资限制，吸引内资外资兴办教育；通过税收优惠的政策来引导企业成为劳动者继续教育的投资主体；用制度来维护各种私立教育的正当权益；鼓励社会各界捐赠教育事业，等等。只有充分地调动民间、企业与社会参与教育的积极性，才有可能促进中国的教育事业得到更快、更好的发展。

3. 完善教育经费分担机制。教育经费分担机制的完善应把握如下原则：在提高非政府拨款包括学费占教育经费中的比例的同时，追求教育公平。学前教育和义务教育阶段后教育，特别是高等教育应形成多渠道筹集经费的特点。适当增加学费在培养成本中的比例，逐步建立符合社会主义市场经济体制以及政府公共财政体制的财政教育拨款政策和成本分担机制。认真组织实施教育储蓄、教育保险和助学贷款制度，完善奖学金制度。同时，对政府的教育投入来说，应划分教育层次和类别，确定教育投资主体。对公立教育与私立教育、知识教育与技能教育、学历教育与非学历教育、正规教育与非正规教育等均应当确立分类指导办法，确定不同的重点投资主体。

4. 构建完善的贫困生综合扶助体系。在非义务教育阶段，对于特别优秀而家庭特别困难的学生，需要政府建立起完善的贫困生综合扶助体系，学校应在政府的支持下建立起包括奖学金和学费减、免、缓及勤工助学、困难补助的综合资助体系，提高学生的支付能力。一方面要拓宽奖学金渠道，努力提高、扩大奖学金、贷学金、贫困补助的发放量、发放面，设立贫困学生专项奖学金。设专门用于奖励品学兼优的农村贫困学生奖学金，鼓励农村贫困学生勤奋学习获得经济上的奖励。学校还可以考虑从收取的学费总额中提出一定比例的资金，建立农村贫困学生专项奖学金，让更多的农村贫困学生得到奖励，缓解家庭贫困造成的巨大压力。另一方面，要通过学生管理制度改革，让学生有机会、有条件通过劳动挣钱，勤工助学。

5. 大力发展民办教育。大力发展民办教育是当今社会民众教育需求多元化发展、引进竞争提升教育质量、补充政府财力的必然选择。由于教育的混合品性质和日益多元化的教育需求，政府不可能、也没必要包揽所有层次、所有形式的教育。进一步而言，即使政府承担起各类教育的供给责任，由于供给主体单一、缺乏竞争等原因，其供给效率也可能比较低下，因而未必能提供人民满意的教育质量。因此，在我国的教育成本分担机制中，民办教育应该发挥其应有的作用，成为支撑我国教育事业发展的重要力量。近年来，我国政府不断加大对民办教育的支持力度，制定了《民办教育促进法》等相关法律政策，但力度仍显不足，民办教育的发展仍然面临着许多障碍。因此，要构建科学规范的教育成本分担机制、满足民众不断增长的教育需求，必须摒弃传统观念对民办教育的错误认识，进一步加大对民办教育的支持力度，完善民办教育办学体制，从政策、资金、师生待遇等多个方面予其支持——这是解决我国当前教育供求矛盾的必然选择。

三、多元化教育体系下各层次教育的发展

构建多元化的教育体系，彻底改变由国家“包办”教育的状况，加快实现

办学主体和投资主体的多元化；坚持市场化趋向、给学生更多的选择自由以及政府提供基本的教育保障——这样的改革方向也决定着我国各教育层次的政府政策。

（一）义务教育

义务教育的责任主体是国家。必须旗帜鲜明地坚持和恢复义务教育的公益性、公平性，采取强有力的政府行为，制止、改变那些为应试教育推波助澜的政策和制度，坚决禁止种种制造和扩大差距，扰乱小学教育环境的反教育行为，保障少年儿童的身心健康及其娱乐和休息的权利。针对我国义务教育领域目前存在的种种问题，当前需要将以下两方面作为改革的重点：一是要推进教育公平，促进教育均衡发展；二是改革公立义务学校管理体制，给与学生一定范围内选择学校的自由，保障学校间的适度竞争。

1. 推进教育公平，促进教育均衡发展。2006 年 9 月 1 日实施的新《义务教育法》明确规定，要推进教育公平，促进教育均衡发展。《义务教育法》也进一步明确了中央地方各级政府的经费分摊责任。从当前来看，只有最终贯彻和落实义务教育均衡化的方针，才能从源头上解决应试教育肆虐的问题。为此，要进一步研究规范农村地区特别是经济欠发达农村地区义务教育投入的问题，必须逐步改变目前存在的把义务教育投入责任层层下放的不利做法，中央和省级财政应加大对农村义务教育的经费扶持力度。在此基础上，中央、省、地（市）县和乡各级政府在义务教育方面的经费承担责任应进一步具体化。要把义务教育中人员经费、公用经费、基本建设投资等费用，逐一分解落实到各级政府并加以固定。原则上：教师工资由县以上人民政府负责，按月足额发放本辖区各级各类学校教师工资。这一方面可以保证教师工资按时发放，稳定教师队伍。另一方面可减轻乡财政的压力；公用经费（正常运转费）由“教育税”承担，并尽快将“农村教育费附加”改成“教育税”。将征收范围由农民扩大到所有公民，使城镇职工亦按同样负担比率缴纳“教育税”，由“教育税”承担各级各类学校公用经费的开支。这样既减轻了各级财政的负担，又有效地保证了学校的正常运转；基本建设投资（一次性建设投资）由各级各类学校的“举办者”负担。按照“村建小学、乡建初中、县建高中（含职高）、地市建高职、省建高校”的职责，分别由同级政府承担新建、改建、扩建学校的投资。群众集资办学，只能用于乡、村两级学校基本建设投资，不能挪作它用。上级政府可对下级政府建校给予适当补助，尤其是中央和省级人民政府要加强对经济欠发达地区的教育基本建设投资的扶持。

义务教育阶段政府承担主要责任，人人平等享受，这是各国的惯例。而国家或地区总的教育经费是一定的，某些地区或某些学校教育资源投入过多必然导致其他地区学校投入较少，这样，某些地区或某些学校的学生享受较多的教育资源却是以其他人享受教育资源的下降为代价的。从这个意义上讲，促进教育均衡发展也是推进教育公平的重要举措。促进教育均衡发展需要各级政府：巩固普及九年义务教育成果，大力推进区域内义务教育均衡发展；研究制订新的国家义务教育学校办学标准，加强农村和城镇薄弱学校建设，努力办好义务教育阶段每一所学校；强化对学生流动和辍学状况的监测，进一步落实保证适龄儿童入学的责任；继续做好保障进城务工农民子女接受义务教育工作。

实现教育公平也需要逐步真正取消义务教育阶段公立学校的一切收费，包括学杂费和使用费（如书本费、午餐费、服装费等)。这既可以避免地方和学校通过提高使用费实现“堤外损失堤内补”，甚至吸引贫困家庭参与义务教育，保障义务教育事业的发展。

2. 增加对农村义务教育的投入。2005 年 11 月，国务院发出《国务院关于深化农村义务教育经费保障机制改革的通知》(以下简称《通知》)。《通知》将农村义务教育全面纳入公共财政保障范围，建立中央和地方分项目、按比例分担的农村义务教育经费保障机制。主要内容：一是，从 2006 年开始，全部免除西部地区农村义务教育阶段学生学杂费，2007 年扩大到中部和东部地区；对贫困家庭学生免费提供教科书并补助寄宿生生活费。免学杂费资金由中央和地方按比例分担，对贫困家庭学生免费提供教科书的资金，中西部地区由中央全额承担，补助寄宿生生活费资金由地方承担。二是提高农村义务教育阶段中小学公用经费保障水平。三是建立农村义务教育阶段中小学校舍维修改造长效机制，校舍维修改造所需资金，中西部地区由中央和地方共同承担，东部地区主要由地方承担，中央适当给予奖励性支持。四是巩固和完善农村中小学教师工资保障机制。如今，义务教育阶段的学杂费在我国全国范围内已基本免除，但其他几项内容仍在努力中。为此，必须深入贯彻落实国务院通知，各级政府要按照教师、学生人数和公用经费标准，逐校足额编制农村中小学经费预算，确保资金安排落实到位；推动形成科学合理的转移支付制度，提高生均公用经费保障水平，建立校舍维修改造资金保障新机制；加大对农村义务教育经费安排和使用情况的监督检查，严格规范学校经费的使用和管理，确保资金安全；继续完善确保教育经费“三个增长”政策措施，推动各地以更多的精力、更大的财力发展教育。

3. 建立灵活的办学体制，允许民间资本的适度进入。在义务教育的办学体制与管理机制上，要给与学生一定范围内选择学校的自由，保障学校间的适度竞争。在保证适龄儿童、少年均能就近进入公办小学和初中的前提下，改革公办学校的管理体制，吸收学生、家长和教师进入校务委员会，实行专家治校；同时，政府应完善对义务教育学校的考核机制，鼓励其适度竞争并办出特色和优势。

在义务教育阶段，政府也应允许设立少数民办小学和初中，在这个范围内提供择校机会。这些民办小学和初中既可以完全由民间资本设立，也可以由少数办学条件好、师资力量强、教学水平高的公办学校转制而来——通过收费来筹措来弥补教育经费。但是，需要注意的是，这些转制学校应是完全地转为民办性质，而不能搞各种形式的“一校两制”。

（二）高中教育

在高中教育阶段，为了适应适龄人口数量扩大而优质教育资源相对短缺的情况，应形成多元化的办学主体，逐步扩大地方政府和社会力量在高教方面的责任，加大学生、家长对教育成本的分担力度，辅之以建立教育储蓄、贷学金、奖学金、助学金、特困生补助、勤工俭学等配套措施，对居民的教育消费给予一定的支持。同时，应鼓励个人、社会、团体投资办学，但应该区分盈利性和非盈利性的学校，并且对学费标准作一定的规定，国家则主要负责学校基建和仪器设备的添加等。应该逐步变供给方的财政投入机制为需求方的投入机制，加强家庭、社区的作用，同时也要建立起贷款、生活津贴、奖学金等制度来资助贫困学生。

1. 创新普通高中办学体制。为适应我国经济社会发展变化的需要，国务院于2001年出台的《关于基础教育改革与发展的决定》指出：“基础教育以政府办学为主，积极鼓励社会力量办学”，“普通高中在继续发展公办学校的同时，积极鼓励社会力量办学”。《中华人民共和国民办教育促进法》的出台，也为我国创新普通高中办学模式、适时吸引民间资本提供了法律保障。因此，在我国的高中教育阶段，应以股份制作为引进民间资本投资办学、创新普通高中办学体制的主要途径：在保证民间资本获取合理回报、充分调动民间资本投资积极性的同时，坚持国家控股权，保证普通高中教育的公益性。

2. 以适度市场化的方法解决高中阶段优质教育资源短缺问题。普通高中教育优质资源短缺、校际差距的存在，是我国普通高中教育中客观存在的问题。要解决这一问题，光靠政府行政命令不行；完全依据市场原则，一味的靠高额收费也不是好办法。针对我国优质教育资源已经成为拥挤性公共服务的现实，政府首先要做的是，减少甚至停止对重点高中的财政投入，采取按市场原则收费与国家财政宏观调控相结合的办法，合理拉开校际之间的收费差距。在此基础上，逐步将优质高中教育资源推向市场化的道路。同时，政府切实承担起支持其他高中教育学校发展、提升教育质量以及贫困胜扶助体系的工作。

3. 吸引民间资本投资普通高中教育。鼓励民间资本进入普通高中教育领域是解决普通高中教育投入不足的重要途径。首先，在制度层面认可普通高中教育领域的营利行为的合法性。国内外民办学校发展的实践都说明，营利性民办学校有相当数量的存在。大量事实还证明，真正在市场合法经营中营利的学校，往往都是办学质量高且有良好信誉的学校。只要有良好的制度安排，教育的公益性与营利性之间并非总是对立。在政府充分严格监管、办学者合法经营的条件下，合理的营利不仅不会与公益性对立，还可以成为实现教育公益性的有力手段。其次，保障民办营利性学校公益性的制度安排。营利性民间资本进入普通高中教育领域存在着挑战普通高中教育公益性的可能。良好的制度安排是保障营利性学校在追求营利的同时，实现公益性强有力的手段。

（三）高等教育

我国高等教育目前已经跨入大众化阶段。为满足日益扩大的需求，提高办学效率和改善办学质量，我国的高等教育，一方面需要进一步市场化的改革，实现投资办学主体多元、办学形式多样、多种办学模式并举和公私立教育共存，由个人、社会、国家分摊教育经费；另一方面，国家要提供基本的教育保障，加大对弱势人群的扶助，切实地建立奖学金、助学金、贷学金制度、补助金、学费减免等政策，以解决贫困家庭子女入学难问题。

1. 打破国有高校一统江湖的局面，对国有高校实行企业化改制，大力发展私立高校，建立一个比较竞争的高等教育市场。改革现行高等院校行政化管理倾向，逐步对国有高校实行企业化改制。当前高校迫切需要的改革是：进一步下放国有高等院校的管理权限，给与国有高等院校经营运作更多的自主权；实行教育专家治校，并有教师和学生代表组成的委员会对其业绩进行评估考核；进一步增加高等院校资金来源运用的透明度。在此基础上，对国有高校实行企业化改制试点，进一步对大部分高等院校实行企业化改造甚至上市运行，最终促成一个比较竞争的高等教育市场。对高校改革、改制有助于其改善办学效率，降低培养成本。

大力推进民办高等教育发展、有效规范和积极发展新制独立学院、真正引进境外高等教育优质资源，以完善市场竞争，促进高等教育的持续、健康发展。首先，推进民办高等教育的发展。引导和鼓励企业、社会团体和个人对高等教育的投入，凡是为高校投资办学或捐资助学的单位和个人，都应减征或免征企业所得税和个人所得税。各级政府都应通过制定鼓励和推动民办教育发展的政策、法规、制度与标准，明晰产权，保障民办高校依法自主办学。完善民办高等教育管理制度框架，逐步形成政府指导性管理、行政自律性管理、社会化中介服务有机结合的管理体系。建设有利于民办高等教育发展的良好制度环境，依法保障民办高校享受正当的“国民待遇”，推进民办高等教育的持续健康发展。其次，利用新制独立学院，创新高等教育办学机制与模式，加快民办高等教育。进一步完善新制独立学院管理体系、机制，规范其办学行为。独立学院应成为依照市场运行机制的独立办学实体，并根据自身特点和实际需要，自主确定学校定位和学科发展方向，逐步形成自身办学特色。尤其要依据独立学院生源的特殊性、专业设置的市场性以及师资的独特性，充分体现它作为民营机制和独立办学实体的基本特征，最大限度地吸收社会资金，面向市场，培养适应社会需要、人才市场走俏的高层次技术、工程人才，不断创新、不断超越，走出一条民营方式举办本科教育快速发展的新路。第三，积极引进境外高等教育资源，更大范围、更广领域和更高层次地实现中外合作办学。必须在政府部门的宏观引导下，大力推进中外合作办学及管理的法制化、规范化建设，尤其要尽快建立国内统一、与国际接轨的中外合作办学认证和仲裁机构及其服务网络，采用通用的标准鉴定中外合作办学颁发的文凭、学分、颁发学位证书的国外机构的合法性和证书的真伪，规范中外合作办学行为。

2. 教育经费主要由受教育者自费承担，各级政府根据政策重点，选择部分高校或科研机构重点支持。大众化教育阶段，国家财力有限；而高等教育则具有很强的内在收益，因此，由高等教育受教育者主要承担教育经费理所应当。另一方面，高等教育具有外溢性社会效益，政府可以根据其政策重点，对高等院校进行补助。各级政府在公开透明的基础上，可以对国有或民办院校的部分项目、研究课题给与补助，补偿并鼓励其对外溢性社会效益项目活动的开展；各级政府也应当选拔一批国家、地方重点院校，给以重点支持，这既使最勤奋最聪明的学生低价或免费享受优良的高等教育服务，也有利于人才培养、提升国家的竞争能力。

政府也应支持公立、私立高等院校通过其他形式筹措教育经费。如收取“使用费”或杂费以补偿膳宿费；可带来一些学校提存收入的合同研究或受赞助的研究，能补充教师工资和新的设备以及学校的行政费用；经常给非学位学生开设高需求课程，以补足学费；出售或出租大学资产；政府向私立高等教育机构提供长期低息贷款，对私立院校法人在税收方面提供优惠政策；对投资或捐赠教育事业的企业和个人免征相应的企业所得税、个人所得税等。

3. 完善对弱势人群接受高等教育的扶助政策。支持学生通过勤工助学或暑期打工来付学杂费和其他生活开支；完善现行学生贷款制度，扩大贷款的范围，使充分满足弱势人群接受高等教育的需求；成立专门的基金，接受校友、教师和社会的捐赠，专门对贫困学生进行支援；采用差别学费方式（又称学费再分配），即有钱的学生家长多付学费，而受过高质量教育的、聪明的而其父母付不起全额学费的学生可以少付学费；采用教育券，政府对贫困学生发放教育券，学校则据以同教育局结算资金。等等。

（四）职业教育

由于我国目前“两头大，中间小”的教育发展格局，以及职业教育对于社会发展和人民生活的重要意义，职业教育应该成为我国教育事业未来发展的重点之一。职业教育是人们从学校走向工作岗位进行知识储备、掌握必备劳动技能的必要阶段，是人们获取谋生手段的必由之路。从我国当前的国情来看，在人口众多、就业压力日益加大的状况下，通过职业教育让人们尽快掌握一技之长获取谋生的本领，成为解决民生问题的重要内容之一。因此，从社会稳定、经济增长和改善人民生活的大局来看，职业教育的正外部性远远超出了其私人受益特征。也正因如此，在职业教育的分担机制中，要不断加大政府在政策、资金等方面的支持力度。在此基础上。适度扩大职业教育成本社会分担主体的范围、开拓职业教育成本社会分担的新渠道。

扩大职业教育成本社会分担主体的范围主要是将一些新兴的社会组织纳入到高等职业教育社会投入的主体之中。随着我国国有企业改革步伐的加快，其作为职业教育主要投入主体的地位在不断减弱，而非国有的集体、个体和其他经济类型的企业在经济改革中获得了飞速发展。这些非公有制企业日益成为职业院校毕业生就业的主要场所，对职业教育进行投资有利于这些企业获得高素质的员工，这就为非公有制企业投资职业教育注入了潜在的动力。这为我们开拓新的职业教育社会投入主体提供了可能。在一些私营经济发达地区，民营企业投资高等职业教育热情的高涨就是有力的证明。

同时，要开拓职业教育成本社会分担的新渠道，打破国有部门对职业教育的垄断地位，在办学体制上鼓励各种类型、各种层次职业院校的发展——无论是国有公办、国有民办，还是民有民办、合资共办都应予以支持。通过各种途径，吸引更多的社会资金投入高等职业教育。在我国一些地区，中外合资举办的高等职业教育园区已开始运行，这体现了以集团投资、连锁办学、滚动发展、产业经营的职业教育企业投资发展的方向。这种新的形式为我们利用外资发展职业教育提供了新的思路。此外，在获取社会捐赠方面，我国的职业院校起步较晚，发展潜力巨大，应该给予充分的重视。

（五）学前教育

近些年来，学前教育高收费问题在我国社会中一直反映强烈。从我国的义务教育来看，学前教育属于非义务教育阶段，政府的经费保障明显不足。据统计，我国幼儿教育占公共教育经费的比重一直在1.2%－1.3%的水平。而这一比例在巴西是5.1%，墨西哥是8.9%，泰国是16.4%。在很大程度上讲，正是因为政府公共投入不足这一基本背景，才出现了以高收费为特征的幼儿教育的逐利化，以“应试化”、“小学化”为特征的幼儿教育品质的异化。虽非位列义务教育的范围，但学前教育依然具有教育的公益性，而且作为一项非常重视孩子教育的传统，我国的学前教育一直是家庭关注的焦点和支出的重点。因此，尽快明确政府在学前教育供给中的责任、建立起合理的学前教育成本分担机制解决“天价幼儿园”等问题成为我国一项迫在眉睫的任务。

一方面，要切实发挥政府在学前教育发展中的职能和作用。各级政府要继续安排必需的经费投入学前教育，确保发展学前教育的财政投入；通过建立相应的机制，提高幼儿园办学条件，不断提高办园水平，确保每一个公民的适龄子女都能接受基本的学前教育；建立多样化的学前教育服务体系，提供优质的学前教育服务，建立系统、完善的学前教育服务网络，满足学前教育的多样化需求。

另一方面，根据国家提出的“非义务教育办学经费以政府为主渠道，由政府、受教育者和社会共同分担的机制”的原则精神，采取各种政策措施间接扶持、鼓励、引导社会力量开办学前教育，扩大学前教育供给的责任，比如财税等公共政策上的减免优惠措施；为学前教育制定科学、严格的具体教育规范，从教育方式和教育内容上确保学前教育高品质的责任；强化政府对学前教育日常运行的监管责任。

此外，针对我国农村学前教育的不规范状况，应进一步完善农村学前教育成本合理分担制度，遵循既减轻农民负担、又促进事业发展的原则，积极稳妥地推进农村公办幼儿园按教育培养成本在扣除财政拨款等经费后实行合理收费。同时，大力加强农村学前教育教师队伍建设，切实提高农村学前教育质量。

四、进一步改革的实施

多元化的教育成本分担机制是教育成本分担主体多元化的实施途径和重要体现，其构建不是一朝一夕的事，而是一项系统的工程，牵涉到社会多方的利益，艰难程度可想而知。同时，我国教育成本分担机制的建设必须结合国情，分步实施。在构建教育成本分担机制的过程中，既要充分借鉴国际上成功的经验，又要贴合国情；既要切实发挥政府与市场的作用，更要在民众中渗透终身教育的理念；同时，针对目前我国教育体制中突出的问题，应将一些学校的改制作为深化教育改革、构建多元化教育成本分担机制的突破口。

（一）借鉴国外的成功经验

经过几十年的实践探索，美国、日本、中国台湾、中国香港等国家和地区在构建多元化教育成本分担机制的过程中取得了显著的成绩，也积累了较为丰富的经验。这些国家教育改革的经历和经验为我国教育成本分担机制的构建提供了宝贵的借鉴。我们应充分利用这些国家改革过程中的成功做法，将其与我国的国情紧密结合在一起，走出一条具有中国特色的教育成本多元化分担的路子。从这些国家的经验可以看到，要实现教育事业的快速发展，用政府和市场“两条腿走路”是最富效率、最能满足人们教育需求的途径，其在现实中的表现就是：政府在政策和资金上对于私立学校积极支持，民间资金、财政资金有机融入到公办学校中，政府承担义务教育以及管理职责等，这些做法都是值得我们借鉴的，形成了我国多元化教育体系的主要框架。

（二）渗透终身教育的理念

在我国，构建多元化的教育成本分担机制、实现教育成本分担主体的多元化还需要做的一项工作就是在民众中广泛宣传、渗透终身教育的理念。在我国人民的传统观念里，教育一直备受重视，这种观念发展到现在却出现了严重的变形：在许多人的眼里，接受从小学到大学甚至研究生教育成为获取丰厚收入与较高社会地位的必经之路——却全然未考虑到自身的经济状况。显然，这是导致我国民众“千军万马过独木桥”接受高等教育的重要根源之一。但是，对个人而言，教育并不只是几年或者十几年的事，而是一个人毕生的事业。如果经济条件允许，自己承担相应的费用进入大学接受高等教育无可厚非；如果不具备相应的经济条件，则完全没必要去挤高等教育这座“独木桥”，而可以通过初等或中等教育掌握一技之长之后直接就业，在以后经济条件具备时再去接受高等教育。可见，在我国目前高等教育尤其是优质高等教育资源短缺的情况下，在民众中渗透终身教育理念的作用至关重要——这也是构建科学规范的教育成本分担机制、缓解教育财政压力的必然要求。

（三）以一些学校的改制作为切入点

针对我国教育领域目前存在的突出问题，进一步深化教育体制改革、构建多元化教育成本分担机制的突破口可以放在一些学校的改制上。在初中教育和高中教育层次上，显性或隐性的重点学校制度导致了“上学难”、“高额择校费”等一系列问题。这充分反映了民众对于教育资源尤其是优质教育资源的强烈需求。对于这些问题，单纯的“削峰填谷”、平均各个学校的硬件、师资等试图拉平教学质量的努力无疑于教育资源的浪费，而政府对“择校费”的限制也只是隔靴挠痒，解决不了民众需求这个根本的问题。根据国际经验，将这部分优质教育资源推向市场应该是一个“奏效”的途径——这既符合“政府提供均衡性的、基本的教育服务”的原则，又可以满足民众对优质教育的渴求。因此，尽快将这些重点学校与政府脱钩、完全市场化运作成为我国基础教育改革的当务之急。在高等教育层次上，由于其私人受益特征明显，完全或大部分教育经费由政府负担已经使得我国的教育财政不堪重负。在这种情况下，将一部分教育部直属高校下放给地方、同时将一些软硬件（师资、专业力量、设施等）较差的地方高校完全推向市场转制为民办高校，也是解决我国高等教育质量下降、经费不足问题的必要之举。由于这些问题在我国教育领域中的迫切性，将一部分学校尽快改制——这成为我国构建多元化教育体系的突破口。

参考文献

[1] 夏支平："我国普通高中教育经费投入多元化体制研究"，《华中科技大学硕士学位论文》，2004 年 11 月。

[2] 皮江红："论高等职业教育成本的社会分担"，《浙江工业大学学报(社会科学版)》，2007 年第 9 期。

[3] 胡赤第："立法与民办教育的产权制度建设"，《法制日报》，2002 年 5 月 23 日。

[4] 马玉梅："我国民办教育产权运行机制研究"，山东师范大学硕士学位论文，2006 年 4 月。

[5] 任红："民办教育发展的制度保障及政府的责任"，《辽宁教育研究》，2007 年第 8 期。

后　记

改革是教育发展的出路

胡锦涛总书记在谈到改革开放的伟大历史进程时指出，改革开放作为一场新的伟大革命，不可能一帆风顺，也不可能一蹴而就，最根本的是，改革开放符合党心民心、顺应时代潮流，方向和道路是完全正确的，成效和功绩不容否定，停顿和倒退没有出路。改革开放以来，我国经济社会各项事业都取得了显著的成绩。实践证明，只有改革，才是我国经济社会实现可持续发展的根本动力和先决条件。在30多年的改革进程中，我国各项社会事业发展成绩斐然，其中，教育是受益最大的领域之一。

近年来，随着财政对教育的投入规模不断加大以及教育改革的不断深化，我国教育事业的发展成绩卓著，义务教育的全面和高质量普及、高等教育从精英教育到大众教育的转变等举世瞩目。现在，我们要办人民满意的教育，实现义务教育的均衡，实现人民对多种教育需求的满足，改革依然是教育发展的出路。

从目前我国教育的发展来看，尽管几十年的改革使我国的教育事业取得了很大的成绩，但是，我国的教育领域仍然存在诸多问题，民众对教育管理状况仍不满意。从财政角度看，这些问题是政府在教育领域"缺位"与"越位"状况并存的必然结果，其症结在于民众日益多元化的教育需求与我国相对单一的教育供给之间存在的深刻矛盾，追根溯源，教育主管部门对教育这种混合产品的性质认识不清才是教育领域内种种问题存在的根本原因。面对着日益多元化的教育需求，教育部门必须科学认识教育的混合产品性质并准确界定政府的教育供给责任，全面落实义务教育要均衡、多种需求要满足的目标。为此，我国必须进一步深化教育改革、构建多元化的教育体系——这是消除教育领域内的现存问题、将我国的教育事业推向健康快速发展轨道的必由之路。由于教育所涉及利益的广泛性以及教育主管部门认识的局限性，其改革必须借助外力，由国家发改委牵头实施。

我们认为，我国的教育改革应该从以下几个方面入手：

一是深化义务教育财政制度改革，进一步推进义务教育的均衡、快速发展。从当前来看，“普九”目标为义务教育的发展指明了标准和方向，而城乡之间、地区之间义务教育发展的巨大差距却成为我国义务教育健康快速发展的严重桎梏。为此，必须通过农村义务教育财政制度的改革、为农村义务教育提供稳定的、强有力的财力和制度支撑，才能彻底解决义务教育的均衡发展问题，从而为提升国民素质、增强经济社会发展的原动力打下坚实的基础。具体而言，义务教育财政制度改革的深化必须从以下几方面着手：着力改善农村学校、落后地区学校的办学条件和教师的工作生活环境；确保教师的薪资、福利与公务员处于同一水平——通过在教室、教学设备等硬件以及师资结构待遇、资金来源等软件方面彻底消除城乡之间、地区之间义务教育的发展不均衡现象，逐步推进义务教育的均衡发展，努力促进教育公平。从促进我国义务教育均衡发展的进程来看，我国应在尽快的时间内（3－5年）使全国农村中小学的办学水平达到乡镇水平，在此基础上，逐步达到县城甚至城市的办学水平。

二是有顺序、有步骤地开展非义务教育办学体制的改革，逐步推进非义务教育的市场化运作。无论是高中教育还是高等教育，其私人品特征都非常明显。因此，通过推进非义务教育的市场化改革构建起科学规范的教育成本分担机制，动员社会各方力量，实现教育资金来源的多元化成为我国实施进一步教育改革的重中之重。这一改革的重大意义在于：促进教育形式、教育管理方式的多元化，满足多元化的教育需求；通过引入社会力量促进教育领域内的适度竞争，提升教育质量；通过社会多方资金的加入，缓解教育财政的压力。考虑到我国的国情和现有办学体制状况，我国非义务教育的市场化改革应循序渐进，有顺序、有步骤地进行。从当前情况来看，这一改革应从部分重点学校的改制入手——将一些重点学校与政府脱钩、完全市场化运作。具体而言，在高等教育层次上，应将一部分教育部直属高校下放给地方、同时将一些软硬件（师资、专业力量、设施等）较差的地方高校完全推向市场转制为民办高校；在高中教育层次上，应将部分重点学校与政府脱钩，完全推向市场变为民办。在此基础上，逐步推进非义务教育阶段的全面市场化改革——这既是提升教育资源配置效率的必然途径，更是人民对优质教育资源强烈需求得以满足的必由之路。

三是大力发展民办教育，为民办教育的健康快速发展打开政策之门。在我国传统的办学体制下，政府近乎大包大揽的管理模式导致了教育投资来源的单一化，不仅使得国家负担越来越重，更抑制了社会办学的积极性，堵塞了社会各方面投资的渠道。更为重要的是，这种管理模式使得民众日益多样化的教育需求无法得到满足——这也成为人民对教育不满意的原因之一。在这种情况下，改革民办教育办学制度，为民办教育的健康快速发展打开政策之门成为促进我国教育事业健康快速发展的必然之举。基于当前阻碍我国民办教育发展的体制障碍，民办教育的改革应从以下几方面着手：允许民办教育合理营利——这是促进其健康快速发展的核心，也是改革的着力点；加大财政、税收、金融等方面的政策支持；同时，还要科学地界定民办教育各种主体的财产权限，为民办学校的发展提供一个公平的竞争环境，完善促进民办教育发展的法律法规。

四是进一步深化贫困生资助制度改革，构建起科学完善的贫困生扶助体系。在多元化的教育体系中，科学完善的贫困生扶助体系是一个必不可少的构成元素。随着社会主义市场经济体制的逐步确立，我国地区间经济发展不平衡性逐步扩大，城乡居民收入差距进一步加大，同时随着我国高等教育体制改革的深入开展，尤其是实行招生并轨、学费制度改革，高校贫困生比例逐年增加，问题日益突出。而从我国目前的贫困生扶助体系来看，仍存在许多问题，亟待完善。因此，我国当前必须进一步深化贫困生资助制度的改革，在拓宽奖学金渠道、努力提高和扩大奖学金、贷学金、贫困补助的发放量、发放面的基础上，建立起一个“财、金、校、社、自”相结合的多元资助体系，同时改革学生管理制度，为学生创造通过劳动挣钱、勤工助学的机会和条件，努力做到“不让一个孩子因为贫困而失学”。

五是渗透终身教育理念，构建终身教育制度。我国目前“千军万马挤独木桥考大学”的现象根源就在于民众及教育主管部门缺乏终身教育的理念。对个人而言，教育应是其毕生的事业，而不只是几年或者十几年的事；要不要接受高等教育，要看个人的经济条件——如果经济条件允许，可以自己承担相应的费用接受高等教育，否则，可以通过职业教育掌握一技之长之后直接就业挣钱，在以后经济条件具备时再去接受高等教育——这是终身教育理念的体现。但是在我国，无论是民众，还是教育主管部门或者媒体，却远未理解终身教育理念的重要性——父母卖房卖地甚至卖血供孩子上大学的现象屡见不鲜，“专升本”等阻碍终身教育理念实施的制度依旧存在，还有一些媒体带有误导性的报道助推等等。这些现象凸显了我国终身教育理念的缺失，不仅无益于问题的解决，反而加剧了我国教育尤其是高等教育的供求矛盾。针对“千军万马挤独木桥考大学”现象愈演愈烈的状况，在民众以及教育主管部门甚至媒体中渗透终身教育理念、改革现行教育体制、构建终身教育制度成为我国的当务之急。

由于教育主管部门认识的偏差，以及由此而导致的教育领域的一系列问题，使得人民对教育发展很不满意，“办人民满意的教育”因而成为当前我国教育发展的重大目标之一。为实现这一目标，我国教育必须改革。改革开放以来，我国教育事业的发展成绩卓著，这些成绩都源于改革。现在我们要办人民满意的教育，实现义务教育的均衡，实现人民对多种教育需求的满足，改革仍然是教育发展的最终出路——只有通过改革，在观念上给教育管理“松绑”，在体制和制度上为教育发展“铺路”，才能从根源上解决教育领域内的问题，才能在促进我国教育事业的健康快速发展的同时，不断满足民众的教育需求，真正做到“办人民满意的教育”。改革是教育发展的巨大动力！

作　者

2009年3月28日于北京